rororo

Madeleine Giese, geboren 1960, ist Schauspielerin, Regisseurin und Theaterautorin. Von 1982 bis 2001 war sie in süddeutschen Ensembles fest angestellt; zurzeit lebt sie mit ihrem Mann in Kaiserslautern. Der zweite Kommissar-Prottengeier-Roman ist in Arbeit.

Madeleine Giese

•

Das Spiel heißt Mord

KRIMINALROMAN

Rowohlt Taschenbuch Verlag

Originalausgabe
Veröffentlicht im Rowohlt Taschenbuch
Verlag, Reinbek bei Hamburg, Januar 2004
Copyright © 2004 by Rowohlt
Verlag GmbH, Reinbek bei Hamburg
Umschlaggestaltung any.way,
Cathrin Günther (Foto: zefa)
Satz Proforma bei Pinkuin
Satz und Datentechnik, Berlin
Druck und Bindung C.H.Beck, Nördlingen
Printed in Germany
ISBN 3 499 23488 2

•

Die Schreibweise entspricht den Regeln
der neuen Rechtschreibung.

Wann kommen wir drei uns wieder entgegen,
Im Blitz und Donner oder im Regen?
Wenn der Wirrwarr stille schweigt,
Wer der Sieger ist, sich zeigt.
      W. SHAKESPEARE, MACBETH

Für meine Mutter

• **Prolog** •

Vergessen von der Evolution, wie diese riesigen Kraken, die seit Jahrtausenden in den unerforschten Tiefen der Meere hausen. Ein Wesen, halb Wahrheit, halb Fabel. Stahlseile winden sich wie abgenagte Sehnenstränge an den geschwärzten Steinwänden nach oben. Hoch über meinem Kopf legen sie sich um wuchtige Seilwinden wie um knorpelige Wirbel. Die Züge wölben sich wie Rippen unter dem vergitterten Schnürboden. Die umschlungenen Stoffbahnen und uralten Fluter hängen an ihnen wie verwitterte Fleischfetzen. Und arschkalt ist es, wie in der Arktis.

Hoffentlich bleiben meine Finger nicht an der Schutzgeländerstange kleben. Doch so kalt ist es auch wieder nicht. Gutes Geländer! Sind bestimmt acht Meter nach unten. Die Bühne sieht von hier oben warm aus. Ein goldenes Kissen. Ein helles Fenster in der Nacht. Honigwabe im Nirgendwo. Ein magischer Ort hebt die Schwerkraft auf. Als könnte man einfach federleicht hinabsegeln. Eins der flüchtigen Staubkörnchen werden, die im Scheinwerferlicht tanzen. Nicht zu lange nach unten sehen!

Hier müssen doch irgendwo Arbeitshandschuhe liegen. Die Jungs bedienen die Eisenhebel der Handzüge immer mit Arbeitshandschuhen. Leise, damit die unten nichts hören. Die Probe hat noch nicht angefangen. Wenn die Arbeitsgalerie nur nicht so verdammt schmal wäre ... oder ich schwindelfrei. Immer vorsichtig an den Stellwerkhebeln vorbei.

Wie die Technik das schafft, hier oben völlig lautlos zu sein? Über den Köpfen der Schauspieler, unsichtbar für die Zuschauer, tanzen sie hier ihr schweigendes Ballett. Schwitzend hasten sie durch die engen Gänge, bedienen die riesigen Eisenhebel, die neben mir Spalier stehen, schicken über Handzüge ganze Wände, Kronleuchter, Schauspieler nach unten. Zielen Punktstrahler und Spots. Hier oben beginnt die Verwandlung alles Geheimnislosen in etwas Geheimnisvolles.

Jetzt ist hier alles verlassen. Nur die Scheinwerfergalerien starren mich an. Schwarze Krähen, die ihre toten Augen in die Tiefe richten. Sie warten. Alles hier oben wartet und atmet. Ein Tier auf dem Sprung.

Bloß nicht stolpern. Vorsicht. Mach keinen Krach. Bei den Bühnengewichten müssten Handschuhe liegen ... Mist, es fängt an. Die Scheinwerfer surren, richten ihren Medusenblick nach unten und wecken das goldene Kissen. Es dehnt sich, streckt sich, wächst nach oben, strahlt und beginnt zu leben.

«Erhabner Geist ... du gabst mir ... gabst mir alles, worum ich bat. Du hast mir nicht umsonst dein Angesicht ... im Feuer zugewendet ...»

Hab ich doch gewusst, dass Handschuhe da sind. Vorsichtig zurück.

Man kann die Gesichter so schlecht sehen. Weiter vorbeugen, da hilft nix. Wenn ich nur schwindelfrei wäre ... Aber man hört gut. Da, im Schatten. Mephisto, der Teufel.

«Was hast du da in Höhlen, Felsenritzen, dich wie ein Schuhu zu versitzen. Was schlurfst aus dunklem Moos und triefendem Gestein wie eine Kröte Nahrung ein.»

Er macht das selber wie eine Kröte, eine warzige Unke. Jetzt sind sie bestimmt glücklich. Faust und Mephisto. Verbündete Gegner, wie im Leben.

Die Scheinwerfer blinzeln nur noch. Was soll die weiße Gestalt, die da über die Bühne stolpert? Gretchen, klar. Im weißen Hemdchen, wie herzig. Wo kommen die Stimmen her? *«Weh, wo steht dein Kopf?»* – Orchestergraben! *«In deinem Herzen, welche Missetat.»* – Nullgasse! *«Weh, dein Kopf.»* – Seitenbühne! *«Welche Missetat.»* – Nullgasse!

•

Kurz die Augen zumachen. Den schmerzenden Nacken entlasten, nach oben schauen. Rote und gelbe Lichtblitze aus den Scheinwerfern. Also doch wieder nach unten. Hoffentlich wird mir nicht schlecht.

Walpurgisnacht. Warum müssen Schauspieler eigentlich immer kreischen, wenn sie zu mehreren die Bühne stürmen? Keine Hexen in der Hexennacht? Zu zwölft auf Gretchens Bett. Beischlafbewegungen natürlich. Gibt es etwas Langweiligeres als Sex auf dem Theater? Die Gesichter ... so starr, spukhaft. Masken! Das sind Masken. Einer trägt das Gesicht des anderen. Toll. Die Köpfe passen nicht mehr zu den Körpern. Die Körper nicht zu den Köpfen. Tolle Idee. Hätte ich der dummen Pute gar nicht zugetraut. Latexmasken. Das muss Latex sein.

Was kriecht da aus den Gassen? Statisten wahrscheinlich. Tierköpfe auf Menschenkörpern. Hieronymus Bosch. Faust mitten im Taumel. Besinnungslos geil, spielt er gut. Mephisto mit dem Gesicht von Gretchen. Schlängelt sich. Berührt ihn. Am Körper. Zwischen den Beinen. Mit der Zunge durch das Gesicht. Wenn da mal die Abonnenten keinen Herzschlag kriegen. Faust stöhnt, öffnet die Augen. Schreit: «*Gretchen!*» Kämpft sich durch kopulierende Körper. Durch Menschen- und Tierwesen. Tritt gegen das Bett. Brüllt und versucht es hochzuheben, zu zertrümmern, die darauf wimmelnde Leibermasse zu zerstören. Das Bett bricht. Schreie, Flüche.

«Arbeitslicht! Verdammt, macht Arbeitslicht!»

Die alten Fluter über mir surren und schicken kaltes, grelles Licht nach unten. Die goldene Honigwabe zerspringt, zerfließt im Raum.

Übrig bleibt ein staubiger, alter Kasten, ein zerbrochenes Bett und Schauspieler mit lächerlichen Masken auf dem Kopf.

Da stürzt sie schon mit ihrem Leibsklaven auf die Bühne, Frau Allmächtig. Diese schrille Stimme! «Was soll das? Wer hat hier eigenmächtig unterbrochen?»

•

Ich brauche nur diese Stimme zu hören, und schon zieht sich mein Magen zusammen. Natürlich halten unten jetzt alle den Mund.

«Ich hab unterbrochen. Das Bett ist zusammengestürzt.» Bravo, mein Faust.

«Und dafür unterbrichst du meine Probe?» Ihre Probe?

«Wir hätten doch sowieso unterbrechen müssen. Vielleicht ist jemand verletzt.» Doppelbravo, Faust! Gott, sie wird schon ganz rot im Gesicht.

«Führst du seit neuestem hier Regie? Karl Brandner, mein mittelmäßiger Faust hat jetzt das Sagen? Informier mich doch bitte, wenn du an der Premiere auch unterbrechen willst!»

Karl ballt die Fäuste. Ich auch.

Gewimmer von Josefine: «Mein Bein, au, mein Bein ...»

Pia beugt sich über sie. Ich weiß, was jetzt kommt. Da kommt es auch schon. «Bist du wirklich verletzt, oder willst du bloß Karl helfen?»

«Es tut so weh ...» Fang nicht an zu heulen, Josefine. Nützt nix.

«Fang nicht an zu heulen, Josefine. Schauspielerei hat mit Artistik zu tun. Da kriegt man manchmal eine Schramme.»

Jetzt heult sie erst recht. «Ich kann mein Bein nicht mehr bewegen ...»

Mona trippelt von ihrem Souffleurplatz und gackert wie ein aufgeregtes Huhn: «Sollte man nicht einen Arzt rufen? Ich meine, wir sollten einen Arzt rufen. Ein Arzt wäre bestimmt nicht verkehrt.»

«Mona, halt die Klappe! Geh auf deinen Platz. Du hast auf der Bühne nichts zu suchen.» Sie einmal zu ohrfeigen müsste herrlich sein.

Blitzschnell wendet sie sich zum Rest der Truppe: «Ihr habt einfach nicht auf eure Gewichtsverteilung geachtet. Das kann doch nicht so schwer sein. Hundertmal hab ich euch das gesagt. Wo ist die Technik? Na los, Rüdiger. Steh nicht rum! Hol die Technik. Aber plötzlich!» Der Regieassistent rennt los, von der Stimme gejagt wie ein Jogger von kläffenden Pinschern. Wie ich diese Stimme hasse. Immer schrill, immer übererregt. Sie zerschneidet die Bühne wie kleine, tückische Eiskristalle.

Wenigstens bringen sie Josefine weg. Tut bestimmt höllisch weh. Pia sieht das schon gar nicht mehr. Die hat Faust auf dem Kieker.

«Mein Gott, Karl! Du sollst bloß die Pflöcke unter dem Bett wegtreten. Das muss doch möglich sein, ohne das Ensemble zu dezimieren.»

«Offensichtlich hält sich das Bett nicht an deine Regieanweisungen, Pia. Es klappt einfach nicht so, wie du das willst. Vielleicht stimmt ja was mit der Idee nicht?» Mutig, mutig Karl.

«Die Idee stimmt. Es hängt an den Dilettanten, die sie ausführen sollen!»

«Komm, Pia. Es hat noch kein einziges Mal geklappt. Die Idee ist Schrott.»

Aufgeregte Schritte. Noch mal Schwein gehabt, Karl. Sie war kurz davor, dich zu fressen. Wer kommt? Keine Chance, ich muss mich weiter vorbeugen.

Verdammt, verdammt, verdammt! Fast hätte mich Mona entdeckt. Wieso guckt das Huhn auch nach oben? Hoffentlich hat sie mich wirklich nicht gesehen. Oder zumindest nicht erkannt. Pia macht Hackfleisch aus mir, wenn sie hört, dass ich heimlich zuschaue. Alles ruhig. Brave Mona, liebes Hühnchen. Na, zur Strafe hab ich mir die Eisenhebel ins Kreuz gerammt. Auch nicht schön.

«I hab's gleich gsagt, das is Schmarrn.» Das muss Fredi sein. Fredi und ein armes Schwein von der Technik, die heute Abenddienst haben.

•

«Mir ham das Gestell immer wieder gstärkt, aber des hebt net. Das hebt das Gwicht von so viele Leut net.»

«Erzähl mir nichts, Fredi. Dann müsst ihr es eben noch mehr verstärken. Muss ich euch sagen, wie ihr eure Arbeit machen sollt?» Das ist wohl nur rhetorisch, Pia. Du liebst es, allen zu sagen, wie sie ihre Arbeit machen sollen.

«Das geht net mehr. Und ganz aus Eisen schmieden geht auch net. Dann hebt's die Technik beim Transport nimmer.»

Sie fängt an zu schreien. Noch schriller. Am liebsten würde ich mir die Ohren zuhalten.

«Das ist mir scheißegal! Ich will ein Bett, das funktioniert! Das muss möglich sein! Bin ich denn nur von Stümpern umgeben?» Fredi, halt bloß den Mund. Steck's weg. Sei einfach still.

«Wer hier der Stümper is, is noch net raus. Und anschrein lass ich mich schon gar net.»

«Da wird Ihnen nichts anderes übrig bleiben, Herr Kohn! Ich schreie, wann es mir passt!»

«Ham's Ihre Tage, oder was?»

Es wird still. Scheiße, Fredi. Das war das Quäntchen zu viel. Jetzt hat sie dich! In die Stille hinein wieder die Stimme, wie ein kratzender Fingernagel auf einer Schiefertafel: «Herr Kohn. Wenn Sie Probleme damit haben, unter weiblichen Vorgesetzten zu arbeiten, lässt sich das schnell ändern. Es gibt noch andere Theater. Und andere Requisiteure. Soviel ich weiß, haben Sie schon zwei Abmahnungen. Bei der dritten müssen Sie gehen. Also treffen wir zwei uns morgen beim Intendanten. Und jetzt verlassen Sie bitte die Bühne!»

Wieder ist es still. Ich könnte sie umbringen. Dieses miese Stück! Sogar von hier oben sieht Fredi bleich aus. Wie ein geprügelter Hund schleicht er von der Bühne. Der verschüchterte Techniker in seinem Schlepptau hat, wie fast alle, den Kopf gesenkt. Wie schon so oft. Wie immer.

•

Jetzt hab ich richtige Magenschmerzen. Auch wie immer.

«Pia, das war unnötig. Fredi hat das nicht böse gemeint. Er quasselt manchmal Unsinn, aber das weißt du doch. Wenn du sauer auf uns bist, ist das kein Grund, Fredi rauszuschmeißen.» Netter Versuch, Peter.

«Bevor du dich um meine Arbeit kümmerst, solltest du deine tun. Dein Mephisto ist eine alte Tucke! Das ist das Blöde mit euch Schwulen. Man sieht es immer.»

«Das ist einfach nicht wahr, Pia!»

Stimmt, Karl. Es ist auch nicht wahr.

«Du solltest besser den Mund halten, Karl Brandner. Dein Faust ist ein kleinkarierter Bauer. Gutes Aussehen macht noch keinen guten Schauspieler!»

Jeder kriegt noch mal die volle Breitseite. In jede Schwachstelle wird nochmal reingetreten. Dann unterwerfen sie sich. Sobald sie sich mies und unfähig fühlen. Macht. Darum geht's. Mir ist endgültig schlecht. Und warm, dabei war es eben noch so kalt. Komisch. Wenn sie da unten nur ruhig wäre. Wenn ich diese Stimme nicht hören müsste. Sie hackt zu. Weiter und weiter.

«... und da ist auch mein Monstergretchen. Ich will kosmischen Schmerz von dir und keine schwäbische Rührseligkeit.» Arme Hilde. Sie heult.

«Durch Heulen wird es auch nicht besser! So etwas Ehrliches hätte ich von dir gern mal auf der Bühne.»

Wenn die Schauspieler nur etwas tun würden. Laut schreien, um die Stimme zum Verstummen zu bringen. Oder singen, wie Kinder im Keller. Sie haben Angst. Immer hat man Angst bei ihr. Ob ich Fieber kriege? Mein Gesicht ist ganz heiß. Jetzt rennt jemand. Mir ist sowieso schlecht. Da kann ich genauso gut nach unten schauen.

Hilde rennt von der Bühne. Und da steht sie. Genau unter mir. Pia Zadurek. Frau Allmächtig! Ihre schmalen Lippen verziehen sich, spucken Worte aus. Kleine Speicheltropfen glitzern im Licht. Mit hängenden Schultern sitzen die Schauspieler an der Rampe.

Sie steht in der Bühnenmitte. Keifend. Ein Insekt. Etwas Giftiges, Gefährliches. Hört sich zu. Berauscht sich an sich selber.

Mein Blut rauscht in den Ohren. So laut. Satzfetzen, Wortfetzen.

Ich will sie nicht mehr sehen. Nicht hinsehen. Was ist nur mit meinem Kopf? So mühsam, ihn wegzudrehen. Weg von dieser Stimme. Auf die Seite. Zu den Hebeln.

Die Hebel. Die die Züge halten. Den Zug mit den riesigen Eisenflutern. Er hängt genau in der Bühnenmitte. Genau über der Stimme. Dieser grässlichen Stimme. Der Hebel, der ihn oben hält, ist neben mir. Die Hand ausstrecken, das ist ganz einfach. Die Bremse lösen. Die muss man nur nach unten schieben. Ganz einfach. Und dann der verdickte Knauf, wunderbar real, fest, zuverlässig. Den muss man auch nach unten drücken. Es geht leicht, ganz leicht. Eine einzige fließende Bewegung.

Dann saust der Zug mit rasender Geschwindigkeit nach unten. Durch die geschlossenen Augen kann ich es sehen …

Wie er nach unten saust. Auf die Bühnenmitte. Auf den emporgewandten Kopf zu. Den offenen Mund. Der schreit. Bis die eisernen Fluter das Gesicht zertrümmern.

Dann ist es sehr still. Nur das Blut rauscht weiter in meinen Ohren. Aber nicht mehr unangenehm. Besänftigend. Fast fröhlich. Unten fangen sie an, zu schreien und herumzurennen. Gott, was für ein Aufstand. Ich muss daran denken, die Handschuhe zurückzulegen. Sonst müssen die Jungs sie morgen suchen. Und dann zur Stahltür, um hinauszuschlüpfen. Wie kurz die Wege hier oben sind. Ich bin völlig schwindelfrei.

•

• **I** •

Scheppernd fiel der Plastikbecher in die Halterung. Der Automat dröhnte, gab sich einen Ruck und presste zischend einen Schwall braunes Wasser in den Becher. Vorsichtig nahm Magda ihn heraus, wandte sich um und stieß gegen Karl, der plötzlich hinter ihr stand. Erschrocken schrie sie auf, Kaffee schwappte über ihre Hand. «Mist. Ist der heiß heute!»

«Hey, ist doch alles gut», murmelte Karl besänftigend. Er nahm ihr den Becher ab, griff nach ihrer Hand und leckte zärtlich die Kaffeespritzer ab. Als er ihre Hand umdrehte und sanft mit der Zunge über ihr Handgelenk strich, schloss sie die Augen. «Lass das, Karl. Wir müssen zur Probenbühne ...»

Ohne sich unterbrechen zu lassen, zog er sie näher. «Wir müssen, müssen, müssen. Ist doch egal.»

Mit einem Ruck riss sie sich los. «Was Knoller wohl von uns will?»

Enttäuscht setzte Karl sich auf eine Tischkante. «Was wird er schon wollen. Irgendein Sermon über den tragischen Unfall, dass der Lappen trotzdem hochmuss. Durchhalteparolen eben, das wird er wollen.» Nachdenklich kam Magda näher, um sich ihren Kaffee zurückzuholen. Kaum war sie in seiner Reichweite, packte er sie und zog sie in seine Arme. «Komm, Süße. Knoller kann warten.»

Entwaffnet lachte sie auf und lehnte sich gegen ihn. «Kannst du eigentlich auch mal an was anderes denken?» Er vergrub seinen Kopf in ihrer Halsbeuge und atmete gierig ihren Geruch ein. Lächelnd griff sie in seine Haare und zog seinen Kopf zurück, sodass er sie ansehen musste. «Ich hab dich gefragt, ob du auch mal an was anderes denken kannst?» Unbeirrt suchte er mit geschlossenen Augen ihren Mund und murmelte: «Sex ist das einzige Mittel gegen den Tod.» Magda erstarrte. Irritiert öffnete er die Augen. Unverwandt sahen sie sich an. «Du hast Recht ...», sagte Magda schließlich, beugte sich vor und küsste ihn.

In diesem Moment kam Peter in die Kantine. Abrupt blieb er stehen und beobachtete den Kuss. Ein kleiner, spitzer Pfeil bohrte sich in seinen Magen. Als er es merkte, konnte er sich selbst nicht leiden. Die beiden schienen seine Anwesenheit zu spüren und drehten sich zu ihm um. Sie lächelten, und Karl streckte seinen Arm nach ihm aus. Dankbar flüchtete Peter in die Umarmung. Kurz genoss er es, sie zu spüren.

Dann löste er sich und schwang sich neben Karl auf die Tischkante. Mit zusammengebissenen Zähnen zischte er: «Neuigkeiten aus der Hexenküche!»

«Erzähl!», forderte Karl neugierig.

«Josefine hat sich in den Trümmern unseres gemeinsamen Bettes das Bein gebrochen. Sie fällt aus. Und jetzt ratet, wer die Marthe Schwertlein übernehmen soll. Naaa ...?»

Mit allen Anzeichen des Entsetzens tippte sich Magda fragend an die Brust. «Genau», bestätigte Peter grinsend. «Die liebe Magda! Aber es wird noch besser. Wisst ihr, wer für unsere teure Verblichene die Regie übernimmt?»

Tonlos fragte Karl: «Knoller?» Peters Grinsen wurde breiter. «Oh Gott», stöhnte Karl.

«Gott? Hölle und Teufel wäre passender. Dafür sind wir drei wenigstens zusammen in der Produktion.»

Wütend zischte Magda: «Geteiltes Leid ist dreifaches Leid, oder was?»

«Also ich versteh dich nicht», meinte Peter harmlos. «Immerhin wirkst du jetzt in einer Intendantenproduktion mit. Das ist doch was! Etwas mehr Enthusiasmus, wenn ich bitten darf!» Magda knuffte ihn in die Seite. Peter hob abwehrend die Hände. «Wenn du so zu mir bist, erzähl ich nicht weiter!»

Magda stöhnte auf. «Nicht noch mehr Neuigkeiten. Mein Bedarf ist erst mal gedeckt.»

•

Peters Gesicht wurde ernst. «Knoller hat einen von der Kripo dabei.»

«Was?», rief Karl. «Aber die haben uns doch gestern Nacht schon vernommen. Stundenlang. Was wollen die denn noch?»

«Es ist ein anderer als gestern», antwortete Peter. «Nicht der Dicke, sondern so ein großer Stiernackiger, in so 'nem abgeschabten Anzug. Nicht schlecht, wenn man den Typ mag. Für meinen Geschmack ein bisschen zu alt.»

«Hör schon auf», knurrte Karl.

«Ich glaube, er wird auch schon ein bisschen füllig um die Hüften. Konnte ich im Anzug nicht so genau sehen. Männer über vierzig haben ja dieses Testosteronproblem. Schade eigentlich.»

Karl stieß ihn an und deutete auf Magda. Sie sah an ihnen vorbei in das dunkle Foyer.

Ohne Theaterbesucher, die schwatzend herumstanden, vom Pausengong treppauf und treppab getrieben wurden oder die Bar belagerten, kam es ihr riesengroß vor. Ihr Blick verlor sich in seiner Weite wie in einem schwarzen Loch. In der Kantine waren nur noch das Surren des Neonlichts und entferntes Stimmengemurmel zu hören.

«Es ist alles so unwirklich. Gestern war noch alles normal, und heute ...» Unentschlossen brach sie ab.

«Wir haben noch keine Zeit gehabt, uns an den Gedanken zu gewöhnen», sagte Karl in die Stille hinein.

Die drei sahen sich an. Peter lächelte. Aufmunternd begann er:

«Wann kommen wir drei uns wieder entgegen?»

Sie antwortete wie ein gehorsames Kind: *«Im Blitz und Donner, oder im Regen?»*

«Wenn der Wirrwarr stille schweigt, wer der Sieger ist, sich zeigt!», beendete Karl mit fester Stimme den Vers.

●

• 2 •

Prottengeier war nervös. Da stand er nun neben diesem kleinen, wichtigen Mann auf einer Bühne. Er auf einer Bühne! Unangenehm. Zugegeben, eine Probebühne. P1 nannten sie das. Verstohlen sah er sich um. Eine richtige kleine Bühne, mit schwarzem Stoff ausgehängt. Kleiner Zuschauerraum. Hundert Plätze, schätzte er. Wahrscheinlich für Stücke, die sowieso keiner sehen will. Misstrauisch blickte er auf die leeren Sitzreihen. Klappsitze, wie im Kino.

Intendant Knoller neben ihm räusperte sich: «Am Theater arbeiten fast 350 Leute.» Prottengeier nickte. «Mit all den Werkstätten, wissen Sie», fuhr er fort.

«Werkstätten?», fragte der Kommissar.

Der Intendant strahlte. «Wir haben eine eigene Schneiderei, eine Schlosserei, eine Schreinerei. Dann die Maske, die Theatermaler, die Dramaturgie, die Verwaltung und so weiter. Die wenigsten wissen, was alles an einem Theater dranhängt. Ein mittleres Unternehmen!» Stolz verschränkte er die Arme hinter dem Rücken und wippte auf den Fußballen auf und ab. Prottengeier nickte.

«Die Schauspieler sind die kleinste Personengruppe am Theater», fuhr Knoller fort und sah den Kommissar auffordernd an, als erwarte er einen Kommentar. «Wie schon gesagt, das wissen die wenigsten.»

Prottengeier nickte. Er kannte keine Schauspieler. Er war sich auch nicht sicher, ob er welche kennen lernen wollte.

«Das hier nutzen wir auch als Studio», meinte Knoller, offensichtlich in dem verzweifelten Versuch, eine Konversation zustande zu bringen. Prottengeier nickte.

Durch die offenen Studiotüren konnte er in Ausschnitten immer wieder Teile der «kleinsten Personengruppe» sehen, die sich im dunklen Foyer um die Aschenbecher drängten.

Schauspieler. Und er stand hier, auf der Bühne. Und wartete auf seinen Auftritt. Lächerlich.

Ein paar seiner Kollegen gingen ins Theater. Er bevorzugte Kino, wenn überhaupt. Als Kind hatte er einmal Theater gespielt. Einen Grashalm, in der Grundschule. Worum es dabei ging, hatte er vergessen. Er erinnerte sich nur, dass es ihm furchtbar peinlich gewesen war. Und an den Hass auf seine Mutter, die ihn dazu gezwungen hatte.

Wieder räusperte sich der Intendant und sah auf seine Uhr. «In ein paar Minuten müssten alle da sein.» Prottengeier nickte noch nicht einmal mehr.

«Es hat keinen Sinn, Ihnen alle einzeln vorzustellen. Nach Bedarf können Sie ja mit ihnen sprechen. Obwohl ich denke, das wird nicht nötig sein.» Prottengeier mochte es nicht besonders, wenn ihm jemand sagte, was bei seiner Arbeit nötig war. Unbeweglich sah er nach vorne.

«Ich will hauptsächlich Ihre Anwesenheit in den nächsten Tagen erklären.» Vertraulich legte der Intendant seine Hand auf Prottengeiers Unterarm. Offensichtlich gehörte er zu den Menschen, die Schweigen genauso wenig ertrugen wie das Gefühl, der Gesprächspartner könnte ihnen nicht seine hundertprozentige Aufmerksamkeit widmen.

«Wissen Sie, Schauspieler sind wie kleine Kinder. Man muss ihnen alles erklären. Sie beruhigen.» Prottengeier musterte ihn schweigend. Sichtlich irritiert über das Ausbleiben einer Reaktion, zog Knoller hastig seine Hand zurück. Nach wiederholtem Räuspern rettete er sich mit einem jugendlichen Sprung von dem mannshohen Bühnenpodest in den Zuschauerraum. Betont munter klatschte er in die Hände und rief zur Tür hin: «Alle da? Los, los Leute, lasst uns anfangen.»

Gehorsam trotteten sie herein, die Schauspieler. Prottengeier musterte sie genau. Irgendwie hatte er Exotischeres erwartet. Sie sahen so normal aus. Etwa zehn Frauen und fünfzehn

Männer zwischen 25 und 60, schätzte er. Durchschnittliche Gesichter, durchschnittliche Kleidung. Er wusste nicht, ob er enttäuscht oder beruhigt sein sollte. Unter den Letzten, die durch die Tür trotteten, fiel ihm ein groß gewachsener Mann auf. Der hatte so ein Zeitschriftengesicht. Auffallend blaue Augen, kantiges Kinn, gut gebaut. Ein schöner Mann. Er mochte keine schönen Männer. Wahrscheinlich Komplexe. Und wennschon!

Als sie sich Plätze suchten, konnte Prottengeier die ein oder andere exaltierte Geste sehen, wie sie nur Leute machen, die keine Angst haben, aufzufallen. Die Bewegungen waren sicherer und irgendwie raumgreifender als bei einer vergleichbaren Gruppe von, beispielsweise, Bankangestellten. Und da war noch etwas. Die Augen. Sie hatten alle wache Augen. Prottengeier kannte die toten Augen von Leuten, denen ein eintöniger Job alle Lebenskraft aussaugt. Die hier waren anders. Interessant.

Vor ihm hüpfte der Intendant, wiederum die kleine Treppe verschmähend, mit knacksenden Gelenken auf die Bühne. Ein bisschen albern bei einem Mann seines Alters, dieses betont Jugendliche. Das hatten sie übrigens alle. Etwas betont Jugendliches. Freizeitlook. Prottengeier zupfte an seinem Anzug.

Wieder klatschte der Intendant in die Hände. «Meine Lieben. Wie ihr sicher alle wisst, hat es gestern Abend im Theater einen tragischen Unfall gegeben. Unsere langjährige Hausregisseurin Pia Zadurek ist tot.» Er ließ eine kleine Pause für betroffenes Murmeln. Es herrschte Stille. Aufmerksam und seltsam unbeteiligt sahen die Schauspieler zu ihm hoch. Prottengeier stutzte.

«In zwei Tagen findet eine Trauerfeierlichkeit für sie im Theater statt. Der Bürgermeister kommt und hält eine Rede. Also Anwesenheitspflicht für alle.» Das musste er anordnen? Beim Tod einer Kollegin?

«Die Beerdigung wird von den Eltern arrangiert und findet vermutlich in ihrem Heimatort statt. Bei Interesse könnt ihr Ort und Zeit in der Dramaturgie erfragen.» In der ersten Reihe grinste ein junger Schauspieler verstohlen.

«Aber – so schmerzlich das Ganze auch ist, der Lappen muss hoch!» Jetzt grinsten gleich mehrere. Knoller, der das ebenfalls bemerkte, drehte sich hastig zu Prottengeier um. «Ein alter Theaterspruch. Er bedeutet, dass der Vorhang hochgehen, die Vorstellung stattfinden muss, ungeachtet von personellen Katastrophen.» Prottengeier nickte. Er fühlte, dass die Schauspieler ihn scharf beobachteten.

Knoller wandte sich wieder an sein Ensemble: «Doch dazu kommen wir später. Jetzt möchte ich euch Herrn Prottengeier vorstellen. Erschreckt nicht, wenn ich euch das sage, aber er ist von der Mordkommission.» Niemand erschrak. «Ich habe mir sagen lassen, dass die Mordkommission alle unnatürlichen Todesfälle untersucht. Selbstmord, Unfälle und so weiter. Und jetzt ermitteln sie gegen Klaus Töpfer.»

Zum ersten Mal wurde es unruhig. Die Schauspieler rutschten auf ihren Stühlen und murmelten miteinander. Einer fragte laut und verblüfft: «Wieso das denn?»

Knoller hob beschwichtigend die Hände. «Wir sind die einzige Produktionsstätte, in der unter schwebenden Lasten gearbeitet wird. Die Züge eben! Ihr wisst doch selbst, welche Gewichte manchmal direkt über euren Köpfen hängen. Klaus Töpfer als technischer Leiter ist für die Sicherheit verantwortlich. Wenn irgendetwas passiert, trägt er die Verantwortung.»

Die Schauspieler waren still geworden und hörten aufmerksam zu. Einer der Älteren, der die Statur eines angegrauten Möbelpackers hatte, fragte: «Was ist eigentlich genau passiert? Wisst ihr das schon?»

«Genau wissen wir es noch nicht», begann Knoller. «Aber es steht schon fest, dass der Zug nicht richtig ausgekontert war.»

«Was heißt das denn?», piepste eine junge Schauspielerin von hinten. Eine Blonde aus der zweiten Reihe drehte sich zu ihr um und erklärte: «Als Gegengewicht zu den Lasten, die an den Zügen hängen, werden Bühnengewichte aufgeladen. Wenn an den Zügen, sagen wir mal, hundert Kilo hängen, werden hundert Kilo an Bühnengewichten gegengeladen.»

«Aber das ist doch kein Grund», unterbrach sie der Möbelpacker.

«Ich meine, die Dinger haben doch Bremsen! Selbst wenn die nicht richtig ausgekontert sind, kommen die doch nicht einfach runter!»

«Da hast du Recht, Jochen», stimmte Knoller ihm zu. «Wir vermuten, dass die Bremse nicht richtig eingerastet war und sich durch eine Erschütterung gelöst hat. Aber das sind nur Vermutungen.»

«Und was werft ihr Klaus vor?»

Die Frage war Knoller sichtlich unangenehm. Mehrmals wippte er auf den Füßen vor und zurück, bis er sagte: «Fahrlässige Tötung.»

«Was?» – «Das gibt's nicht!» – «Völliger Unsinn!» – «Spinnt ihr?», schallte es von unten hoch. Vergeblich hob der Intendant beschwörend die Hände und gab ein hilfloses «Leute ...» von sich. Die da unten hatten offensichtlich keine Lust, sich zu beruhigen. Der massige Möbelpacker sprang sogar auf: «Das gibt's doch nicht! Eine Sauerei ist das. Seit achtzehn Jahren ist Klaus jetzt technischer Leiter. Und nie ist was passiert. Erst jetzt, wo die Techniker vor lauter Überstunden nicht mehr aus den Augen gucken können, passiert so was! Wer trägt denn dafür die Verantwortung?»

«Also Jochen ...», versuchte Knoller eine Erwiderung, aber der Dicke war nicht zu bremsen. «Wir spielen uns doch den Arsch wund. Viel mehr, als der Betrieb überhaupt packt! Die Techniker arbeiten vierzehn, fünfzehn Stunden. Täglich! Ist doch kein Wunder, wenn die nachlässig werden und was passiert. Ich frag dich nochmal: Wer ist denn dafür verantwortlich?»

Gebannt sah Prottengeier, wie an Knollers Stirn eine Ader zu pochen begann. Scheinbar ruhig antwortete er: «Ich muss dir doch nicht die Situation unseres Theaters erklären, Jochen. Wir spielen so viel, weil wir müssen. Unsere Zahlen sind gut, und nur deshalb existieren wir noch. Du weißt selbst ...»

«Zahlen, Zahlen, Zahlen!», unterbrach ihn der wütende Schauspieler. «Wenn die morgen den Laden dichtmachen wollen, ist er dicht. Da helfen deine Zahlen überhaupt nicht. Die Städte sind pleite. Und worauf kann man als Erstes verzichten? Auf Kultur! Wenn du glaubst, dagegen kommst du mit Zahlen an ...»

«Moment mal!», unterbrach ein erstaunlich elegant gekleideter, schlanker Schauspieler, der neben der Blonden von eben saß. «Wir wollen doch hier nicht die verschiedenen Ursachen und Bekämpfungsmöglichkeiten der Theaterkrise diskutieren, oder?»

An wen erinnerte ihn der Mann bloß? Die schwarzen Haare, die scharf geschnittene Nase? Ein Mönch! Ein mittelalterlicher Ordensbruder, genau. Das blasse Gesicht sah aus wie von einem flämischen Maler gemalt.

«Ich finde auch, ihr solltet euch jetzt beruhigen», sprang ihm die Blonde bei. «Die Frage ist jetzt nicht, wie es dazu kommen konnte, sondern, was wir tun können, um Klaus zu helfen.» Sie schien ein paar Jahre älter zu sein als der Mönch und wirkte wesentlich legerer. Ihr Gesicht wurde umrahmt von kurzen wirren Locken, die sich zu keiner erkennbaren Frisur ordneten, und dazu trug sie auch noch einen weiten, leicht ausgeleierten Männerpullover. Neben ihr saß der Reklametyp, der ihm schon aufgefallen war.

Knoller nutzte den Umschwung: «Sehr richtig, Magda. Ich

hatte nicht vor, unnötige Diskussionen zu führen. Vor dieser Unterbrechung durch Jochen habe ich euch Herrn Prottengeier vorgestellt. Er ist Hauptkommissar bei der Mordkommission und leitet die Untersuchung.» Mit diesen Worten schob der Intendant ihn an die Rampe.

Prottengeier nickte grüßend. Fünfundzwanzig Augenpaare musterten ihn kritisch.

Er räusperte sich. Es wurde im Zuschauerraum registriert.

Verdammte Bühne. Verdammte Schauspieler. Entschlossen ging Prottengeier zu der kleinen Treppe und stieg hinunter. Erleichtert fühlte er festen Boden unter den Füßen.

«Wie Ihr Chef schon sagte, Prottengeier. Ich leite die Ermittlung. Zu Ihrer Frage», er wandte sich an die Blonde, die ihn interessiert beobachtete, «helfen können Sie Ihrem technischen Leiter am besten, indem Sie mir Ihre Beobachtungen mitteilen. Das umfasst auch die Zeit unmittelbar vor ... dem Unfall. Haben Sie gesehen, wer auf der Arbeitsgalerie zu tun hatte? War von Ihnen jemand oben? Haben Sie irgendetwas gesehen, was mit dem Unfall in Verbindung stehen könnte?»

Die Schauspieler fingen an, auf ihren Stühlen zu rutschen und untereinander Blicke zu tauschen. Der Mönch beugte sich vor: «Wenn ich Sie richtig verstehe, wollen Sie die Zeit vor dem Unfall rekonstruieren. Und wenn jetzt drei von uns sagen: Ich habe gesehen, wie Techniker Sowieso gestern an den Zügen rumgemacht hat – dann haben Sie einen neuen Sündenbock, und Klaus ist aus dem Schneider. Wenn nicht, ist er dran. Sehe ich das richtig?»

«Nicht ganz, Herr ...?»

«Peter Less.»

«Herr Less! Die Polizei sucht keine Sündenböcke. Ein Unfall mit Todesfolge muss untersucht werden. Schon allein um Fremdverschulden auszuschließen.»

«Fremdverschulden?», fragte die Blonde.

«Zum Beispiel Mord», antwortete Prottengeier.

Sekundenlang war es still im Raum. In diesem Augenblick wusste Prottengeier, dass der Unfall kein Unfall gewesen war. Er konnte es selbst nicht erklären. Er wusste es einfach. Nach zwanzig Jahren Mordkommission hatte er gelernt, diesem Gefühl zu vertrauen.

«Ich werde mich während der Untersuchung öfters bei Ihnen im Theater aufhalten und mit jedem von Ihnen persönlich sprechen.» Er hörte, wie Knoller sich hinter ihm räusperte. Soviel dazu, was «nötig» war. Die Schauspieler sahen sich verunsichert an. «Vielleicht sehe ich auch einmal bei einer Probe zu», zwinkerte Prottengeier.

«Sie sind herzlich eingeladen», rief der dicke Jochen und grinste. Prottengeier erstarrte. Das hatte ein Scherz sein sollen! Um die Stimmung aufzuheitern.

«Quatschkopf», rief der Mönch dem Dicken zu. «Du bist doch gar nicht im Faust.»

«Eben», grinste der ältere Schauspieler zurück. Alle lachten. Na ja, das Aufheitern war ihm offensichtlich gelungen.

«Sie sind natürlich zu einem Probenbesuch eingeladen», mischte der Intendant sich ein. Offensichtlich hatte er sich lange genug unbeachtet gefühlt. «Und natürlich steht Ihnen jeder im Haus zu einem Gespräch zur Verfügung. Natürlich außerhalb der Probenzeit. Sie wissen ja – der Lappen muss hoch!»

Auch das noch. Ein Probenbesuch. Seine Scherze gingen aber auch immer nach hinten los. Steif fragte er: «Wann sind denn die Probenzeiten?»

«Morgens von zehn bis vierzehn Uhr und abends von achtzehn bis zweiundzwanzig Uhr», antwortete der Intendant.

«Und wann sind die Schauspieler im Haus?»

«Zu den Probenzeiten.»

Prottengeier nickte. «Also werde ich zu den Probenzeiten mit ihnen sprechen.»

Mit einem vagen Kopfnicken in den Raum verabschiedete er sich von dem verdutzten Intendanten und den Schauspielern und verließ den Raum. Im Foyer blieb er kurz stehen und atmete auf. Für die erste Kontaktaufnahme war das ganz gut gelaufen. Bis auf den Probenbesuch, der ihm jetzt bevorstand. Selber schuld.

Seltsame Gruppe, diese Schauspieler mit ihren schnellen, emotionalen Wechseln. Da trauerte keiner um die Tote. So viel stand fest. Diese blitzschnelle Empörung, und zwei Sätze später schlägt die Stimmung genauso blitzschnell wieder um. Neugierig machten sie ihn schon, die Schauspieler.

Wo war nur dieser Ausgang? Er war mit Knoller eine Treppe heruntergekommen. Aus dem Verwaltungstrakt. Aber es gab doch bestimmt einen direkteren Ausgang. Dieser Knoller hatte einen Napoleonkomplex, wie viele kleine Männer.

Die Glastüren waren geschlossen. Er rüttelte an jeder einzeln und drehte sich dann wieder zum Foyer.

Neugierig wie ein altes Waschweib, das war er. Zuerst die Ablehnung und Angst vor dem Unbekannten, bis die Neugier erwachte. Typisch kleinbürgerliche Eigenschaft. Wenn er pensioniert wäre, würde er seine Tage hinter der Gardine verbringen! Wieso dachte er in letzter Zeit so oft an seine Pensionierung? Da hatte er noch Jahre vor sich.

Die Tür der Studiobühne öffnete sich, eine dunkle Gestalt schlüpfte heraus, sah sich suchend im Foyer um und kam dann zielstrebig auf ihn zu. Bei den Glastüren war es durch das hereinfallende Licht der Straßenlaternen heller. Jetzt konnte Prottengeier sie erkennen.

«Herr Prottengeier, schön dass Sie noch nicht weg sind. Ich wollte Sie etwas fragen ...» Auffordernd sah Prottengeier die Blonde an. «Mein Name ist Magda Mann. Könnten wir uns heute noch kurz treffen? Es ist wichtig. Aber nicht hier im Theater.»

«Wo?», fragte er.

Die Schauspielerin überlegte kurz und zeigte dann durch die Glastür. «Sehen Sie die Kneipe dort an der Ecke? Den «Theatertreff»? Wenn Sie dort auf mich warten könnten? Ich weiß aber nicht, wie lange das hier noch dauert.»

«Wenn Sie mir den Weg nach draußen zeigen, warte ich dort.»

«Gehen Sie quer durchs Foyer bis zu der Schiebetür. Dahinter ist die Kantine. Die hat eine Tür nach außen, die immer geöffnet ist.»

Prottengeier nickte und machte sich auf den Weg. Nach wenigen Schritten rief die Schauspielerin: «Herr Prottengeier!» Er drehte sich um. Sie zögerte. Dann sagte sie bloß: «Ich beeile mich.» Prottengeier nickte.

• 3 •

Kerzenschein schimmerte tückisch in der schon nadelnden Weihnachtsdekoration, die, gespickt mit vergoldeten Tannenzapfen und Waldbeeren, in die Tischvasen gerammt worden war. Dieser komische Flaum da sollte wohl Engelshaar darstellen. Das kannte er noch aus seiner Kindheit. Hatte ihn früher schon immer an Greisenhaar erinnert. Als Prottengeier sich missmutig zurücklehnte, verfing sich eine am Fenster hängende Girlande in seinem Hemdkragen. Bei dem Versuch, sich davon zu befreien, hielt er plötzlich eine rote Christbaumkugel in der Hand.

Neben ihm lachte jemand auf. «Sie verstehen es aber wirklich, sich die Zeit zu vertreiben.» In einen grellbunten Poncho gehüllt stand Magda Mann vor ihm.

«Die Girlande hat angefangen», sagte er trocken.

Wieder lachte sie und setzte sich. «Sie mögen keinen Weihnachtsschmuck?», fragte sie, während sie sich aus ihrem Poncho schälte. Das Gewand war genauso befremdlich wie ihr Männerpullover. Entweder war es ihr egal, wie sie aussah, oder sie hatte definitiv einen merkwürdigen Geschmack.

«Ich mag keinen Weihnachtsschmuck im Januar», knurrte er.

«Nein!» Entschieden schüttelte sie ihre Locken. «Sie sind ein Weihnachtshasser. Schon im Dezember, da bin ich sicher.»

Hatte sie ihn hier warten lassen, um sich mit ihm über Weihnachten zu unterhalten?

Der kleine griechische Kellner kam an ihren Tisch und ließ seine Hand auf ihre Schulter fallen. «Hallo Magda. Ein Espresso?» Kurz legte sie ihre Hand auf seine. «Heute brauch ich Alkohol. Ein Pils bitte, Kosta. Hattet ihr viel Betrieb?»

«Du weißt, is kein Theater, is kein Betrieb. Pils kommt.»

«Ist das Ihre Stammkneipe?», fragte Prottengeier.

Wieder schüttelte sie den Kopf. «Die Kneipe lebt von den Theaterbesuchern. Und die sehen ab und zu mal gerne Schauspieler in freier Wildbahn. Also kommen wir her, damit Kosta Geschäfte macht.»

«Kosta, das ist der Besitzer? Und Sie sind mit ihm befreundet?»

Sie drehte sich zum Tresen und rief durch den Raum: «Kosta, sind wir befreundet?» Das Paar am Nebentisch sah interessiert zu ihnen herüber. Der kleine Kellner brachte grinsend ihr Bier.

«Klar, wir gute Freunde. Arbeiten beide in Dienstleistungsgewerbe.» Vertraulich beugte er sich zu Prottengeier und flüsterte: «Is gleich: Theater und Essen. Ob gut, ob schlecht, endet beides in Klo.» Er zwinkerte Magda zu und widmete sich wieder seinen anderen Gästen.

Sie sah ihm lächelnd nach. «Nach der ganzen Theaterhysterie gibt Kosta mir immer wieder das Gefühl, in der normalen Welt angekommen zu sein.»

«Eben kamen Ihre Kollegen mir nicht besonders hysterisch vor. Den Tod von Frau Zadurek haben Sie alle recht gefasst aufgenommen.»

Genüsslich nahm sie erst einen Schluck von ihrem Bier und meinte dann: «Das ist vermutlich ein Fehler. Vor allem wenn man bedenkt, dass unser Intendant jetzt die Regie von ‹Faust› übernimmt. Vielleicht wäre Hysterie doch angebracht gewesen.»

«Frau Zadurek war wohl nicht sehr beliebt am Theater?»

Sie sah ihn offen an. «Nein, das war sie nicht!»

«Frau Mann, Sie wollten mir etwas Wichtiges sagen?»

Wieder trank sie zuerst, bevor sie antwortete. «Können wir damit noch kurz warten? Herr Less und Herr Brandner wollten noch dazukommen. Zwei Kollegen. Knoller hat sie noch dabehalten, um über das Stück zu sprechen, aber das kann nicht mehr allzu lange dauern. Die zwei spielen die Hauptrollen. Ich habe mich beeilt, damit Sie nicht zu lange alleine herumsitzen müssen.»

Prottengeier nickte. Er hatte Zeit. Mit einer Handbewegung bestellte er einen weiteren Kaffee bei Kosta. Die Schauspielerin zerrupfte unterdessen ihren Bierdeckel. Was sie ihm wohl sagen wollten?

«Ihr Kollege, Jochen – leider weiß ich den Nachnamen nicht –, ist sehr aufbrausend?»

Sie lächelte. «Nur wenn es um das Theater geht. Eigentlich ist er gutmütig.»

«Was war das denn für eine Diskussion, die er eben mit Ihrem Intendanten hatte?»

«Oje», seufzte sie. «Das ist ein unerschöpfliches Thema. Die Theaterkrise! Dazu gibt es so viele Meinungen wie Schauspieler. Aber wenn es Sie interessiert, kann ich eine Kurzfassung versuchen.»

Es interessierte ihn. Alles, was mit dem Theater zu tun hatte, interessierte ihn jetzt. Auffordernd sah er sie an.

Sie legte die Reste des Bierdeckels beiseite und fragte: «Was wissen Sie über Theater?»

Was wusste er eigentlich? «Ich fürchte, relativ wenig.»

Sie nickte. «Sie wissen, dass Theater Subventionsbetriebe sind? Sie werden durch öffentliche Gelder finanziert. Ihnen ist sicher auch bekannt, dass die Städte und Gemeinden, die den Großteil der Theater finanzieren, pleite sind. In einem Punkt hat Jochen Recht: An Kultur wird zuerst gespart. Also werden immer mehr Theater geschlossen. Oder auch nur einzelne Sparten. Das Ballett trifft es meist zuerst, Schauspiel wird auch gerne dichtgemacht. Bei der Oper zögern sie am längsten. Dadurch sind wir zu so etwas wie einer bedrohten Art geworden.»

«Und Ihr Intendant will der drohenden Schließung durch hohe Aufführungszahlen entgehen?»

Sie nickte ihm anerkennend zu. «Genau das versucht er. Eine leistungsorientierte Gesellschaft durch Leistung beeindrucken.»

«Aber was gibt es dagegen einzuwenden?», fragte Prottengeier.

«Eine ganze Menge», antwortete sie ernst. «Erstens ist diese Leistungssteigerung keine inhaltliche. Das heißt, die Produktionen werden nicht besser, sondern einfach nur mehr. Bei einer Schraubenfabrik mag das prima sein, wenn sie plötzlich ihren Ausstoß erhöht. Bei Kultur ist zumindest fraglich, ob mehr gleich besser ist. Und zweitens, das war Jochens Kritikpunkt, ist unser Betrieb dafür gar nicht ausgerüstet. Wir arbeiten mit immer weniger Leuten immer mehr. Das mindert die Qualität und erhöht die Unfallgefahr.»

«Moment», hakte der Kommissar ein. «Unfälle am Theater gibt es doch ständig. Der Gemeindeunfallverband hat unserer Abteilung ein Dossier über Bühnenunfälle zugefaxt. Vor allem in älteren Häusern passiert mit diesen Zügen öfters etwas. Erst vor vierzehn Tagen ist an einem bayrischen Theater eine ‹Niedervoltrampe mit Hauk'schem Korb› heruntergekommen. Was auch immer das ist.»

«Eine Niedervoltrampe ist ein mit Scheinwerfern beladener Zug, und der Hauk'sche Korb ist ganz einfach die Stromverbindung.»

Prottengeier sah sie aufmerksam an. Ungefähr so hatte ihm das der stellvertretende technische Leiter heute Mittag auch erklärt. Und er hatte voller Verachtung hinzugefügt, dass er die Schauspieler gar nicht erst befragen müsse. Von denen könne keiner an den Zügen gewesen sein, die hätten alle keine Ahnung von Bühnentechnik. Er, Triller, sei schon froh, wenn sie die Bühnentür fänden. Und bis ein Schauspieler wisse, wie das Probenlicht anginge, müsse er mindestens vierzig Jahre am Theater arbeiten. Und auch dann könne man sich nicht darauf verlassen.

«Sie kennen sich aber gut aus mit der Bühnentechnik», sagte Prottengeier freundlich.

Spöttisch sah sie ihn an. «Ich kenne mich mit allen Theaterdingen gut aus. Schließlich bin ich schon lange genug dabei. Außerdem ...»

«Oh, hallo Magda», unterbrach eine helle Stimme sie. «Und das ist doch der Herr von der Polizei, nicht wahr? Ihr seid ja ganz vertieft in euer Gespräch. Da will ich mal nicht stören.»

Wie ein Spuk war eine kleine, ältere Frau neben Magda aufgetaucht und auch schon wieder vorbeigetrippelt. Überrascht sah die Schauspielerin ihr nach.

«Wer war das?», fragte Prottengeier, der sich nicht erinnern konnte, die Frau auf der Studiobühne gesehen zu haben.

«Mona Questen, unsere Souffleuse», antwortete Magda zerstreut. Wieder drehte sie sich zu der Souffleuse um, die sich allein an einem entfernten Tisch niederließ und ihnen freundlich zunickte.

«Ist etwas nicht in Ordnung?», fragte Prottengeier.

«Nein, nein. Es ist nur ... Sie geht nie in eine Kneipe. Oder nicht hierher zumindest. Deshalb wundere ich mich etwas.»

Zwei Männer betraten den Raum. Der Mönch und der Schönling. Erleichtert winkte Magda sie heran. «Herrn Less kennen Sie ja schon, und das ist Herr Brandner.» Beide reichten Prottengeier die Hand und beugten sich dann zu Magda, um sie auf den Mund zu küssen. Dabei hatten sie sich doch eben erst gesehen.

Während sie sich setzten und ihre Bestellungen bei dem eilig herbeigeeilten Kosta aufgaben, fragte die Schauspielerin neugierig: «Und? Wie war's?»

«Menschen, Tiere, Sensationen», grinste Peter Less und sah dabei den Kommissar an.

«Wie erwartet», stimmte ihm Karl Brandner zu.

«Genauer!», forderte die Schauspielerin. Mit einem entschuldigenden Blick zu Prottengeier sagte Brandner rasch: «Faust ist ein geiler, alter Knacker, der durch Zauberei ein junges Ding ins Bett bekommt. Ende.»

«Oh nein!», stöhnte Magda auf und zerwühlte in gespielter Verzweiflung ihre nicht vorhandene Frisur.

«Oh doch!», antwortete der schöne Karl mit Nachdruck.

Peter Less wandte sich an Prottengeier: «Beachten Sie die beiden Schmierenkomödianten am besten gar nicht. Unser Intendant vollstreckt nun anstelle von Frau Zadurek den Faust. Und er neigt eben zu ausgeklügelten Stückinterpretationen, die über den Horizont der beiden hinausgehen.»

Prottengeier nickte. Er erinnerte sich nur dunkel an den Faust. Irgendeine Geschichte von einem Wissenschaftler und dem Teufel. Faust erinnerte ihn hauptsächlich an seine Schulzeit, an Langeweile und den Blick aus dem Fenster seines Klassenzimmers. Eine Eberesche hatte davor gestanden. Während des Deutschunterrichts hatte er meistens versucht, ihre Blätter zu zählen. So viel zu «Faust». Wahrscheinlich müsste er ihn kennen. Vielleicht sollte er ihn noch einmal lesen. Auch das noch!

Kosta brachte zwei Bier an den Tisch. Als er gegangen war, fragte der Kommissar: «Sie wollten mir etwas erzählen?»

Schlagartig änderte sich die Stimmung. Magda Mann beschäftigte sich wieder mit ihrem Bierdeckel und sah niemanden an. Peter Less blickte auffordernd zu Karl Brandner, dem es sichtlich schwer fiel, einen Anfang zu finden. «Es geht um gestern Abend. Der Unfall ...» Er stockte.

«Sie und Herr Less standen auf der Bühne, als der Unfall geschah», versuchte Prottengeier ihm weiterzuhelfen. Überrascht sah Brandner ihn an. «Ich habe die Vernehmungsprotokolle gelesen, die mein Kollege gestern noch angefertigt hat.»

«Ach so. Ja, natürlich. Eigentlich wollte ich es gar nicht erzählen, aber Magda meinte, ich muss. Auch wegen Klaus ...» Wieder unterbrach er sich und sah Hilfe suchend zu seinen beiden Kollegen. Magda legte ihm die Hand auf den Arm und lächelte ermutigend. Karl Brandner atmete durch und fuhr fort: «Also, da oben war jemand.»

«Sie haben jemanden auf der Arbeitsgalerie gesehen?», fragte der Kommissar hastig.

«Nein, gesehen hab ich niemanden. Nicht direkt. Als der Zug nach unten gesaust kam, hab ich hochgeschaut. Ein Reflex wahrscheinlich. Erst war da gar nichts, aber dann hab ich gesehen, wie die Tür auf- und zuging.»

«Sie haben die Tür gesehen?», fragte Prottengeier.

Verlegen zuckte der Schauspieler die Schultern. «Man kann die Arbeitsgalerien nicht einsehen. Der Blickwinkel ist zu steil. Aber bei der ersten Arbeitsgalerie kann man sehen, wenn die kleine Stahltür aufgeht. Die ist direkt neben dem Stellwerk, also den Zügen.»

«Sie haben also gesehen, wie die Tür auf- und zuging?», fragte Prottengeier nochmals.

Karl Brandner nickte. «Magda meinte, das könnte wichtig sein. Alle Türen, die zur Bühne führen, haben nämlich Türstopper. Damit sie während der Vorstellung nicht knallen und Lärm machen. Sie gehen ziemlich schwer auf und zu. Es muss also jemand oben gewesen sein.»

Nachdenklich fragte Prottengeier: «Und Sie sind sicher, dass es die Tür auf der ersten Arbeitsgalerie war? Die Arbeitsgalerie, von der aus die Handzüge bedient werden?»

Wieder nickte der Schauspieler. «Ganz sicher. Bei der zweiten und dritten Arbeitsgalerie kann man die Türen gar nicht sehen. Zu hoch oben. Ich hab das eben mit Peter nochmal überprüft.»

«Das entlastet doch Klaus, oder?», fragte Magda eifrig. «Es kann doch sein, dass jemand oben war und zufällig an den Hebel gekommen ist. Und dann ist er schnell weggerannt!» Erwartungsvoll sah sie Prottengeier an.

Es tat ihm fast Leid, sie enttäuschen zu müssen. «Nein, Frau Mann. Das entlastet Herrn Töpfer nur bedingt. Wenn jemand zufällig an den Hebel gekommen ist, heißt das immer noch, dass die Bremse nicht vorschriftsmäßig eingerastet war. Herr Töpfer beteuert, dass das nicht der Fall sein kann. Irgendwelche Materialfehler oder Materialermüdung konnte die Kriminaltechnik auch nicht feststellen.»

Sekundenlang sah sie ihm direkt in die Augen. «Also Fremdverschulden?»

Er hielt ihren Blick fest. «Das ist die nächstliegende Erklärung. Mord. Vor allem, wenn wirklich jemand auf der Galerie war, worauf die Aussage von Herrn Brandner ja hindeutet.»

•

Es wurde kurz still am Tisch. Peter Less erholte sich als Erster. «Ich glaube, jetzt brauchen wir einen Schnaps.»

Prottengeier hob abwehrend die Hand, aber die beiden anderen nickten.

Kaum hatte Kosta die Bestellung aufgenommen und war wieder hinter seinem Tresen verschwunden, fragte der Kommissar: «Wer hält sich denn im Normalfall auf der Arbeitsgalerie auf?»

Wieder war es Less, der antwortete. «Während der Vorstellung nur die Techniker natürlich. Während der Proben auch mal der eine oder andere Schauspieler, oder jemand vom Haus, der nicht gesehen werden will.»

Der Kommissar horchte auf. «Wieso nicht gesehen werden will?»

Peter Less zuckte die Achseln. «Na ja, manchmal ist die Stimmung schlecht, oder der Probenprozess ist schwierig, und da will man keine Zuschauer. Manchmal ist es auch zu intim. Bei schweren Psychoszenen oder auch bei Nacktszenen. Da ist es einfach besser, wenn kein Fremder dabei ist, kein Probenfremder. Dazu gehören auch die Leute vom Haus, die nicht an der Produktion teilnehmen. Dann heißt es eben ‹geschlossene Probe›. Und wenn die trotzdem zusehen wollen, gehen sie eben auf die Galerie.»

«Auch Theaterfremde waren schon oben», warf Brandner ein. «Familienangehörige von Schauspielern oder Technikern. Knoller ist manchmal oben, wenn er einen Regisseur überwacht. Einfach alle möglichen Leute.»

Also hätte jeder dort oben sein können, na wunderbar. Der kleine Kosta brachte die Schnäpse. Die drei Schauspieler hoben die Gläser und sahen sich an. Für einen Sekundenbruchteil hatte Prottengeier das Gefühl, als fände irgendeine Art von verborgener Kommunikation zwischen ihnen statt. Etwas, wovon er ausgeschlossen blieb. Aber der Moment ging zu schnell vorbei, sodass er nicht wusste, ob er es sich nicht doch nur eingebildet hatte.

«Und gestern Abend, war das auch so eine geschlossene Probe?»

Jetzt war es Magda, die süffisant grinste und sagte: «Fast alle Proben bei Pia waren geschlossene Proben. Aber das sollen besser die anderen beantworten. Ich war ja nicht dabei.»

«Sie spielen nicht im ‹Faust›?»

«Jetzt schon. Ich muss für die Kollegin mit dem gebrochenen Bein einspringen. Bis jetzt war ich im Märchenteam. Andere Baustelle.»

«Das ist auch so ein Punkt, den ich nicht ganz verstehe», bohrte der Kommissar freundlich. «Bei dieser Probe gab es ja noch diesen Unfall mit dem Bett. Eine Kollegin hat sich sogar das Bein gebrochen. Trotzdem haben sie gestern alle ausgesagt, es sei eine normale Probe gewesen. Ohne besondere Vorkommnisse.»

«War es auch», antwortete Brandner bestimmt. «Eine normale Probe bei Frau Zadurek. Mit dem üblichen Stress, den sie verbreitet hat, den üblichen Beschimpfungen, den üblichen Krächen und den üblichen Magengeschwüren.»

«Dass sich jemand das Bein bricht, ist aber nicht so üblich», warf Peter Less ein.

«Ist es nicht?», fragte Brandner zurück. «Was ist mit dem zusammengekrachten Gerüst bei ‹Antigone›, dem Perückenbrand bei ‹Wie es euch gefällt›, dem Fechtmassaker im Sommerstück?»

«Vergiss nicht den Bänderriss bei ‹Groß und Klein› oder die Flasche, die Achim beim ‹Klassenfeind› über den Kopf gekriegt hat. Und dann die eingeschlagenen Zähne bei Albee», warf Magda ein.

Peter Less hob abwehrend die Hände und sagte lachend: «Ist ja gut. Ihr habt Recht, eigentlich ist auch das gebrochene Bein normal.» Erklärend wandte er sich an Prottengeier. «Meine Kollegen haben Recht. In den Produktionen, die Pia gemacht hat, gab es immer wieder Unfälle und Verletzungen.»

«Und warum?», fragte Prottengeier.

Less überlegte einen Moment. «Sie hat sich nicht viel um die Sicherheit der Schauspieler geschert. Was gefährlich ist, sieht auch meist am besten aus. ‹Theater hat mit Artistik zu tun› war ihr Standardspruch. Ist ja auch nicht falsch, aber die muss man üben, damit nichts passiert. Das kostet Zeit, und die hatten wir nicht. Pia war enorm ehrgeizig und hat die Schauspieler immer wieder in Situationen gehetzt, die sie nicht beherrschten. Und dann ist eben was passiert.»

Der Kommissar betrachtete das Schauspielertrio. Für einen Moment schien jeder der drei in seine eigenen Erinnerungen versunken. Er würde das alles nachprüfen müssen, die Unfälle, die Verletzungen. Zumindest die äußerlichen. Bei den inneren, von denen es eine ganze Menge zu geben schien, würde er sich auf Erzählungen verlassen müssen. Auch eingebildete Kränkungen waren ein Mordmotiv.

«Aber bei all diesen Unfällen, ist da niemand aufmerksam geworden? Der Betriebsrat? Ihr Chef?»

«Unser Betriebsrat besteht aus einem Haufen Angsthasen!», antwortete Brandner verächtlich. «Und unser Chef ... Für Knoller zählen Zahlen. Und die Zuschauerzahlen waren gut bei ihren Produktionen.»

«Sie müssen wissen, dass es am Theater keine Festverträge gibt, Herr Prottengeier. Wir haben alle Ein- bis Zweijahresverträge. Und für uns gilt, was für alle Zeitarbeiter gilt: Schnell geheuert, schnell gefeuert», fügte Magda hinzu.

«Das Totschlagargument war: Arbeitsverweigerung!», trumpfte Peter Less auf. «Arbeitsverweigerung ist, wenn man nicht tun will, was der Regisseur gerne hätte. Ein sofortiger Kündigungsgrund! Damit hat sie dauernd gedroht.»

●

«Und die Künstlerehre hielt sie auch immer wie ein Damoklesschwert in der Hand», ergänzte Less.

Langsam bekam Prottengeier den Eindruck, als seien die drei auch noch stolz auf ihre miesen Arbeitsbedingungen. Wie sie sich gegenseitig übertrumpften. Was stimmte, und was war maßlos übertrieben? Schon auf der Studiobühne hatte er den Eindruck gehabt, dass diese Schauspieler sehr überschwänglich waren. In ihrer Kritik genauso wie in ihrer Begeisterung. Anstrengend. Ein bisschen verrückt.

So wie diese kleine Souffleuse, die sie von der gegenüberliegenden Seite des Raums ununterbrochen beobachtete. Sie lehnte über ihrem Tisch, als versuchte sie durch wundersame Osmose die Gespräche aufzufangen. Völlig ungeniert. Schnell sah er wieder weg.

Magda Mann hob ihr Glas und prostete ihm und ihren Kollegen zu. «Auf die letzte Bastion des Feudalismus! Auf das Theater.»

Ein bisschen glanzvoller hatte er sich das Ganze schon vorgestellt. «Noch eine letzte Frage, Frau Mann. Sie haben also Herrn Brandner überredet, der Polizei von seinen Beobachtungen zu erzählen. Das heißt doch, dass Sie gleich an Fremdverschulden gedacht haben? Warum?»

Sie lächelte ihn an. Sie hatte ein sehr schönes Lächeln.

«Vielleicht, weil ich mir nicht vorstellen kann, dass Pia einfach so verschwindet. Nicht, ohne noch jede Menge Ärger zu machen. Vielleicht, weil ich einfach ein dramatischer Mensch bin. Ich weiß nicht, es ist einfach ein Gefühl.»

Ein Gefühl hatte auch er von Anfang an gehabt. Schon als sein Kollege Schmidthahn ihm von dem Unfall erzählte. Vielleicht, weil er an Unfälle genauso wenig glaubte wie an den Weihnachtsmann.

• **4** •

Der Bankdirektor war wie immer der Erste. Gemächlich und verfressen kam er an die Scheibe und ließ seine türkisfarbenen Flossen blitzen. Noch im Mantel griff Prottengeier nach dem Trockenfutter und gab eine halbe Hand voll ins Wasser.

Sofort kamen sie angeschossen. Die roten Phantomsalmler zuerst. Seine lasziven Ladenmädchen. Politisch natürlich völlig unkorrekte Bezeichnung. Trotzdem waren sie seine Ladenmädchen! Wie sie sich so durch die langstieligen Unterwasserpflanzen schlängelten ... Manchmal konnte er sie sogar kichern hören. Genau wie die jungen Frauen, die mittags aus Ämtern und Boutiquen quollen, um ausgehungert bei McDonald's einzufallen.

Yuppis in Designeranzügen mit Handy mischten sich fast sofort unter sie, schwarze Phantomsalmler, immer an der Scheibe lang. Sehen und gesehen werden. Fische wie junge Männer nahmen mit derselben Arroganz die Welt, die Bürgersteige und das Aquarium in Besitz. Ob er auch so gewesen war? Er erinnerte sich nicht.

Mittlerweile war er ein Zwergbuntbarsch. Zielbewusst und rentnerbeige. Die Mittelschicht im Aquarium. Eigentlich mochte er sie. Effizient, wie Hausfrauen ihre Einkaufskörbe füllen, schnappten sie Körnchen für Körnchen das herabsinkende Futter. Er schnappte auf dieselbe Weise nach Informationen, Gefühlen, Tatsachen. Unaufgeregt, behäbig, langweilig.

Müde und immer noch im Mantel setzte er sich vor sein leuchtendes Aquarium. Wann hatte das angefangen, dass er sich zu Beginn eines neuen Falles immer so müde fühlte? Überfordert damit, eine neue Welt zu verstehen? Jede Berufsgruppe ein eigener Kosmos. Mit eigenen Regeln, eigenem Verhaltenskodex, die man erst einmal verstehen musste, um zum

Bodensatz zu kommen. Der Bodensatz, das trübe Gewässer durchschauen ...

Hatte er schon den Teilwasserwechsel gemacht? Die Pflanzen mussten ausgelichtet werden. Vor allem die Cryptocorynen.

Diese Schauspielerin arbeitete auch schon lange in ihrem Beruf. Trotzdem erzählte sie noch so engagiert darüber, als sei alles neu. Wie alt sie wohl war? Bestimmt über vierzig. Höchstens fünf, sechs Jahre jünger als er. Und fünf, sechs Jahre älter als die beiden Männer. In welchem Verhältnis standen die drei zueinander? Dieser Begrüßungskuss am Anfang ...

Alle duzten sich an diesem Theater. Sogar mit dem Chef. Unangenehmer Typ. Einer von denen, die sich immer so aufführen, als müssten alle Mitarbeiter ihm einen blasen. Er schüttelte sich.

In der Wohnung war es kalt. Er sollte aufstehen und die Heizung höher drehen. Sich ein Bier holen. Licht machen. Die Gebärden des Lebens. Wo war nur sein Mörder? Er beugte sich zum Aquarium und starrte durch die Scheibe. Sein düsterer Antennenwels ließ sich nicht blicken.

Leider hatten Mörder in Wirklichkeit selten eine gepanzerte Haut und Stacheln. Man konnte sie nicht sofort erkennen. Vielleicht hatten sie auch windzerzauste blonde Locken und Augen zum drin Versinken.

Aber sie hatte diesen Schönling überredet, ihm die Geschichte mit der Tür zu erzählen. Der entscheidende Hinweis darauf, dass es ein Mord war. Warum musste sie ihn überreden? Das hatte er zu fragen vergessen. Wenn sie irgendwie in die Geschichte verwickelt war, hätte sie die Untersuchung nicht in diese Richtung gelenkt. Oder doch?

Da war ja sein Mörder. Er beobachtete lächelnd, wie der Wels, mit seinen hoch aufgerichteten Stacheln auf der Nase, begann, die Algen zu grasen.

●

Welche Fische sie wohl wären, die Schauspieler? Keine Zwergbuntbarsche. Keine Salmler. Die Mann wäre eine Süßwassergarnele, ganz klar.

Magda Mann – ob das ein Künstlername war? Komischer Beruf, immer jemand anders zu sein. Verlockend, die eigene Haut einfach abzustreifen. Das musste er bei der Ermittlung immer im Kopf behalten. Jeder log, sobald er es mit der Polizei zu tun bekam. Manchmal aus völlig absurden Gründen. Um das eigene kleine Revier zu verteidigen, schäbige Gewohnheiten zu verheimlichen. Erstaunlich viel Schmutz wurde bei Mordfällen aufgewirbelt. Oft hatte er noch nicht einmal mit dem Fall zu tun. Aber diesmal waren die Beteiligten professionelle Lügner. Er musste vorsichtig sein. Misstrauisch.

Ob er sich ein Aufzuchtbecken anschaffen sollte? Im Sammelaquarium war die Zucht unmöglich. Die Fische laichen, fressen dann aber die eigenen Eier. Eigentlich ein perfektes Gleichgewicht. Er hätte seine Brut auch besser fressen sollen.

Wie sie ihn bei seinen Besuchen anstarrten! Die Brut kam mehr nach der Mutter. Wie sie plapperten und tobten, bevor er klingelte. Wenn er es durch die geschlossene Tür hörte, hatte er immer den Impuls, sich auf dem Absatz umzudrehen und zu gehen. Sobald er klingelte, wurden sie stumm. Wie er. Stumm und schwerfällig.

Ob sie erleichtert wären, wenn er nicht mehr käme? Wenn er tot wäre? Wahrscheinlich schon. Schrecklich, wenn der Tod eines Menschen Erleichterung auslöst. Die Zadurek tat ihm fast Leid.

Wie hatte sein Vater immer gesagt? «Ich wünsche mir, dass an meinem Grab Leute stehen, die sagen: Es war eine Bereicherung, diesen Menschen gekannt zu haben.» Das hatte nicht geklappt. Seine Frau war als Witwe fröhlicher, als sie es je als Ehefrau gewesen war. Seiner Frau ging es nach der Scheidung auch besser.

Die Zadurek hatte jedenfalls heftige Gefühle ausgelöst. Gefühle waren das Entscheidende bei einem Mord. Wie war das abgelaufen? Niemand konnte voraussehen, dass die Zadurek sich genau unter diesen Zug knien würde. Ihr Platz war im Zuschauerraum. Andererseits hatte sie, laut Knoller, die Angewohnheit, öfter etwas zu demonstrieren.

Also geplant? Oder eine Tat im Affekt?

Der Mörder hatte offensichtlich Handschuhe getragen. Keine Fingerabdrücke. Sah nach Vorsatz aus. Im Theater hielten sich um diese Uhrzeit nur Techniker und Schauspieler auf. Die Techniker, die Dienst hatten, waren den ganzen Abend zusammen gewesen. Zumindest der Requisiteur und der Bühnenarbeiter. Der Beleuchter war allein. Aber der saß am anderen Ende des Zuschauerraums. Gleich nach dem Mord hatte er das Lichtpult bedient. Alle hatten übereinstimmend gesagt, dass das Zuschauerlicht gleich anging, nachdem der Zug heruntergekommen war. Ein paar Sekunden reichten nicht für den Weg von der Arbeitsgalerie zur Beleuchtungskanzel.

Die Schauspieler waren auf der Bühne. Bis auf die mit dem gebrochenen Bein und Hilde Schmitz, das Gretchen. Die eine war im Sanitätsraum, die andere in der Garderobe. Mit einem gebrochenen Bein die Treppen hoch? Nicht sehr wahrscheinlich. Außerdem war der Regieassistent die meiste Zeit bei ihr. Hatte überlegt, ob er einen Arzt rufen sollte. Aber das Gretchen. Die würde er sich ansehen.

Die Schauspieler, die im Saal geblieben waren. Waren sie wirklich die ganze Zeit da gewesen? Da war doch bestimmt irgendeiner pinkeln oder sonst etwas. Das mussten sie überprüfen.

Fremde. Jeder konnte unbemerkt ins Theater gekommen sein. Die Pforte war während der Proben besetzt. Aber der Pförtner hatte Zeitung gelesen. Ob Pförtner je etwas anderes taten? Und dann gab es noch die Kantinentür. Die war fast nie abgeschlossen. Das Kantinenpersonal machte um zwanzig Uhr Schluss, wenn keine Vorstellung war. Durch die leere Kantine, an den Toiletten vorbei, durch die erste Bühnentür ins innere Treppenhaus. Und dann einfach hoch zur Arbeitsgalerie. Wenn man Glück hatte und gerade niemand durch die zweite Tür von der Bühne kam, war das problemlos. Triller hatte ihm den Weg gezeigt.

Eine Menge Möglichkeiten. Eine Menge Verdächtige. Offensichtlich auch eine Menge Motive. Dazu noch ein unübersichtliches Haus.

Er seufzte. Erschrak sofort über den Seufzer, der laut durch die leere Wohnung hallte.

Der Schlüssel lag bei der Zadurek. Wie war sie gewesen? Was hatte sie getan, um jemanden so wütend zu machen, dass er sie nicht mehr ertragen konnte? Oder ging es um ihr Privatleben? Um Geld? Wusste sie etwas, was sie nicht wissen sollte?

Er hatte Schmidthahn, den kleinen Pulch und Rosen. Die Kriminaltechnik hatte morgen bestimmt den Bericht fertig. Pulch und Rosen konnten die Zadurek übernehmen. Schmidthahn und er würden sich die Schauspieler teilen.

Der Probenbesuch. Am besten erledigte er das gleich morgen früh. War vielleicht sogar ganz interessant. Auf jeden Fall würde er sie dabei kennen lernen. Die Schauspieler lebten in ihrem Beruf, nicht in ihrer Freizeit. Irgendwann in der Kneipe war ihm das klar geworden. Also musste er sie in ihrem Beruf sehen.

Die Souffleuse. Die war bestimmt neugierig. So wie sie sich in der Kneipe aufgeführt hatte. Was war das nur für ein merkwürdiger Job? Den ganzen Tag am Rand sitzen und Texte mitlesen. Die bekam garantiert alles mit, was in dem Theater vor sich ging. Und da ging einiges vor sich.

Aber trotz Theaterkrise und Streitereien waren sie eine verschworene Gemeinschaft. Nette Gemeinschaft, die ihre Mitglieder erschlug.

Falls es nicht doch jemand von außen gewesen war. Er musste vorsichtig sein. Und aufmerksam. Sich nicht blenden lassen von ihren Witzen, ihrer Offenheit. Freundlich und unterhaltsam hatten die drei auf ihn wirken wollen.

Charme. Das hatte sie, die Mann. Auch Brandner und Less. Aber es hatte auch Vorteile, stumm und schwerfällig zu sein. Man konnte besser zuhören ...

Mit diesem Gedanken schlief er ein. Im Traum verwandelte er sich in einen Antennenwels, der eine Süßwassergarnele jagt. Obwohl er auch im Traum wusste, dass er, wie alle Antennenwelse, Vegetarier war.

• 5 •

«Die Sorge nistet gleich im tiefen Herzen, dort wirket sie geheime Schmerzen, unruhig wiegt sie sich und störet Lust und Ruh; sie deckt sich stets mit neuen Masken zu, sie mag als Haus und Hof, als Weib und Kind erscheinen, als Feuer, Wasser, Dolch und Gift.»

Unwillkürlich rutschte Prottengeier in seinem Sitz weiter nach vorne. Er reckte sich, damit ihm keine Bewegung entging. Aber der Mann auf der Bühne bewegte sich nicht. Er stand wie in einem Eisblock gefangen. Die Worte quälten sich aus seinem Mund.

«Den Göttern gleich ich nicht! Zu tief ist es gefühlt; dem Wurme gleich ich, der den Staub durchwühlt!»

Er hörte sein Herz pochen. Immer lauter durch den leeren Zuschauerraum.

«Ich grüße dich, du einzige Phiole! Die ich mit Andacht nun herunterhole, in dir verehr ich Menschenwitz und Kunst.»

•

Gift natürlich. Das war Gift in dem kleinen Fläschchen. Er biss sich auf die Lippen, ohne es zu merken.

«Du Inbegriff der holden Schlummersäfte, du Auszug aller tödlich feinen Kräfte, erweise deinem Meister deine Gunst!»

Er rückte noch weiter nach vorne und stieß mit den Knien schmerzhaft an den Vordersitz. Egal. Auf der Bühne hob Faust das Fläschchen. Im Zuschauerraum hielt der Kommissar den Atem an.

«Wo bleiben die Osterglocken, verdammt nochmal? Pennt ihr beim Ton? Arbeitslicht, los!»

Er schreckte hoch. Knoller stand vor dem Regiepult in der dritten Reihe, fuchtelte mit den Händen und schrie: «Da müsst ihr reagieren! Karl kann da nicht verzögern. Wenn ihr die Glocken nicht reinfahrt, muss er trinken. Und dann ist das Stück zu Ende, verdammt. Wie oft muss ich das noch sagen!»

Aus der Tonkabine kam über Mikro eine körperlose Stimme: «Schon klar, Chef. 'tschuldigung.»

Prottengeier löste seine verkrampften Hände vom Vordersitz und atmete durch. Auf der Bühne flammte Arbeitslicht auf und ließ den verstört wirkenden Schauspieler hilflos blinzeln, als müsse er erst wieder in der Realität ankommen. Der Kommissar hatte dasselbe Gefühl. Erschöpft lehnte er sich zurück. Damit hatte er nicht gerechnet. Dass ihn das so mitnehmen würde! Er hatte wirklich einen Moment vergessen, dass er in einem Theater war. Hatte die Verzweiflung und die schwarzen Gedanken des Schauspielers da vorne ernst genommen. Überrascht starrte er Brandner an, der jetzt mit hängendem Kopf auf der Bühne stand und Knoller zuhörte, der leise auf ihn einredete. Er würde ihn jetzt nie mehr einen Schönling nennen können.

«Er ist wirklich gut, was?», flüsterte eine Stimme hinter ihm. Peter Less saß dort und starrte, wie er, gebannt auf die Bühne. Er hatte ihn gar nicht hereinkommen hören. Hoffentlich hatte dieser Less nicht gemerkt, wie nah ihm die Szene gegangen war. Peinlich berührt richtete er sich auf und flüsterte ins Dunkel: «Sehr interessant.»

«Das ist sentimentales Gewäsch!», tönte es plötzlich von vorne.

Less huschte auf den Sitz neben ihn und flüsterte: «Und jetzt können Sie noch hautnah miterleben, wie unser Intendant, mit der Sensibilität eines Nilpferds gesegnet, eine wirklich gute Szene in Stücke schlägt.»

Wie auf Stichwort kam von Knoller: «Du machst zu viele Pausen. Du musst das wegsprechen. Das interessiert doch nicht!»

Jetzt wurde auch Brandner laut: «Ich will mich umbringen! Wie soll ich das denn wegsprechen?»

«Der alte Faust ist doch ein verhirnter Trottel. Wenn er verjüngt wird, kommt Action rein. Da will er was! Unter uns: Wen interessiert schon das Gewäsch eines alten Mannes?»

Der Schauspieler stöhnte auf. «Es interessiert Goethe. Es interessiert den Teufel. Und es interessiert Gott.»

Mich interessiert es auch, dachte Prottengeier verwundert.

Brandner wurde noch lauter: «Und wenn es dich nicht interessiert, kannst du dieses Stück eben nicht inszenieren.»

Knoller schnappte hörbar nach Luft, um dann fast freundlich zu sagen: «Mein lieber Karl, was ich inszenieren kann und was nicht, entscheide ich. Und ich entscheide, wie gespielt wird! Wenn ich sage, keine Pausen, machst du auch keine! Ist das klar?» Damit ließ der Intendant ihn stehen, ging zu seinem Regiepult und flüsterte mit dem Assistenten.

Brandner machte ein Gesicht, als hätte man ihn geohrfeigt. Prottengeier hatte den Streit aufmerksam verfolgt. Trotzdem verstand er nicht ganz, worum es da eigentlich ging.

Jetzt rief der Assistent zur Bühne hoch: «Nächste Szene, Auftritt Mephisto. Ist Peter da?»

Less neben ihm sprang auf und schlenderte zur Bühne. Oben angekommen, legte er dem immer noch versteinert dastehenden Brandner die Hand auf die Schulter: «*Nichts Abgeschmackteres find ich auf dieser Welt, als einen Teufel, der verzweifelt.* Los, Karl!»

Brandner reagierte nicht. Less warf einen besorgten Blick auf seinen Kollegen und stellte sich im Bühnenhintergrund in Position. Das Arbeitslicht wich dem weicheren Bühnenlicht. Prottengeier sah erwartungsvoll zu den beiden Schauspielern hoch.

Plötzlich begann es im gesamten Bühnenraum zu klingeln. Rechts und links des Portals blinkten rote Warnlampen und tauchten die Bühne in ein gespenstisches, zuckendes Licht. Knoller und sein Assistent sprangen von ihren Sitzen. Less starrte verwirrt zum Portal. Und dann sah er es.

Oben am Portal, das den Zuschauerraum von der Bühne trennt, erschienen Dornen. Spitze Eisendornen, die sich langsam und bedrohlich auf den Weg nach unten machten.

«Der Eiserne!», brüllte Knoller über das ohrenbetäubende Klingeln. Fasziniert sah Prottengeier, wie sich eine dornenbewehrte, eiserne Wand unerbittlich aus dem Nichts nach unten schob. Ein unbarmherziges Urzeittier machte sich daran, die Bühne mitsamt den Menschen darauf zu verschlingen.

Karl Brandner stand stumpf und reglos genau unter den eisernen Zähnen des Monsters. Knoller brüllte: «Den Totmannknopf! Drückt den Totmannknopf!»

«Weg da, Karl», schrie der Assistent. Brandner rührte sich nicht. Eine der spitzen Dornen war nur noch wenige Zentimeter von seinem Kopf entfernt.

Prottengeier sprang auf. Er hörte Less schreien. Mit einem Satz war der Schauspieler bei seinem versteinerten Kollegen, riss ihn zu Boden und rollte mit ihm zur Bühnenmitte.

Die roten Warnlampen blinkten schneller. Ein Stuhl war

dem Monster im Weg. Überlaut splitterte die Sitzfläche, als ein Eisenzahn sie durchbohrte. Knoller hechtete mit einem Sprung auf die Vorbühne und rollte unter der eisernen Wand durch. Eine Sekunde später war es still.

Die roten Warnlampen erloschen. Knapp vor dem Bühnenboden waren die eisernen Zähne zum Stehen gekommen. Das Tier hatte die Bühne fast verschluckt.

Dann klingelte es wieder. Die roten Warnlichter drehten sich, und das Tier öffnete sein Maul. Wie ein Beutestück hing der aufgespießte Stuhl an einem Zahn und wurde mit nach oben geschleppt. Am oberen Portalrahmen klemmte er fest, löste sich und fiel krachend zu Boden. Der Spuk verschwand, und erneut kehrte Ruhe ein.

Auf der Bühne lag Peter Less über seinem Kollegen, als versuche er, ihn mit seinem Körper zu schützen. Von der Seitenbühne kam Knoller und wischte sich den Schweiß von der Stirn. «So eine Scheiße, so eine gottverfluchte Scheiße!»

Less richtete sich auf und schüttelte benommen den Kopf. Der Intendant ging auf die beiden zu und kniete sich neben den noch immer reglosen Brandner.

«Karl, wieso bist du stehen geblieben? Du kannst doch nicht einfach stehen bleiben. Das Ding hätte dich aufgespießt. Karl!»

Der Schauspieler sah ihn noch nicht einmal an.

«Lass ihn in Ruhe!», zischte Less mit scharfer Stimme. Verstört stand Knoller wieder auf und sah sich hilflos um.

Zwei Männer stürmten die Bühne. Prottengeier erkannte Triller, den stellvertretenden technischen Leiter. Den zweiten Mann, einen großen Hageren, hatte er noch nie gesehen.

«Was ist hier los? Wieso hat der Eiserne geklingelt?», polterte Triller. Sein dichter Schnauzer, der wie angeklebt unter der knorpeligen Nase saß, bebte vor Entrüstung.

Damit kam er bei Knoller schlecht an. «Herr Triller! Schön

dass Sie da sind. Gerade kam der Eiserne runter. Können Sie das erklären?»

Triller blieb vor Überraschung der Mund offen stehen. Aber Knoller war noch nicht fertig. Böse wandte er sich an den großen Hageren. «Und Sie? Wo waren Sie eigentlich? Wieso waren Sie nicht an ihrem Platz? Wieso war das Inspizientenpult nicht besetzt?»

Der Hagere bekam einen roten Kopf und schien in sich zusammenzusinken. Wie ein wütender Terrier kläffte Triller: «Was soll das, Gustav? Was heißt das, du warst nicht an deinem Platz?»

Gustav sah vor dem geballten Angriff der kleinen dicken Männer aus, als würde er sich am liebsten unsichtbar machen. Er schrumpfte noch ein paar Zentimeter und murmelte unglücklich: «Ich war auf der Toilette. Nur ein paar Minuten, das schwör ich.»

Aber Knoller hatte nicht vor, sich besänftigen zu lassen. «Auf der Toilette! Und in der Zwischenzeit kommt der Eiserne runter und erschlägt meine Schauspieler! Und der Inspizient sitzt seelenruhig auf der Toilette!»

«Ich musste ...», murmelte der Unglücksrabe.

Mit einem wütenden Schnauben schnitt der technische Leiter ihm das Wort ab. «Darüber reden wir noch, Gustav. Was ist hier eigentlich passiert?»

«Das habe ich doch gerade gesagt», knirschte der aufgebrachte Intendant. «Der Eiserne ist plötzlich losgegangen, hat Karl fast erschlagen und beinahe Löcher in das Bodentuch gerissen. Wieso ist das eigentlich nicht präpariert? Das sollte doch längst erledigt sein!»

Ohne zu antworten, stürmte Triller von der Bühne, gefolgt von dem wütenden Intendanten und dem unglücklichen Gustav.

Prottengeier, der bis jetzt im Zuschauerraum geblieben war,

●

stieg auf die Bühne. Karl und Peter schienen den Tumult um sich herum gar nicht wahrzunehmen. Sie knieten am Boden, und Less redete beruhigend auf seinen Kollegen ein. Die beiden nahmen auch von ihm keinerlei Notiz, als er neugierig zur Seitenbühne ging, wo sich die anderen drei um einen Glaskasten versammelt hatten.

Die Tür des Kastens, in dem nur Knöpfe und Hebel zu sehen waren, stand weit offen. Der Schlüssel steckte. Die drei Männer studierten die verschiedenen Knöpfe, als ginge es darum, das Rätsel der Sphinx zu ergründen. Triller schüttelte immer wieder den Kopf und brummte: «Das gibt's doch nicht. Ich versteh das nicht.»

Entschlossen drückte er einen großen roten Knopf, und sofort begann es zu klingeln. Oben am Portal fuhren die Dornen aus. Ein zweiter Knopfdruck, und sie verschwanden wieder.

«Alles in Ordnung», triumphierte der technische Leiter. Wieder drückte er den Knopf, Klingeln, Dornen. Ein weiterer Knopfdruck, die Dornen verschwanden. Zufrieden wandte er sich zu den anderen. «Alles völlig in Ordnung. Der kann nicht runtergekommen sein.»

«Ist er aber», knurrte der Intendant.

«Entschuldigung. Was genau ist das eigentlich?»

Erstaunt wandten sich die drei Männer um. «Herr Prottengeier, Sie hatte ich ganz vergessen», entfuhr es Knoller. Der unglückliche Gustav löste sich aus der Gruppe und flüchtete an das gegenüberliegende Inspizientenpult, um dort verzweifelt auf seine Knöpfe zu starren. Prottengeier trat näher an den Kasten.

«Dieser Eiserne, was ist das genau?», beharrte er.

«Das ist der Brandschutzvorhang zwischen Bühne und Zuschauerraum. Wird nach Proben und Vorstellungen heruntergelassen. Sicherheitsbestimmungen, wissen Sie», erklärte Knoller.

Triller erwies sich als mitteilsamer. Nicht ohne Stolz erläuterte er: «Das ist noch ein richtiger Eiserner, nicht so ein Asbestding wie in neueren Theatern. Der wiegt seine zehn Tonnen und ist in fünfzehn Sekunden unten. Und sehen Sie mal, die Dornen.» Pflichtschuldig hob der Kommissar den Kopf. «Die verankern sich im Bühnenboden. Da kommt kein Feuer durch!»

«Ist denn die Feuergefahr so groß?», wollte Prottengeier wissen.

«Klar», nickte Triller. «Die qualmen doch dauernd in diesen neumodischen Inszenierungen. Und dann die ganze Elektrik. Die heißen Scheinwerfer. Und überall Stoff und leicht entzündliches Material.»

«Und der Eiserne wird von Hand bedient?»

Wieder nickte der technische Leiter. «Natürlich! Stellen Sie sich mal vor, was passieren kann, wenn der von alleine losgeht.»

«Also wird ihn jetzt auch jemand bedient haben.»

Der Intendant und sein Techniker stutzten. «Wie bitte?», fragte Knoller.

«Jemand hat den Eisernen mit Absicht heruntergelassen», erläuterte der Kommissar seelenruhig.

«Aber warum? Ich meine, warum sollte jemand ... das ergibt doch keinen Sinn», stammelte Knoller wie betäubt.

«Da ist ein Irrer im Theater, das steht fest», meinte der technische Leiter, der sich schneller als sein Chef wieder gefangen hatte. «Der Eiserne ist völlig in Ordnung. Der ist nicht von allein runtergekommen. Das kann ich beschwören. Da muss jemand dran rumgemacht haben!»

«Ich muss Sie bitten, diesen Kasten nicht weiter anzufassen. Vielleicht findet die Kriminaltechnik ja irgendetwas.»

«Klar. Fingerabdrücke!» Triller hatte seine Krimis gelesen. Der Intendant stand immer noch da wie vom Blitz getroffen.

•

Mitleidig legte Triller seinem fassungslosen Chef die Hand auf die Schulter. «Ich sag doch, da muss ein Irrer unterwegs sein.»

Irritiert schüttelte Knoller die Hand ab und sah fragend zu Prottengeier.

«Es tut mir Leid, meine Herren. Ich weiß nicht mehr als Sie. Normalerweise ist der Kasten abgeschlossen?»

Triller, der sich offensichtlich für die Untersuchung erwärmte, sagte eilfertig: «Der Schlüssel steckt immer. Wär ja Unsinn, wenn man bei einem Brand erst den Schlüssel suchen müsste. Aber der Inspizient steht ja gleich daneben.» Gustav gab einen undefinierbaren Laut von sich. «Wenn er da steht, meine ich», fuhr Triller unbarmherzig fort.

«Eine Minute. Es war nur eine Minute», wimmerte der Unglücksrabe, der sich dafür von seinen Vorgesetzten vernichtende Blicke einfing.

«Also muss jemand die Bühne beobachtet haben. Und sobald er sah, wie der Inspizient seinen Platz verließ, kam er hierher. Von wo kann er das alles im Blick gehabt haben?» Alle Augen wanderten nach oben zur Arbeitsgalerie.

Prottengeier nickte. «Gut, dann werden wir uns die Galerie auch wieder ansehen. Wer ist heute Morgen im Haus?»

«Alle», seufzte der Intendant. «Zehn Uhr, da ist das Haus voll. Alle Abteilungen sind besetzt. Die Verwaltung, Kantine, einfach alle.»

«Noch etwas, Herr Knoller. Sie haben eben etwas von einem Totmannknopf gerufen. Was ist das?»

«Kommen Sie, den zeig ich Ihnen. Der ist auf der anderen Bühnenseite», erbot sich Triller eifrig und marschierte los. «Das ist der Notstopp für den Eisernen. Falls was drunter steht, oder jemand drunterkommt. Der Eiserne zerquetscht alles. Deshalb muss beim Runterfahren immer jemand am Totmannknopf stehen.»

«Das war ganz schön sportlich, wie Sie unter dem Eisernen durch sind», sagte der Kommissar anerkennend.

Wie vom Blitz getroffen blieb Triller stehen. «Was sind Sie? Unter dem Eisernen durch?»

Knoller war es sichtbar unangenehm. «Ich musste ihn doch stoppen.»

«Sie sind unter dem Eisernen durch? Schon wieder? Das gibt's doch nicht!» Voll Zorn blitzte Triller seinen Chef an.

Der trat einen Schritt zurück und sagte würdevoll: «Ein Notfall, Herr Triller.»

Prottengeier stand verlegen zwischen den beiden Männern. Offensichtlich hatte er da ahnungslos etwas losgetreten.

«Wie oft hab ich schon gesagt, dass niemand unter dem Eisernen durch darf, wenn er fährt. Niemand! Ich bin hier für die Sicherheit verantwortlich! Und ich geh nicht in den Knast wie Klaus, bloß weil ihr unter dem Eisernen turnt!»

«Ich bitte Sie, Triller. Ich habe nicht geturnt. Es war ein Notfall.»

Aber Triller war nicht mehr zu bremsen. Außer sich vor Zorn brüllte er: «Verdammte Scheiße! Dauernd machen Sie das! Das krieg ich doch erzählt. Und wenn was passiert, bin ich dran. Das ist doch kein Spielzeug!»

«Herr Triller, es reicht.»

Aber Triller reichte es noch lange nicht. Mit hochrotem Kopf wütete er weiter: «Neulich seh ich, wie einer der Beleuchter unter dem Eisernen durchspringt. Und als ich ihn zur Rede stelle, sagt der mir ganz frech ins Gesicht: Wieso, das macht der Chef doch auch. Unverantwortlich nenn ich das. Unverantwortlich!»

Knoller, dessen Gesicht sich ebenfalls langsam rötete, gab ein scharfes «Nicht in diesem Ton!» von sich. Aber das kümmerte den aufgebrachten Triller einen Dreck. «Jeder hier hat sich an die Sicherheitsbestimmungen zu halten. Jeder! Auch der Chef! Aber Gottvater spielen. Sich einen Scheiß um die anderen scheren. Da wundert's mich nicht, wenn hier was passiert!»

Jetzt hatte Knoller die Schnauze voll. «Wenn hier anständig gearbeitet würde, würde gar nichts passieren. Es ist Ihre Aufgabe, dafür zu sorgen, dass die Leute an ihren Plätzen bleiben. Dann könnte auch kein Wahnsinniger am Eisernen fummeln. Es ist Ihre Aufgabe, dafür zu sorgen, dass das Bodentuch vorgestanzte Löcher hat. Wo sind die? Es ist Ihre Aufgabe ...»

«Ach, jetzt bin ich schuld?», unterbrach ihn Triller, der totenblass geworden war. «Ich bin schuld, ja? An den Unfällen. An allem. Aber nicht mit mir, das sag ich Ihnen. Nicht mit mir!» Aufgebracht schnappte er nach Luft und wischte sich den Schweiß von der Stirn.

Prottengeier betrachtete ihn besorgt. Mit dem Mann stimmte etwas nicht. Aus seinem Gesicht war alle Farbe gewichen. Er stolperte rückwärts und versuchte immer verzweifelter, Luft zu bekommen. Auf seinen bläulichen Lippen sammelte sich Speichel.

Entschlossen trat Prottengeier zu ihm und half ihm, sich auf den Boden zu legen. Über die Schulter rief er: «Schnell einen Krankenwagen. Der Mann hat einen Herzanfall.»

Hinter sich hörte er Karl Brandner schreien: «Du Drecksau! Ich bring dich um! Du weißt genau, dass er herzkrank ist.»

Die Schauspieler hatte er ganz vergessen. Als er sich umdrehte, sah er, wie Peter Less seinen wild um sich schlagenden Kollegen zu bändigen versuchte. Knoller stand fassungslos dabei.

Die waren alle verrückt geworden. Es war genug.

«Schluss jetzt! Brandner, Sie gehen sofort zur Pforte. Wir brauchen einen Krankenwagen. Less und Knoller, kommen Sie her, ich brauche Ihre Hilfe.»

Verblüfft registrierte er, dass alle auf ihn hörten. Dabei hatte er noch nicht einmal geschrien.

•

• **6** •

Scheppernd fiel der Plastikbecher in die Halterung. Die Maschine dröhnte, kam in Gang und presste unter wütendem Gezisch einen Schwall braunes Wasser aus ihren Eingeweiden. Vorsichtig nahm Prottengeier den übervollen Becher heraus und balancierte ihn zum Tisch.

«Sie wissen, dass das Zeug giftig ist?», empfing ihn Less.

«Wollen Sie auch einen?», fragte der Kommissar zurück.

«Keine schlechte Idee. Karl, du auch? Nein, lassen Sie nur.» In der Hosentasche nach Kleingeld kramend, ging Less zum Automaten.

Der Kommissar setzte sich zu Karl Brandner und fragte: «Wieso sind Sie denn noch hier?»

«Wir warten auf Magda», antwortete Less für ihn. «Sie wollte uns nach der Probe abholen. Eigentlich müsste sie schon längst hier sein, aber wer weiß, ob Egon damit einverstanden ist.»

«Egon?»

«Egon ist unser gemeinsames Auto», erklärte Less. «Ein Prachtexemplar von einem alten Mercedes. Leider hat er einen ausgeprägten eigenen Willen, der oft im Widerspruch zum Willen seiner Fahrer steht.»

«Wohnen Sie denn auch zusammen?», fragte der Kommissar neugierig.

Less kam mit einem Grinsen und zwei Bechern an den Tisch zurück. «Wir teilen Tisch, Bett, unsere Sorgen und Egon. Gegenfrage, Herr Kommissar: Haben Sie irgendwelche Spuren des geheimnisvollen Knopfdrückers gefunden?»

Prottengeier verneinte.

«Und warum sind Sie noch im Haus? Nachmittags ist das Theater doch ausgestorben.»

«Ich muss noch mit Ihrem Intendanten reden. Offensichtlich gab es in den letzten Wochen mehrere Zwischenfälle, allerdings weniger gravierende als der gestern. Oder heute.»

Zum ersten Mal schien sich Brandner für das Gespräch zu interessieren. Er hob den Kopf und sah Prottengeier fragend an. Der blies in seinen Kaffee und sagte beiläufig: «Ich habe gehört, dass es fingierte Kartenbestellungen gab. Und ein Hubpodium wurde wohl während einer Vorstellung plötzlich hochgefahren. Und die Sprinkleranlage ging ja scheinbar ohne Grund los. Solche Zwischenfälle eben. Wissen Sie etwas darüber?»

Brandner sah schnell nach unten. In dem Moment hätte Prottengeier schwören können, dass er etwas verschwieg. Irgendetwas war mit diesem Schauspieler los.

«Herr Brandner, warum sind Sie heute Morgen eigentlich stehen geblieben, als der Eiserne herunterkam?»

Karl Brandner räusperte sich und sagte schließlich mit brüchiger Stimme: «Ich weiß es nicht.»

«Ganz klar Paragraph 51», mischte Less sich wieder ein. «Eine Art Unzurechnungsfähigkeitsbescheinigung für Schauspieler. Der galt vor allem nach Vorstellungen. Aber nur für eine Stunde. Wenn man zum Beispiel eine Stunde nach der Vorstellung einen Mord beging, gab's mildernde Umstände.»

Prottengeier sah die beiden ungläubig an.

Less lachte. «Das stimmt wirklich. Ich weiß nicht genau, ob der 51 heute immer noch existiert, aber es gab ihn.»

Prottengeier nippte an seinem Kaffee und verzog das Gesicht. «Der ist ja wirklich scheußlich.»

Beide Schauspieler machten gemeinsam «Mmh!». Dann sagte Brandner leise: «Ich weiß nicht, die ganze Situation ist so ... Ich meine, Pias Tod, die Uminszenierung mit Knoller. Der Faust ist sowieso nicht leicht. Ich bin einfach nicht im Gleichgewicht.»

«Ist ja auch nicht dein Job, im Gleichgewicht zu sein», warf

Less ein. Urplötzlich wandte er sich an den Kommissar und fragte aggressiv: «Sie sind im Gleichgewicht, nicht wahr? Sie rasten nicht plötzlich aus, fangen an zu schreien oder zu lachen? Sie sind ja auch kein pubertierender Jugendlicher mehr. Sie haben eine Position. Dafür gibt's schließlich einen Verhaltenskodex, oder?»

Prottengeier wich zurück und sah den Schauspieler überrascht an. Was war bloß in ihn gefahren?

Aber der machte weiter. «Keine Emotionen, stimmt's? Das ist erwachsen. Aber innen, da gibt es sie noch, die Gefühle. So erwachsen kann man gar nicht werden, dass die einfach verschwinden. Also müssen sie unterdrückt werden, übergangen, negiert.» Genauso plötzlich, wie er ausgebrochen war, lehnte Less sich jetzt gelassen wieder zurück und fuhr ruhig fort: «Und was ist die Folge? Emotionale Verstopfung. Wir Schauspieler sind einfach für den ab und zu notwendigen Durchfall zuständig.»

Prottengeier war perplex. Emotionale Verstopfung, so ein Blödsinn. Außerdem waren seine Gefühle nicht verschwunden. Er hatte nur nicht vor, sie jedem X-Beliebigen auf die Nase zu binden.

«Was sollte das denn jetzt?», fragte Brandner, der genauso überrascht wirkte wie der Kommissar.

Wieder grinste Less. «Nur ein kleiner Exkurs wider das Gleichgewicht.»

«Also manchmal bist du einfach nur anstrengend», seufzte Brandner und fuhr seinem Freund mit einer ruppigen Bewegung durch die Haare.

«Tut mir Leid, aber Egon hat gestreikt. Hallo Herr Prottengeier. Der Pförtner hat irgendwas von einem Unfall gebrabbelt, was war denn los?»

Atemlos und mit wehendem Schal war Magda in die Kantine gestürmt. Die drei Männer starrten sie entgeistert an. Auf ihrem Kopf türmte sich eine giftgrüne, turbanartige Kreation. Als sie die Blicke bemerkte, nahm sie das Ding herunter und sagte verlegen: «Jetzt guckt doch nicht so. Ist ja bloß ein Versuch.»

Peter fing sich zuerst: «Hat Egon den Geist aufgegeben, als er dich damit gesehen hat? Er ist ja ziemlich sensibel.»

Die drei Männer grinsten. Wütend zischte Magda: «Ignoranten!» Dann musste sie selber lachen und setzte sich zu ihnen.

«Was war das denn nun für ein Unfall?» Peter wies auf Karl und meinte: «Unser Schätzchen hier wollte sich pfählen lassen. Das hab ich natürlich verhindert. Ich hoffe, das war in deinem Sinne?»

«Wie bitte?»

«Während der Probe kam plötzlich der Eiserne runter. Karl stand direkt unter ihm und war nur mit Gewalt zum Weggehen zu bewegen.»

«Oh Gott!» Magda wurde blass und schlang ihre Arme um Peter. Dann drängte sie sich an ihm vorbei und drückte Karl heftig an sich. Der vergrub sein Gesicht an ihrem Hals. Prottengeier betrachtete das Ganze missmutig. Mit welchem von den beiden hatte sie denn jetzt etwas?

Ohne Karl loszulassen, wandte sie sich wieder an Peter. «Der Eiserne? Ach du Scheiße. Wie konnte das denn passieren?»

Peter strich ihr eine Locke aus der Stirn. «Keine Ahnung. Jemand hat ihn runtergelassen. Und dann hat Knoller noch Alfons in den Herzinfarkt gejagt.»

«Nein!» Ungläubig sah sie ihren Kollegen an. Der streichelte beruhigend ihr Haar.

Prottengeier schaute verlegen zur Seite. Mussten die beiden Kerle dauernd an der Frau herumfummeln? Wie hatte Less gesagt? Wir teilen Tisch und Bett? Aber das ging ihn nichts an. Nur dieses dauernde Betatschen mochte er nicht. Für Außenstehende war das einfach nur peinlich.

«Gottseidank ist euch nichts passiert», stöhnte die Schauspielerin. «Gleich morgen gehe ich Kerzen spenden.»

Less wandte sich an Prottengeier und flüsterte übertrieben geheimnisvoll: «Seit ich Magda kenne, weiß ich, dass der katholische Gott eine Art Mafiaboss ist. Er erpresst Schutzgelder in Form von Kerzen!»

«Das ist was für unser Betrugsdezernat», gab Prottengeier trocken zurück.

Die Schauspieler sahen ihn einen Moment verdutzt an. Dann begannen sie zu lachen. «Mensch, Sie können ja komisch sein!», rief Less.

Der Kommissar runzelte die Stirn. So komisch war das auch wieder nicht gewesen. Aber irgendwie nett ... Wann hatte er das letzte Mal jemanden zum Lachen gebracht? Bei der Kripo war er nicht gerade für seinen Humor berühmt. Doch, es war nett.

«Was ist mit Alfons?», unterbrach Magda die allgemeine Heiterkeit.

«Er ist auf der Intensivstation. Ist ja immerhin der zweite Infarkt», sagte Brandner düster. «Knoller ist noch im Krankenhaus. Er war völlig verstört. Leider fällt ihm immer erst hinterher auf, was er so alles anrichtet.»

Jetzt kam es Prottengeier wieder in den Sinn. Ich bringe dich um, hatte Brandner gerufen. Natürlich, so was sagte sich leicht. Auf jeden Fall schien der ganz schön jähzornig zu sein. Less hatte ihn richtig festhalten müssen, damit er sich nicht auf den Intendanten stürzte. Das durfte er nicht vergessen.

Die Mann hatte auf jeden Fall nichts von der Sache mit dem Eisernen gewusst, als sie hereinkam. Außerdem hätte sie ihn bestimmt nicht heruntergelassen, während ihre Freunde auf der Bühne standen. Fiel sie also auch für den gestrigen Unfall aus? Wenn ein und dieselbe Person am Werk gewesen war, bestimmt. Aber diese Theorie von dem Wahnsinnigen? Für vieles gab es einen Grund, und sehr selten war es Wahnsinn. Nachdenklich betrachtete er die drei.

An der Tür zum Foyer räusperte sich jemand. Schmidthahn! Prottengeier stand hastig auf, murmelte «Entschuldigung» und ging seinem Kollegen entgegen. Mit einer Kopfbewegung dirigierte er ihn ins angrenzende Foyer und schloss die Schiebetür hinter sich.

«Dachte ich mir, dass Sie noch hier sind, Chef. Rosen hat mir von der Geschichte mit dem eisernen Vorhang erzählt. Und dass Sie nichts gefunden haben. Da haben wir's wohl mit einem raffinierten Hund zu tun.»

Prottengeier nickte. «Möglich. Was gibt's Neues bei Ihnen?»

«Wir kommen gerade aus der Wohnung der Zadurek. Da steckt Geld drin, sag ich Ihnen. Kann sie nicht von ihrem Gehalt bezahlt haben. Die verdienen doch alle nichts, die Künstler.» Mit einer verächtlichen Kopfbewegung umfasste er das ganze Theater. «Hab ihre Gehaltsabrechnungen durchgesehen. Aber dann so 'ne schicke Wohnung. Kam mir gleich komisch vor. Und jetzt kommt der Clou, Chef. In der ganzen Wohnung steht Geschirr rum. In beleuchteten Vitrinen. Ist doch irre, oder? Oma-Geschirr. Pulch meint, das wären Revolutionsteller. Mit bunten Hähnen oder 'nem Mädchen drauf. Aus der Französischen Revolution. Ich wusste gar nicht, dass die da Teller gemacht haben.» Schmidthahn zog ein zerknülltes Taschentuch aus seinem ausgebeulten XXL-Sakko und wischte sich die Stirn. Warum schwitzte dieser Mann nur dauernd? Wahrscheinlich einfach nur zu fett. Und zu groß. Alles an ihm war zu groß. Selbst sein Taschentuch sah aus wie eine Tischdecke.

«Gab es außer den Tellern noch etwas Interessantes?»

«Klar, Chef, gleich kommt der Clou. Das Geschirr sieht ja

ganz nett aus, aber ein bisschen wie in so 'nem Haushaltswarengeschäft. Also ich finde, Geschirr gehört in die Schränke.»

Prottengeier gab ein gereiztes Knurren von sich.

«Also, wir suchen weiter, Chef. Und unter der Matratze, da war's dann. Fast 50 000 Euro. Unter der Matratze! Können Sie sich das vorstellen? Wer macht denn so was, heutzutage. Und jetzt kommt der Clou!»

Schmidthahn machte eine dramatische Pause und schob sein Gesicht näher. Unter Prottengeiers linkem Auge begann ein Nerv zu zucken.

«Ich denke, das Geld kann die doch nicht von ihrem Job haben. Also such ich weiter. Ich meine, die hat überall Geschirr stehen, sogar im Bad. So eine alte Suppenterrine, und da war das da drin.»

Mit der Geste eines Varietékünstlers, der ein Kaninchen aus dem Hut zaubert, griff Schmidthahn in eine seiner riesigen Sakkotaschen und überreichte Prottengeier einen braunen Umschlag.

«Das ist der Clou, Chef. Pornofotos. In einer Suppenschüssel! Was sagen Sie jetzt?»

Langsam sah der Kommissar die Fotos durch. Acht Stück in Hochglanz und einem ungewöhnlichen Format. Auf allen war Pia Zadurek zu sehen. In Lederdessous, die Brustwarzen und Schamhaare frei ließen.

Schmidthahn war noch näher gerückt und sah ihm über die Schulter. «Was meinen Sie? Ob die das Geld damit verdient hat? Obwohl, wie die aussieht ...»

Besonders ästhetisch waren die Fotos wirklich nicht. Durch die Lederumrandung wirkte der kleine Busen kindlich und merkwürdig unproportioniert über dem eher gedrungenen Unterleib. Aus zu engen Lederstiefeln quollen die schlaffen Oberschenkel. Die Frau war einfach schon zu alt für diese Art von Verkleidung. Am abstoßendsten aber war der Gesichtsausdruck. Die kleinen Augen waren zu Schlitzen zusammengepresst, die spitze Nase herausfordernd erhoben, und durch die schmalen Lippen sah man die Zähne schimmern. Etwas Bösartiges, Triumphierendes war in diesem Gesicht, das er nicht deuten konnte.

«Ein Piranha», murmelte Prottengeier.

«Ein was?»

«Kleine südamerikanische Fische. Eher unscheinbar, bis sie das Maul aufmachen. Da ist dann alles voller spitzer, weißer Zähne. Sieht bei einem Fisch unheimlich aus.»

«Ach so. Klar. Fische», sagte Schmidthahn verständnislos. «Die Fotos sind mit Sicherheit nicht im Fachgeschäft entwickelt worden. Handabzug, sagt unser Fotofuzzi. Anscheinend mit 'ner guten Kamera aufgenommen. Zwei Videos mit Sado-Maso-Kram haben wir auch noch gefunden. Die Jungs sehen sich die gerade an. Ist doch ein ganz interessantes Umfeld für Mord, oder?»

«Die Todesart passt nicht», sagte Prottengeier nachdenklich. «Wenn da was passiert, hat meistens einer die Fesseln um den Hals zu stramm gezogen oder zu heftig zugeschlagen. Drogen sind auch oft im Spiel. Aber ein fingierter Unfall? An ihrem Arbeitsplatz?»

Beide betrachteten die Fotos. Schließlich trötete Schmidthahn: «Erpressung! Das ist es. Die sieht doch bösartig aus. Das würde auch zu dem vielen Geld passen.»

«Und der Erpresste hat dann den Unfall arrangiert?», zweifelte Prottengeier.

«Klar. Stellen Sie sich doch mal vor, Sie haben was mit der. Lassen sich mal 'ne Nacht lang so richtig verprügeln.»

Prottengeier konnte sich das nur schwer vorstellen.

«Und dann schickt sie Ihnen so ein Foto. Als liebevolle Erinnerung.»

Prottengeier schüttelte den Kopf. «Das passt nicht. Irgendetwas passt da nicht. Trotzdem müssen wir dem nachgehen. Wir müssen einfach viel mehr über die Zadurek rausfinden. Hatte sie Kontakte zur Szene? Oder war das nur ihr Privatvergnügen? Wer hat die Fotos aufgenommen? Hatte sie Liebhaber? War etwas über ihre Vorlieben am Theater bekannt? Woher hatte sie das Geld?»

Schmidthahn seufzte. «Ich hänge mich dran. Wir müssen noch ihren Computer auswerten, Adressbücher und so weiter. In der Sado-Maso-Szene kann sich Rosen umhören, der ist gut bei so was.»

«Aber setzen Sie nicht zu viele Leute drauf an, Schmidthahn. Nach dem heutigen Unfall sieht es so aus, als würden alle Fäden hier im Theater zusammenlaufen.»

«Vielleicht war der heutige Unfall nur dazu da, uns von der Zadurek abzulenken?»

Prottengeier nickte. «Auch möglich. Wir machen um fünf Uhr eine Besprechung in meinem Büro. Ich will, dass alle da sind. Es hat in den letzten Wochen hier im Haus mehrere Zwischenfälle gegeben. Sobald der Intendant da ist, rede ich mit ihm. Vielleicht ergibt sich daraus ein Ansatzpunkt.»

«Alles klar, Chef.»

Prottengeier drehte sich um und ging wieder zur Kantine. Den Ansatzpunkt finden. Der Ermittlung eine Richtung geben. Wichtige Informationen von unwichtigen trennen. Entscheiden, welche Spuren in die richtige Richtung führten. Diesen Teil der Ermittlungen hasste er immer am meisten. Dieses Im-Dunkeln-nach-Fäden-Suchen.

Als er die Kantinentür öffnete, sah er überrascht, dass die Schauspieler auf ihn gewartet hatten. Und Schmidthahn stand auch noch in seinem Rücken herum. Gereizt drehte er sich zu ihm um.

«Ist noch was?»

Irgendwie sah Schmidthahn unglücklich aus. «Die Eltern

von der Zadurek kommen heute Nachmittag. Soll ich mit ihnen reden?»

«Nein, Weber kann das machen.»

Schmidthahn nickte, machte aber keine Anstalten zu gehen. Prottengeier sah ihn entnervt an. Schmidthahn blickte noch unglücklicher zurück. Worauf wartete er denn bloß? Plötzlich fiel ihm Knoller ein.

«Übrigens, Schmidthahn. Gut gemacht.» Der Dicke strahlte und wandte sich zum Ausgang.

Als Prottengeier an den Tisch trat, grinste Peter Less ihn an: «Ihr Wagner?»

Er verstand nicht.

«Wagner ist der Gehilfe von Faust. Sein Famulus, den er belehren kann. Und der ihn nervt.»

Noch diese Nacht würde er den verdammten Faust lesen. «Kommissar Schmidthahn ist ein Kollege, kein Gehilfe. Heutzutage bildet man Ermittlungsgruppen oder Sonderkommissionen, Herr Less. Auch die Kripo arbeitet im Team. Da gibt es keine Hexenmeister und Gehilfen.»

Magda zog eine Augenbraue hoch: «Bravo, Herr Prottengeier. Manchmal muss man Peter über den Mund fahren, sonst wird er zu frech. Brauchen Sie uns eigentlich noch? Ich würde die zwei nämlich gerne nach Hause bringen. Um achtzehn Uhr ist wieder Probe.»

«Gehen Sie nur.»

Die drei zogen ihre Mäntel an. «Wo war heute eigentlich Ihre Souffleuse?», fragte der Kommissar.

Brandner, der den Arm um Magda gelegt hatte, drehte sich müde um. «Mona? Beim Arzt oder so. Heute Morgen hatte sie probenfrei.»

Peter Less zwinkerte ihm zu: «Also, Chef, wir gehen dann. In Ordnung, Chef? Bis dann, Chef!», und mit übertrieben schweren Schritten stapfte er seinen Freunden hinterher.

•

Prottengeier grinste. Dieser Less war wirklich unverschämt. Aber amüsant. Merkte man das so deutlich, dass Schmidthahn ihn nervte? Er sollte ihn öfter loben. Schmidthahn lechzte geradezu danach. Ein bisschen widerlich, diese Gier nach Anerkennung.

Seufzend sah er sich in der leeren Kantine um. Sein Nacken schmerzte. Ein bisschen Kopfweh hatte er auch. Der Tag schien endlos. Er hatte schlecht geschlafen. Er schlief meistens schlecht. Außer dem Surren des Kaffeeautomaten war nichts zu hören. Erst vier Uhr, und es dämmerte schon. Er schlenderte durch den Raum.

Die abgedunkelte Theke, die nackten Resopaltische. Nicht gerade gemütlich, aber das waren Kantinen ja nie. Interessiert betrachtete er die Pinnwand voller interner Mitteilungen und Kritiken.

Er las, dass die Schauspieler gebeten waren, keine Wertsachen in den Garderoben zu lassen. Eine Besprechung des Märchens, in der von der «wilden und ausgelassenen» Magda Mann die Rede war. Wieder musste er grinsen, als er an ihren merkwürdigen Hut dachte. Eine Besprechung, in der Peter Less als «scharfzüngig» und Karl Brandner als «glaubhaft» bezeichnet wurden. Bestimmt war das nicht immer leicht, öffentlich beurteilt zu werden. Eine weitere Hausmitteilung, in der die Schauspieler aufgefordert wurden, eine halbe Stunde vor Vorstellungsbeginn im Haus zu sein. Zuwiderhandlungen waren unverzüglich der Intendanz zu melden. Und eine Ankündigung, dass Probenfotos in der Dramaturgie zur Ansicht auslägen.

Halb von der Theke verdeckt sah er die Außentür, die zur Straße führte. Neugierig drückte er die Klinke. Sofort drang der kalte Januarnachmittag herein und zerschnitt die Stille. Rasch schloss er die Tür wieder und setzte sich an einen kleinen Ecktisch.

●

Er hätte Brandner gerne gesagt, dass ihm die Szene heute Morgen gefallen hatte. Nein, dass er beeindruckt war. Aber das hätte anbiedernd geklungen. Warum nur war er unter dem Eisernen stehen geblieben? Das hatte etwas Selbstzerstörerisches. Und dann der Jähzorn. Im Gleichgewicht. Emotionale Verstopfung.

Das hätte seiner Frau gefallen. Statt froh zu sein, dass er nicht dauernd ausrastete. Die hätte mal seinen Vater erleben sollen, der litt bestimmt nicht an emotionaler Verstopfung. Der ließ lieber den Rest der Familie leiden. Unwillig schob er den Gedanken beiseite.

Ja, Chef, nein, Chef – dieser Less! Moment, woher wusste der eigentlich, dass Schmidthahn ihn immer nur mit Chef anredete? Die Kantinentür war doch geschlossen gewesen. Er hatte gelauscht. Natürlich. Neugierig genug war er. Oder war da mehr?

Die Zadurek in der Domina-Aufmachung. Macht. Das passte zu dem, was die Schauspieler über sie erzählten. Macht, das war eine starke Triebfeder. Machtphantasien. Schon fatal, wenn jemand die Möglichkeit bekam, die auch in seinem Berufsleben zu verwirklichen. Solange das Ganze nur zu Hause im Schlafzimmer stattfand, war es nicht weiter tragisch.

Schritte näherten sich der Kantine. Prottengeier, der verdeckt von der Theke an einem Tisch saß, überlegte kurz, ob er sich bemerkbar machen sollte. Jemand hob den Hörer des Wandtelefons neben der Schiebetür ab und wählte.

«Hilde, ich muss dich dringend sprechen.» Eine Männerstimme. «Ich bin's, Uli. Ich hab dich gesehen, gestern ...» Prottengeier, der gerade aufstehen wollte, erstarrte. «... als Pia starb. Nein, du warst nicht in der Garderobe. Ich hab mich nicht getäuscht. Ich kann's auch der Polizei erzählen. Gut. Bis dann.»

Der Hörer wurde aufgelegt.

Prottengeier stand auf. Erschrocken fuhr der Mann am Telefon herum.

• 7 •

Kleine Eiskristalle peitschten ihr ungeschütztes Gesicht. Drangen in die freie Stelle zwischen Mantelkragen und Mütze. Piesackten ihre nackten Hände, mit denen sie versuchte, den Mantelkragen enger um den Hals zu ziehen. Ein Windstoß riss ihren Mantel auseinander. Sie raffte ihn mit einer Hand zusammen und versuchte, ihn am Körper festzuhalten.

Sie senkte zum Schutz gegen den wütenden Wind den Kopf und tastete sich die Stufen hinunter. Die Büsche, die rechts und links der Treppe lauerten, versuchten nach ihr zu greifen und sie zum Straucheln zu bringen. Einer der vereisten Zweige schlug ihr mit aller Kraft ins Gesicht. Mit einem kleinen Aufschrei stolperte sie weiter.

Als sie endlich die Straße erreichte, wurde es noch schlimmer. Ohne von Büschen und Sträuchern behindert zu werden, packte der Sturm sie mit aller Macht. Die zornigen Hagelkörner fielen über sie her, und der Wind zerrte so stark an ihr, dass sie Mühe hatte, auf den Beinen zu bleiben. Sie kniff ihre Augen zu kleinen Schlitzen zusammen und versuchte durchzuatmen.

Die verlassene Zufahrtsstraße zur Innenstadt zog sich endlos hin. Ihr feuchter Mantelkragen scheuerte am Hals, und die Hand, mit der sie ihn zusammenzuhalten versuchte, schmerzte vor Kälte. Sie war allein. Völlig allein. Bei diesem Sauwetter war niemand unterwegs.

Die Büro- und Verwaltungsgebäude, die die Straße säumten,

lagen dunkel und verlassen. Ein dicker, heißer Kloß saß in ihrer Kehle. Aber sie würde nicht anfangen zu heulen. Entschlossen stemmte sie sich gegen den Wind und marschierte los.

Wenn ihr wenigstens jemand begegnen würde. Nur damit sie wüsste, dass sie nicht allein auf der Welt war. Oder wenn die Straßenlaternen dichter stünden. Ab und zu wurde sie von den schlingernden Scheinwerfern eines Autos erfasst, das über die vereiste Fahrbahn kroch. Mit gesenktem Kopf kämpfte sie sich voran.

Unter der nächsten Straßenlaterne blieb sie kurz stehen. Schätzte durch zusammengepresste Lider den Weg ab. Da sah sie die zwei.

Die Männer kamen auf sie zu, dunkle Umrisse im Hagel. Aus dem Nichts aufgetauchte, unförmige Gestalten mit gesenkten Köpfen. Durch das Heulen des Sturms hatte sie nichts gehört. Und plötzlich waren sie da, gar nicht mehr weit entfernt. Hastig drehte sie sich um. Niemand war hinter ihr. Natürlich kam jetzt auch kein Auto angeschlittert.

Kurz erwog sie, auf die andere Straßenseite auszuweichen. So ein Quatsch! Schließlich konnten nicht alle Männer, denen man nachts auf einer einsamen Straße begegnete, Mörder und Vergewaltiger sein. Obwohl? Bei ihrem Pech? Selbstbewusst gehen. Sich keine Angst anmerken lassen.

Nur noch zwei Straßenlaternen entfernt. Gottseidank war sie nicht klein und hilflos. Oder sah zumindest nicht so aus. Die Mörder sind unter uns. Wieso fiel ihr das ausgerechnet jetzt ein. Selbstbewusst! Mühsam versuchte sie, ihre vor Kälte verkrampften Muskeln zu lockern und sich aufzurichten. Die Mörder sind unter uns. Noch eine Laterne.

Auch noch zwei Männer. Gegen einen hätte sie vielleicht eine Chance. Vielleicht doch noch schnell die Straßenseite wechseln? Sehr selbstbewusst, wirklich. Genauso gut konnte sie gleich anfangen zu schreien. Sie würde schreien. Die Mörder sind unter uns.

Einer der Mörder hob den Kopf.

«Da bist du ja, Hilde. Wir wollten dich abholen.»

Peter! Peter und Karl. Vor Erleichterung begannen ihre Beine zu zittern. Diese Idioten, sie so zu erschrecken. «Habt ihr nichts Besseres zu tun? Ich kann sehr gut alleine gehen.»

«*Bin weder Fräulein, weder schön. Kann ungeleitet nach Hause gehn*», äffte Peter.

Widerwillig musste sie lachen. «Woher wusstet ihr überhaupt, dass ich auf dem Kommissariat war?»

«Uli hat angerufen. Total zerknirscht, weil er dir das eingebrockt hat», antwortete Karl. «Aber jetzt komm schon. Wir können uns genauso gut im Warmen unterhalten.»

«Au ja!», rief Peter schlotternd. «Wir gehen auf einen heißen Grog ins Theatertreff, und du erzählst, wie es bei der heiligen Inquisition war.»

Ihre Kollegen. Hatten sich Sorgen um sie gemacht. Karl kam sie sogar abholen. Hilde hakte sich bei den beiden unter, und gemeinsam warfen sie sich in Richtung Altstadt gegen den Sturm.

Die Theaterkneipe war um diese Zeit noch leer, aber anheimelnd warm. Kosta begrüßte sie freundlich, und nach einem kurzen Smalltalk über das unglaubliche Wetter verschwand er in der Küche, um ihnen Grog zu machen. Bibbernd schälten sie sich aus ihren Mänteln und Mützen und versuchten, ihre eingefrorenen Glieder aufzutauen. Während sie ihre kalten Hände durch Reiben und Pusten zu wärmen versuchte, beobachtete sie unauffällig Karl. Die Kälte stand ihm. In seinem Norwegerpulli und mit den verwuschelten blonden Haaren sah er wie eine Wintersportwerbung für Kitzbühel aus.

Er lächelte sie an, und automatisch sackte sie ein bisschen zusammen. Als sie das merkte, streckte sie sich sofort wieder.

Verdammt nochmal, sie war eben nicht klein und niedlich. Keine ätherische Zimtzicke, der die Sensibilität aus jedem kantigen Knochen blitzte.

Außerdem waren Karl und Peter größer als sie. Ein bisschen größer wenigstens. Wie Karl jetzt seine langen Beine von sich streckte. Die Jeans hatten genau den richtigen Grad von Ausgewaschensein. Unter dem Stoff konnte sie seine festen Muskeln sehen. Schnell sah sie weg.

Interessiert betrachtete sie Zeus im Goldrahmen, der über Karls Stuhl hing. In der Verglasung spiegelte sich ihr Kopf mit den dünnen Mausehaaren. Nass sahen die nach noch weniger aus. Noch nicht einmal wachsen lassen konnte man so was. Wozu gab es Perücken? Wie hatte ihr Schauspiellehrer gesagt? Auf der Bühne muss man schön sein, nicht im Leben! Hatte der je Kollegen gehabt, die beides waren? Bestimmt nicht so einen blonden Piraten, der aussah, als hätte sich ihn Hollywood ausgedacht. Verstohlen zupfte sie an ihrer Frisur. Als Peter sie ansprach, ließ sie schnell die Hand sinken.

«Erzähl mal, Hilde. Was wollten die denn von dir?»

«Dieser blöde Kommissar.» Verächtlich zog sie die Mundwinkel nach unten. «Das sind doch Idioten. Seit Uli denen erzählt hat, er hätte mich auf dem Gang gesehen, halten die mich für die Mörderin. Dabei führt der Gang überallhin. Nicht nur zur Arbeitsgalerie. Ich und ein Mord! Die spinnen doch.»

Unruhig sah sie, wie Karl und Peter sich merkwürdig ansahen. Schnell sagte sie: «Das können die doch nicht ernsthaft denken, oder? Ich war nicht auf dieser blöden Galerie. Ich hab sie nicht umgebracht!»

Ruhig fragte Karl: «Wo warst du dann?»

«Ich bin froh, dass sie tot ist. Wundert mich nur, dass nicht schon eher jemand auf die Idee gekommen ist, sie abzumurksen. Mir ist auch völlig egal, wer das war.»

•

Kosta kam an ihren Tisch und brachte den dampfenden Grog. «Wo is Magda? Nix da heute?», fragte er Karl. An ihnen hatte der kleine Kellner offensichtlich kein Interesse. Er verzog sich schnell wieder, als er hörte, dass sie nicht käme. Hilde sah ihm wütend nach. Magda! Sie konnte den Namen schon nicht mehr hören.

Karl sah sie auffordernd an. Er hatte wirklich unglaublich blaue Augen. Trotzig starrte sie zurück. Er seufzte. «Hilde, wenn du nicht auf der Galerie warst, wo warst du dann? Uli hat dich gesehen.»

Ohne Antwort wandte sie sich abrupt an Peter. «Ihr glaubt doch nicht, dass ich was damit zu tun habe, oder? Das ist doch lächerlich!»

«Natürlich glauben wir das nicht. Karl will einfach nur wissen, wo du warst. Oder wo du hinwolltest.»

Dieser Idiot. «Klar, Karl der Große will was wissen, und sofort startet sein treuer Gefolgsmann das Verhör. Kannst du eigentlich mal was anderes machen als das, was Karl und Magda von dir verlangen? Bist du es nicht irgendwann mal leid, der ewige Vasall zu sein?»

Peter sah sie ausdruckslos an. Mist. Verlegen biss sie sich auf die Lippen und starrte in ihre Tasse. Sie war zu weit gegangen. Das würde er ihr bestimmt heimzahlen. Eigentlich hatte sie Angst vor ihm. Auch wenn sie es sich selten eingestand. Er war immer so distanziert, so unpersönlich. Außer wenn er mit Karl und Magda zusammen war. Das war seine Schwachstelle. Und sie musste da reinstechen. Dabei wollte sie sich gar nicht mit ihm anlegen.

«Tut mir Leid, Peter», murmelte sie. «Ich wollte nicht eklig sein. Aber dieser Prottengeier hat mich Stunde um Stunde immer wieder dasselbe gefragt. Warum ich? Warum fragt er nicht Josefine? Die war doch auch die meiste Zeit allein im Krankenzimmer.»

«Josefine hat ein gebrochenes Bein», warf Karl ein.

«Na und? Man kann auch auf einem Bein auf die Galerie humpeln. Oder mit dem Lastenaufzug fahren. Und eure kostbare Magda? Wo war denn die? Bestimmt nicht zu Hause, wenn ihr Privatbesitz auf der Probe turnt. Aber die braucht ja nur reingeweht zu kommen, blond und niedlich, und jeder glaubt, die kann kein Wässerchen trüben. Die hat doch diesen Prottengeier nur angeblinkert, und schon ist der umgefallen!»

«Hilde, bitte ...» Karl schloss gequält die Augen.

Mist. Mist. Mist. Warum hielt sie nicht einfach die Klappe? Jetzt hatte sie es geschafft. Jetzt war Karl auch noch sauer auf sie. Dabei waren die beiden immer nett zu ihr. Taten so, als merkten sie nicht, dass sie ein schlechtes Gretchen war. Da war er auch wieder, ihr Kloß im Hals. Unglücklich blinzelte sie in ihren Grog.

Peter seufzte: «Mensch, Hilde. Wieso musst du dich immer wie ein Preisboxer aufführen?»

Hilde fuhr auf: «Weil ich ein Preisboxer bin! Ich bin eins achtzig und hab ein Schwimmerkreuz. Schon in der Schauspielschule haben sie mir gesagt, dass ich nie die Julia oder das Gretchen spielen werde. Aber ich hab's geschafft. Ich spiele das Gretchen. Wisst ihr, was passiert, wenn Träume wahr werden? Es werden Albträume draus!»

Karl griff über den Tisch und hielt ihre Hand fest, die immer heftiger mit dem Löffel den Grog aufwirbelte. «Unsinn, Hilde. Wieso sollst du kein Gretchen sein? Wo steht, dass ein Gretchen doof und niedlich sein muss? Bei Goethe bestimmt nicht.»

«Aber wenn sie mich doch so inszeniert hat? Allein schon dieses weiße Rüschenkleidchen! Magda steht so was vielleicht, aber ich seh darin wie ein bescheuertes Riesenbaby aus! Und dann die Töne! Immer hat sie gesagt: Du musst das ganz hoch und wie an einem Faden sprechen. Ich kann aber nicht hoch und wie am Faden sprechen. Und ich Idiot hab mich so wahnsinnig gefreut, als sie mir die Rolle gegeben hat.»

Wenn er nur ihre Hand loslassen würde. Wegziehen wollte sie sie nicht. Und dann noch sein mitleidiger Blick!

«Manchmal hab ich mich gefragt, wieso sie dich unbedingt für die Rolle wollte, wenn sie dann nichts draus macht.»

«Die hat mich besetzt, um mich zu demütigen. Um mir dauernd zu beweisen, dass ich das nicht kann. Um meinen Traum kaputtzumachen. Und weil's ihr Spaß gemacht hat, mich in der Kritik zu verreißen. Wer hat denn immer Monstergretchen zu mir gesagt?» Jetzt schniefte sie schon. Peinlich. Hastig zog sie ihre Hand zurück und kramte nach einem Taschentuch.

Peter reichte ihr ein Tempo und lächelte ihr zu. Vielleicht war er doch nicht sauer. Sie fand ihn ja nett. Außerdem war er wirklich klasse auf der Bühne. Und Pia hatte ihn trotzdem dauernd auf dem Kieker.

Als sie sich schnaubend die Nase geputzt hatte, sagte Peter: «Ganz versteh ich das nicht. Wenn das Gretchen schlecht ist, ist das auch schlecht für ihre Inszenierung.»

«Wieso denn?» Der begriff ja gar nichts. «In der Kritik steht dann, dass die Inszenierung großartig ist und noch besser wäre, wenn Frau Schmitz nicht so grauenvoll spielen würde. Die hat doch Frauen gehasst! Die hat doch nur so getan, als wäre sie total frauenbewegt. Pia Zadurek allein gegen die feindliche Männerwelt. Aber wie hat sie denn die Weiber inszeniert? Lauter hysterische, kleine Mädchen! Und übrig bleibt dann eine erwachsene Göttin, die Emotion und Intellekt meisterhaft vereint: Pia Zadurek!»

Wieder schnäuzte sie sich. Das tat gut, einmal alles sagen zu können. Und die beiden hörten ihr wirklich zu. Sie stand nicht allein da mit einem Berg von Schuld, weil die Inszenierung nicht klappte. Sie konnte richtig sehen, wie Karl darüber nachdachte.

«So ähnlich sieht Magda das auch.» Magda natürlich! «Ich hab mir ehrlich gesagt nie so viele Gedanken drüber gemacht.»

«Weil es euch nicht so interessiert. Frauen sind doch in vielen Stücken einfach nur schmückendes Beiwerk. In den Klassikern auf jeden Fall. Die müssen doch nur niedlich sein und lieben! Knoller ist genauso. Der interessiert sich gar nicht für das Gretchen. Der starrt mich nur entsetzt an und murmelt was von Textarbeit. Und jetzt hab ich auch noch diesen Prottengeier am Hals!»

Hilflos sah sie die beiden an. Was sollte sie denn machen? Jetzt griff Karl schon wieder nach ihrer Hand und streichelte sie. Ganz warme Hände hatte er. Wenn da bloß nicht diese blöde Magda wäre. Dabei war die doch viel älter als er. Alle hatten jemand. Nur sie war allein.

«Hör mal, bei der Sache mit Prottengeier können wir dir vielleicht helfen», sagte Peter.

Erstaunt riss sie die Augen auf. «Helfen? Ihr spinnt wohl? Ich hab Prottengeier gesagt, dass ich nirgendwo war. Uli hat mich nicht gesehen und aus.»

Peter lachte spöttisch. «Ach so. Kopf in den Sand, dann wird's schon vorbeigehen. So läuft das aber nicht, Hilde. Du bist eine Mordverdächtige. Die einzige, wenn ich das recht verstehe. Ich glaube nicht, dass Prottengeier ein Blick in deine schönen Augen genügt, um dir zu glauben. Du brauchst ein Alibi.»

«Ein Alibi? In welchem Krimi hast du das denn gelesen? Ich war's nicht und fertig.»

Sie sah genau, wie die zwei über ihren Kopf hinweg Blicke tauschten. Wieso waren die eigentlich so scharf darauf, ihr zu helfen? Und was sollte dieser ernst-verständnisvolle Blick, mit dem Karl sie ansah?

«Hilde, Peter hat Recht. Von selbst erledigt sich gar nichts. Am besten sagst du uns, wo du hinwolltest, als Uli dich gesehen hat.» Misstrauisch musterte sie ihn. Die wollten sie doch für dumm verkaufen.

«Was soll das eigentlich? Warum quetscht ihr mich hier aus? Die Nummer mit der selbstlosen Hilfe ist doch völliger Schmu. Ich meine, wir sind ja noch nicht mal besonders befreundet oder so! Ich kauf euch das einfach nicht ab.»

Karl schien zu einem Entschluss gekommen zu sein. Wieder sah er sie so komisch an. «Also gut, Hilde. Prottengeier sucht den Mörder von Pia. Wir wollen einfach nicht, dass er den Falschen erwischt. Dass jemand dafür büßen muss, der gar nichts damit zu tun hat. Wie Klaus Töpfer zum Beispiel.»

«Und warum traut ihr diesem Prottengeier nicht zu, dass er das alleine schafft? Ist ja immerhin sein Job. Und auf mich hat er einen ganz cleveren Eindruck gemacht.»

«Klar, total clever, dich zu verdächtigen», warf Peter ein.

Gereizt fuhr sie ihn an: «Ist es auch. Ich hab sie gehasst. Seit Probenbeginn fühl ich mich wie ein unfähiger, dummer Trampel. Ich hatte jeden Morgen Angst. Angst aufzustehen, Angst, auf die Bühne zu gehen, Angst, einen Satz zu sagen. Seit sie tot ist, kann ich wenigstens wieder durchschlafen. Wenn das kein Grund ist, sie umzubringen ... Also warum nicht ich?» Provozierend sah sie von einem zum anderen. Peter zuckte nur die Schultern.

Karl senkte den Blick und sagte leise: «Einen Grund haben und es wirklich tun, das sind zwei verschiedene Paar Schuhe. In der Schauspielschule haben sie mir immer erzählt, dass man kein Mörder sein muss, um einen Mörder zu spielen. Ich habe das geglaubt. Mittlerweile habe ich Mörder gespielt. Ich dachte, ich wüsste, was man da fühlt. Aber ich weiß gar nichts. Jemanden wirklich verletzen, töten, das kommt mir so verrückt vor. So unglaublich.»

•

Er hob den Kopf und sah Peter an: «Ich weiß nur, dass ich es nicht könnte. Egal, wie viel Grund ich hätte.»

Peter sah ihn an. Hilde fröstelte. Der Blick kam ihr kalt vor, verächtlich. Und sie hatte immer geglaubt, die zwei wären die besten Freunde. Sie hatte sogar spekuliert, dass Peter Karl liebte. Gefühlskalt, das war er. Vorsichtig legte sie ihre Hand auf die von Karl. Sie verstand ihn.

«Ich glaube, das gehört jetzt nicht hierher», sagte Peter scharf.

Karl zuckte zusammen. Was war denn los? Was hatten die zwei? Sie verstand gar nichts.

Karl entzog ihr seine Hand und rührte, ohne jemanden anzusehen, in seinem Becher.

«Hör zu, Hilde, um mal wieder zum Thema zu kommen. Prottengeier ist ein Außenseiter. Er hat keine Ahnung vom Theater, er kennt einfach die Spielregeln nicht. Also haben wir gedacht, wir mischen uns ein. Wir wollten dir helfen, aber wenn du nicht willst, bitte sehr. Und Tschüs!»

Verwirrt sah sie Peter an. «Ich hab doch nur gesagt, dass ich keine Hilfe brauche ...»

«Wir haben es kapiert», unterbrach er sie. «Wenn es dir Spaß macht, die Hauptverdächtige zu sein, wollen wir dir bestimmt nicht dazwischenfunken. Vielleicht schaffst du es sogar, verurteilt zu werden. Ist ja auch 'ne Art Hauptrolle. Jedem das Seine.»

«Was soll das denn ...?»

Mit kalter Stimme schnitt er ihr das Wort ab: «Ist ja gut. Du brauchst keine Hilfe! Wie gut du alleine zurechtkommst, sehen wir ja jeden Tag auf der Probe. Verschwinde schon!»

Hilde sah ihn fassungslos an. «Du ... du ... blödes Schwein!» Mühsam versuchte sie, ihr Schluchzen zurückzudrängen. «Vielleicht bin ich eine schlechte Schauspielerin. Vielleicht bin ich eine Null. Aber ich bin wenigstens nicht so ein gemeines Arschloch wie du!» Mit zitternden Händen griff sie nach ihrem Mantel und rannte hinaus.

Als die Tür hinter ihr zuschlug, kam Kosta neugierig hinter seinen Zapfhähnen vor. «Is Streit?», wandte er sich fragend an die beiden am Tisch.

Peter zuckte gleichmütig die Achseln und lehnte sich auf seinem Stuhl zurück. Karl starrte seinen Freund wütend an.

Als Kosta merkte, dass ihm keiner Auskunft geben wollte, zog er sich leicht beleidigt wieder zurück. Karl zischte: «Super! Ganz toll gemacht. Jetzt wissen wir genauso viel wie vorher, und Hilde hat noch einen Schlag mehr weg.»

«Sie gefällt dir, was? Jedenfalls hast du ganz schön gesülzt», gab Peter zurück.

«Quatsch!», knurrte Karl.

«Und was sollte dann das Gespräch über deine empfindsame Seele?»

«Bist du eifersüchtig?»

«Mein lieber Karl. Wenn ich eifersüchtig auf jedes Mäuschen wäre, mit dem du ins Bett hüpfen willst, wäre ich ganz schön beschäftigt. Noch nicht einmal Magda bringt so viel Energie auf.»

Die beiden musterten sich böse. Peter gab schließlich nach.

«Komm, sei nicht sauer. Du bist mit deiner Verständnistour nicht gelandet. Da hab ich gedacht, ich packe sie härter an. Altes Bühnengesetz: Man muss die Leute dort packen, wo man sie auch kriegt. Das ist meistens da, wo es wehtut!»

«Tolles Bühnengesetz.» Karl war nur halb besänftigt. «Bestimmt aus dem Schatzkästlein von Pia Zadurek.»

«Okay, es hat nicht funktioniert», gab Peter zu. «Was machen wir jetzt?»

Beide starrten vor sich hin. Karl sagte versuchsweise: «Sie den Wölfen überlassen?»

Peter schüttelte energisch den Kopf. «Das können wir nicht.»

●

Karl seufzte. «Weißt du, eigentlich wäre ich froh, wenn Hilde tatsächlich die Mörderin wäre.»

Peter sah ihn erstaunt an. «Und was würde das ändern?»

Wieder schwiegen beide.

«Wie findest du eigentlich diesen Prottengeier?», fragte Peter.

«Ich weiß nicht genau», antwortete sein Freund. «Er ist nicht dumm. Also auch nicht ungefährlich. Mir gefällt nicht, wie er Magda ansieht.»

«Ihr gefällt es, und das gefällt mir nicht», ergänzte Peter.

Karl nickte. «Ich hab sowieso bei der ganzen Sache ein ungutes Gefühl. Ob wir uns da wirklich einmischen sollten? Ich meine, vielleicht machen wir alles nur schlimmer?»

«Noch schlimmer, als es sowieso schon ist? Wohl kaum! Komm, Karl, wir haben doch lang und breit darüber gesprochen. Wir müssen uns einmischen. Der Vorhang ist oben. Das Spiel beginnt. Und dieser Prottengeier ist wenigstens ein guter Gegner.»

«Dir macht das Ganze auch noch Spaß! Manchmal frage ich mich wirklich, was du für ein Mensch bist.»

Peter grinste ihn boshaft an und sagte: «Aber das erzähle ich dir doch jeden Tag auf der Bühne: *Ich bin ein Teil von jener Kraft, die stets das Böse will und stets das Gute schafft.*»

• **8** •

«Sie wollen mir also erzählen, dass Ihr Beleuchter, Herr Timm, den Mephisto in den Gängen gesehen hat und nicht das Gretchen?»

Peter Less sah verlegen aus, wie er da so in seinem eleganten Kaschmirjackett saß, auf eine unauffälligere Art als Brandner gut aussehend. Sehr gepflegt, das war ihm schon beim ersten Mal aufgefallen.

«Ich trage doch die Gretchenmaske in der Walpurgisnacht. Dann brach das Bett zusammen. Probenunterbrechung. Pia fing das Zetern an. Das wollte ich mir nicht antun. Also ging ich auf den Gang, eine Zigarette rauchen.»

«Und dabei trugen Sie diese Maske?» Was war das denn für eine Geschichte?

«Ich wusste ja nicht, ob es nicht gleich weitergehen würde. Die Masken sind relativ kompliziert an- und auszuziehen. Latexmasken eben. Die liegen ganz eng am Gesicht an.»

Von diesen Masken hatte er schon gehört. Als Schmidthahn die Schauspieler unmittelbar nach dem Unglücksfall befragt hatte, trugen ein paar von ihnen noch diese Dinger. Schmidthahn fand, sie sahen unheimlich aus.

«Sie standen also im Gang, rauchten und trugen die Gretchenmaske. Herr Timm hat aber das Gretchen oben bei den Garderoben gesehen?»

«Das ist schon richtig», bestätigte der Schauspieler. «Als ich da unten stand, kam mir plötzlich die Idee ...»

«Welche Idee, Herr Less?»

Der Schauspieler lachte nervös auf. «Nicht, was Sie denken, Herr Prottengeier. Als der Zug runterkam, war ich schon längst wieder auf der Bühne, das müssen Sie mir glauben.»

Wie aufrichtig er ihn ansah. Treuherzig. Das passte nicht zu dem spöttischen Less. Was spielte er ihm da vor?

«Das muss ich nicht glauben, Herr Less, das weiß ich», antwortete er schroffer als beabsichtigt.

Vorsicht. Erst einmal hören, was der zu sagen hatte. Zuhören. Freundlicher fuhr er fort: «Ich habe gestern Nachmittag noch mit Ihrer Souffleuse gesprochen. Frau Questen war die ganze Zeit an ihrem Platz. Sie hat uns eine Art Gedächtnisprotokoll angefertigt. Wer wann die Bühne verließ und wieder zurückkam. Momentan wissen wir nur von zwei Ihrer Kollegen nicht genau, wo sie sich zum Zeitpunkt des Mordes aufhielten.»

«Welche zwei?»

Das kam aber prompt. Ganz schön neugierig, dieser Less. Prottengeier lächelte. «Das können Sie sehr leicht selbst herausfinden. Wir brauchen auch von Ihnen und jedem Ihrer Kollegen ein derartiges Protokoll. Sie müssen angeben, wo Sie zu Beginn der Probenunterbrechung bis zum Tod von Frau Zadurek waren und für welche Kollegen Sie An- und Abwesenheit bestätigen können.»

«Selbstverständlich», antwortete der Schauspieler ernst.

Vielleicht war ihm sein freches Mundwerk auch vergangen, weil er im Kommissariat war. In der Höhle des Löwen. Das schüchterte die meisten Menschen ein. Da fingen alle an, die braven Staatsbürger zu spielen. Bei Less hätte er nicht damit gerechnet. Der Kerl hatte im Theater so unabhängig gewirkt. Aber wer weiß.

«Um noch einmal auf die Gretchenfrage zurückzukommen, Sie hatten beim Rauchen eine Idee?»

Less schlug die Beine übereinander und wippte mit den Fußspitzen. Elegante Schuhe. Warum war er so offenkundig nervös?

«Also, das ist schon ein bisschen peinlich. Ich ... Ich bin in Knollers Büro gegangen, um die Besetzungen zu lesen. Manchmal lässt er sie herumliegen.»

«Die Besetzungen?», fragte der Kommissar verblüfft.

«Die Rollen», erklärte der Schauspieler. «Welche Rollen ich in dieser Spielzeit noch spiele.»

«Das habe ich verstanden. Aber das erfahren Sie doch sowieso.»

«Schon», wand sich der Schauspieler. «Aber meistens erst zwei Wochen vor Probenbeginn. Und immer nur für das nächste Stück. Knoller hat aber schon die ganze Spielzeit durchbesetzt. Er hält es nur geheim.»

«Warum?»

Der Schauspieler lachte bitter und vergrub die Hände in den Hosentaschen. «Keine Ahnung. Wahrscheinlich, um gute und schlechte Rollen wie eine Belohnung oder eine Bestrafung aussehen zu lassen. Zur Hebung der Arbeitsmoral. Irgend so ein Quatsch.»

«Nein», korrigierte Prottengeier freundlich. «Warum wollten Sie die nächsten Besetzungen so dringend lesen, dass Sie sich verkleidet in das Intendantenbüro schleichen?»

Less änderte schon wieder seine Sitzhaltung und nagte an seiner Unterlippe. Anscheinend kamen sie langsam zum Kern der Geschichte. Forschend sah er den Kommissar an, als überlege er, wie viel er preisgeben sollte.

«Wie Sie das sagen, hört es sich wirklich lächerlich an», wich er aus. «Aber die Maske hatte ich doch ganz vergessen. Ich hielt es nur für eine günstige Gelegenheit.»

«Sie schleichen also mit einer Maske, die Sie ganz vergessen haben, in das Büro, um etwas zu erfahren, was Sie ohnehin früher oder später erfahren würden. Das verstehe ich nicht, Herr Less.» Spuck es aus.

Der Schauspieler rutschte auf seinem Stuhl nach hinten. «Wenn ich eine Aktie bin, ist die Besetzung mein aktueller Kurswert. Wie werde ich eingeschätzt? Bin ich ein Hauptrollenspieler, also ein begehrter, weil guter Schauspieler? Oder werde ich in unbedeutenden Nebenrollen aufgebraucht? Also ein schlechter Schauspieler?»

«Haben Sie die Listen denn gefunden?»

«Nein.»

«Wollen Sie einen Kaffee, Herr Less?»

Der Schauspieler nickte. Prottengeier hievte sich aus seinem Schreibtischstuhl und ging zur Kaffeemaschine. Während er die Tassen füllte, sah er zum Fenster hinaus in den grauen Morgen. Wie ein schmutziges Betttuch lag der Himmel über Dächern und Straßen. Warum kam ihm Less nur mit dieser Geschichte?

Er musste ihn nur noch ein bisschen warten lassen, dann käme schon alles aus ihm herausgestürzt. Das war immer so. Er drehte sich um und hatte kurz das Gefühl, von Less hinter all seiner Nervosität sehr genau beobachtet zu werden.

Als er ihm den Kaffee reichte, war er nicht mehr sicher, ob er sich nicht doch getäuscht hatte. Das hochmütige Gesicht des Schauspielers war blass, die scharfen Züge angespannt.

«Sie trugen also die Gretchenmaske?», fing Prottengeier noch einmal von vorne an.

«In der Walpurgisnacht», bestätigte Less. «Jeder trägt das Gesicht eines anderen. Keiner ist der, der er zu sein scheint. Und Mephisto trägt Gretchens Gesicht, um Faust damit zu provozieren, ihn sexuell zu verwirren. Hexennacht. Die Idee ist wirklich gut.»

Keiner ist der, der er zu sein scheint! Das war das Motto dieses Falls. Oder zeigte sich da nur seine Angst, die Schauspieler nicht durchschauen zu können?

«Sie waren es also, nicht Frau Schmitz, den der Beleuchter gesehen hat. Aber trotz der Maske sehen Sie beide doch recht unterschiedlich aus?»

Zum ersten Mal grinste Less wieder. «Das will ich hoffen, Herr Prottengeier. Aber das ist, wie alles am Theater, immer eine Frage der Beleuchtung. Hilde und ich sind etwa gleich groß. Die blonde Perücke, die schummrigen Gänge, ein flüchtiger Blick ...» Less hob schnell die Hände und verdeckte damit sein Gesicht. Langsam ließ er die Hände wieder sinken, gab sein Gesicht frei, das jetzt ein clowneskes Grinsen trug und sagte: «... eine Maske – und schon ist keiner mehr der, der er zu sein scheint.»

Gute Erklärung. «Sie haben schon mit Herrn Timm über die Möglichkeit einer Verwechselung geredet?»

Less nickte.

«Herr Timm war sicher erleichtert. Ist ja keine angenehme Situation, wenn man eine Kollegin belasten muss.»

Für einen Moment sah der Schauspieler so aus, als müsse er sich ein anerkennendes Grinsen verkneifen, bevor er sagte: «Trotzdem war ich es, den Uli gesehen hat!»

Vielleicht täuschte er sich ja, und dem Kerl machte das Ganze Spaß. Wie ein Duell. Na, den Spaß konnte er haben.

«Sie waren es also. Auf dem Weg zur Intendanz. Wie ein verängstigter Schüler, der Prüfungsunterlagen stehlen will? Wenn ich Ihnen das glauben soll, müssen Sie mir schon einen verdammt guten Grund liefern.»

Mit einem Schlag hatte das Gesicht des Schauspielers alles Spöttische verloren. Ohne die normalerweise immer etwas hochgezogenen Augenbrauen und den süffisanten Zug um den Mund sah er nackt aus. Weltverloren. Mehr denn je erinnerte er ihn an einen traurigen Mönch, als er aus dem Fenster sah und tonlos sagte: «Ich muss weg.»

Prottengeier war verblüfft. Was sollte das denn heißen?

«Ich brauche die Rollen für meine Bewerbungen. Damit Intendanten von anderen Theatern mich ansehen und wegengagieren können. Die reisen nicht für einen Tabletträger an. Die wollen wissen, wen sie kaufen. Also muss man sie zu guten Rollen einladen. Früh genug! Normalerweise hätte ich das Knoller einfach erklärt und ihn gefragt. Aber dann weiß es gleich das ganze Theater. Auch Magda und Karl. Das wollte ich nicht.»

Er verstummte. Mit zusammengepressten Lippen sah er weiter angestrengt zum Fenster hinaus.

Die drei hatten wie unzertrennliche Freunde auf ihn gewirkt. Auch wenn er die Art ihrer Beziehung nicht verstand.

Und jetzt wollte einer weg? Heimlich? Less schien sich wirklich mit irgendetwas zu quälen.

«Warum müssen Sie so dringend weg?»

Der Schauspieler sah ihn immer noch nicht an. «Das ist meine Privatsache.»

«Nein, Herr Less», antwortete der Kommissar. «Ich führe eine Morduntersuchung. Da gibt es nichts Privates. Wenn Sie wollen, dass ich Ihnen glaube, muss ich Sie verstehen können.»

Peter Less wandte ihm langsam das Gesicht zu. Er sah grau aus. Die Falten um seinen Mund waren tiefer geworden.

«Magda, Karl und ich leben seit acht Jahren zusammen. Wir sind schon zum zweiten Mal zusammen engagiert. Das ist der Grund, warum wir bei Knoller sind, auch wenn das Theater hier nicht besonders gut ist. Er hat uns alle drei gekauft.» Er wandte den Blick ab und sah wieder zum Fenster hinaus. «Die beiden sind meine Familie. Sie ... Ich habe es Pia erzählt, das war der Fehler. Ich weiß noch nicht einmal, warum. Wir waren nicht befreundet oder so. Ich war mit ihr spazieren. Nach einer Probe. Wir haben über meine Rolle geredet. Und plötzlich höre ich mich losplappern. Völlig vertrauensselig. Pia hatte aber auch eine Art, einen auszuhorchen! Ich war ein Idiot.»

Less senkte den Kopf und lachte bitter. Prottengeier verstand kein Wort. Geduldig wartete er, bis der Schauspieler weitersprach.

«Schon einen Tag später fing sie an, es zu benutzen. In der Arbeit, vor allen Kollegen. Bei einer Textstelle soll der Mephisto den Faust umarmen, und da sagt sie: ‹Aber von hinten, Peter, damit Karl spürt, wie gern du ihn hast.› Das Verhältnis Faust und Mephisto wurde dann von Probe zu Probe sexueller. Ich musste ihn küssen, ihm zwischen die Beine greifen. Und dazu machte sie höhnische Bemerkungen wie: ‹Am Theater werden Träume wahr, was, Peter?› Den Kollegen verging schon langsam das Grinsen. Und ich fand es von Anfang an nicht besonders komisch.»

Fahrig zückte der Schauspieler ein Päckchen Zigaretten und zündete sich eine an. Nach dem ersten gierigen Zug stutzte er. «Ich habe gar nicht gefragt, ob ich rauchen darf.» Prottengeier winkte ab.

«Irgendwann hab ich mich dann gewehrt», fuhr der Schauspieler fort. «Ich habe sie gefragt, was das soll. Sie hat mir vor allen Kollegen gesagt, das sei eine neue Interpretation des Verhältnisses von Faust und Mephisto. Der homosexuelle Zug! Und dann hat sie noch gesagt: ‹Was willst du denn? Du hast mich doch erst darauf gebracht, als du mir erzählt hast, wie sehr du Karl liebst.›»

Vehement zerdrückte er seine Zigarette im Aschenbecher und sagte aggressiv: «Es macht mir nichts aus, wenn jeder weiß, dass ich schwul bin. Schwulenwitze hat sie sowieso die ganze Zeit gerissen. Aber das war so, als würde sie mich nackt auf den Marktplatz führen. Ich hätte es ihr nie erzählen dürfen. Aber das Beste hatte ich noch vor mir.»

Schwul war er also. Das hätte ihm schon früher auffallen können. Also war wohl Brandner Magdas Freund.

«Die Walpurgisnacht. Die hat sie dann so inszeniert, dass Mephisto die Maske von Gretchen trägt. Als Gretchen macht er sich an Faust heran. Der fällt zuerst darauf herein, merkt es dann aber. Und dazu die Regieanweisung an Karl: ‹Du hast einen Ständer, klar, du denkst, das ist eine Frau. Dann merkst du, es ist ein Mann, und du ekelst dich. Dann sieht Peter gleich mal, wie das für einen Hetero ist, wenn ein Homo ihn betatscht.› Sie war widerlich!»

Hastig griff er nach seinen Zigaretten und zündete wieder eine an. Nach ein paar schnellen Zügen wandte er sich traurig dem Kommissar zu.

«Ich wusste, das würde so weitergehen. In jeder Probe, bei

jeder Produktion. Wie viel Vorgeführtwerden verträgt man? Wie viel verträgt eine Freundschaft? Ich hatte beschlossen, mir das nicht anzutun. Mich nicht noch mehr bloßstellen zu lassen.»

Noch einer, dem der Tod der Zadurek nicht ungelegen kam. Die Frau hatte wirklich ein Talent gehabt, sich Feinde zu schaffen. Aber Less war bei ihrem Tod auf der Bühne gewesen. Und bei dem Zwischenfall mit dem Eisernen auch. Dass er wegwollte, war verständlich. Aber ob es sich so abgespielt hatte? War die Schmitz damit raus? Sie war sowieso nicht so viel versprechend gewesen. Er würde die Geschichte erst einmal hinnehmen.

«Ich muss Sie bitten, Ihre Aussage zu Protokoll zu geben. Herr Schmidthahn wird das machen. Nur den Teil, der Ihr Herumgeistern auf den Gängen betrifft. Dass Herr Timm Sie gesehen hat und nicht Frau Schmitz. Den Rest werde ich so vertraulich wie möglich behandeln.»

Less stand auf und gab ihm die Hand. «Vielen Dank, Herr Prottengeier.»

Prottengeier drückte seine Hand und lächelte, bis Less die Tür hinter sich schloss. Er atmete durch und drehte sich zum Fenster.

So vertraulich wie möglich. Natürlich musste er seinen Kollegen in der Ermittlungsgruppe erzählen, dass Less schwul war. Drei feixenden Männern. Jedes private Detail konnte eine Rolle spielen. Nichts blieb verborgen. Er schüttelte sich. Diese Liebe zu Brandner. Darüber müsste er nichts sagen. Die Bloßstellung konnte er Less ersparen.

Und wie war das wohl für Brandner?

Max fiel ihm ein. Regentropfen auf dem Fluss und sie beide mit Angelruten. Nasses Gebüsch, und Max zeigte ihm, wie man Maden aufspießt. Die Arme seines Freundes um seinen Körper und die kribbeligen, weißen Dinger. Es war angenehm.

Dann der Kuss. Sein Schreck. Max auf dem Boden vor ihm, die nassen Haare im Gesicht. Hatte er ihn gestoßen, oder war er gefallen? Seine eigene Wut. Und die brennende Scham, weil es ihm gefallen hatte.

Heute sah man das bestimmt lockerer.

Er war nie mehr angeln gewesen. Und er hatte nie mehr einen so guten Freund wie Max gehabt.

Die Zadurek entpuppte sich immer mehr als eine Frau, die gerne quälte. Das musste er den Kollegen auf jeden Fall erzählen. Acht Jahre lebten sie schon zusammen, die drei. Eine Familie. Wie jede Familie mit Geheimnissen und Unterströmungen. Ob diese Liebe von Less zu Brandner eine dieser Unterströmungen war? Sehr offen schien er nicht damit umzugehen.

Und Magda? Wie genau passte sie in das Ganze? Und warum dachte er dauernd an sie? Weil sie ihm gefiel? Oder weil sie Teil der Jagd war? War es dieses Gefühl: Ich kriege mehr raus? Oder war sie einfach eine attraktive Frau, und er nahm so etwas endlich einmal wieder zur Kenntnis? Mein Gott, er war erst siebenundvierzig. Bald fünfzig! Fünfzig. Wie alt sich das anhörte. Wie oft würde er noch Frauen treffen, die ihm gefielen? Morbider Gedanke.

Was, wenn Less ihm die Geschichte nur erzählt hatte, um die Schmitz zu schützen? Aber wozu? Offensichtlich wollte er nichts von ihr.

Vielleicht hatte sie ihn dazu gebracht? Sie war ihm wie ein junges, naives Mädchen vorgekommen. Das seine Überforderung durch Kratzbürstigkeit kompensiert. Er traute es ihr nicht zu. Genauso wenig wie den Mord.

Nein, entweder war die Geschichte von Less wahr, oder es steckte etwas oder jemand anders dahinter als die Schmitz.

Unten auf der Straße ging ein Mann auf und ab. Als er sich weiter vorlehnte, konnte er Brandner erkennen. Less trat auf ihn zu. Die beiden umarmten sich flüchtig. Dann gingen sie schnell zusammen weiter. Er hätte zu gern gewusst, worüber sie sich unterhielten.

Auf der Straße erwartete Karl seinen Freund unruhig: «Das hat ja ewig gedauert. Wie war's?»

«Anstrengend!», schnaubte Peter. «Anfangs hat er mir kein Wort geglaubt. Später war ich besser, aber ich musste mich ganz schön warm spielen. Und aus dem Nähkästchen plaudern. Es war unangenehm.»

«Was heißt aus dem Nähkästchen plaudern?», fragte Karl alarmiert.

«Reg dich nicht auf. Der Kerl ist ziemlich hartnäckig. Er wollte die Sache mit den Besetzungen erst schlucken, als ich ihm genau erklärt habe, warum ich sie dringend brauche.»

«Ich hab dir gesagt, dass die Geschichte zu dünn ist! Was hast du ihm erzählt?»

«Mein Gott, ich musste improvisieren. Ich hab ihm erzählt, wie Pia mich mit dem Schwulsein aufgezogen hat. Aber das konnte ich nicht als einzigen Grund stehen lassen. Wer glaubt heute schon, dass so ein bisschen Diskriminierung für eine Flucht reicht? So doof ist der auch nicht. Also hab ich noch ein bisschen von meiner unerfüllten Liebe zu dir gesülzt.»

«Du hast was?» Vor Überraschung war Karl stehen geblieben.

«Altes Bühnengesetz», grinste Peter verlegen.

«Was für ein idiotisches Bühnengesetz schon wieder?»

«Sag einen Teil der Wahrheit und mach sie dir nutzbar.»

«Was soll das denn?», fragte Karl, sichtlich entnervt.

«Diesmal hat es funktioniert, ich schwör's dir», meinte Peter eifrig.

«Also, was genau hast du ihm erzählt?»

«Dass ich unglücklich in dich verliebt bin und dass Pia mich geoutet hat.»

Karl stöhnte. «Und dann hast du ihm wahrscheinlich noch indirekt zu verstehen gegeben, dass ich ein eingefleischter Schwulenhasser bin, dich jetzt nicht mehr um mich dulde und du deshalb verzweifelt dein Ränzlein packen wolltest, um allein und verlassen die Welt zu durchstreifen?»

«Ganz so kitschig hab ich das nicht formuliert!», schmollte Peter.

«Na wunderbar.» Wütend stapfte Karl an ihm vorbei. «Und ich hab die Arschlochkarte.»

«Aber Hilde ist draußen! Ich hab meine Aussage in Teilen, Karl, nur in Teilen, zu Protokoll gegeben. Er hat mir geglaubt!»

«Du hast gesagt, das Bühnengesetz heißt: Sag die Wahrheit und mach sie dir nutzbar. Was ist an deiner Geschichte wahr?»

Peter blieb stehen und hielt ihn am Arm fest: «Dass ich dich liebe. Das ist wahr.»

Karl sah ihn an und stöhnte: «Du machst mich fertig, weißt du das?»

Peter grinste zufrieden.

• **9** •

Als Karl die Tür öffnete, schlug ihm der Geruch von Zigaretten, ungewaschenen Männern und abgestandenem Bier entgegen. Vorsichtig versuchte er, nur durch den Mund zu atmen.

An der Theke saß eine Reihe von Rücken, die sich schon morgens vom Tag zu verabschieden begannen. In der Kneipenmitte hatte sich eine todernste Runde zum Skat versammelt. Als ein Hauch frischer Luft sie traf, blickten sie unwillig zur Tür.

Schnell ging Karl zur Theke, aber auch der Wirt schien nicht sonderlich erfreut über den Eindringling. Regungslos lehnte er in einer Thekenecke und starrte auf einen stummen Bildschirm, in dem sich massige Männer abwechselnd ins Kreuz oder ins Gesicht sprangen.

«Entschuldigen Sie ...»

Der Wirt reagierte nicht.

«Entschuldigen Sie, ist Theo da?»

Ohne einen Muskel mehr als unbedingt nötig zu bewegen, deutete der Wirt an den verbissenen Skatspielern vorbei auf eine Nische neben den Toiletten.

Natürlich war er da, der alte Säufer.

«Ein Export.» Der Zombie hinter der Theke zapfte, den starren Blick an den Fernseher geheftet, gleichgültig ein Bier.

Was für ein trostloses Loch. Aber es passte zu Theo. Je mehr er selbst verfiel, desto wohler fühlte er sich im Verfall. Als der Wirt ihm wortlos das Bier vor die Nase stellte, trank Karl es in wenigen Zügen aus und bestellte gleich noch eins. Zombie, der eine verteufelte Ähnlichkeit mit den Horrorgestalten auf dem Bildschirm aufwies, machte sich an die Arbeit.

Langsam gewöhnte sich Karl an den Geruch. Das gedämpfte Licht war eigentlich angenehm. Und Zombie schien doch ganz verträglich. Er hatte ihn sogar angesehen, als er ihm das zweite Bier hinüberschob. Entschlossen packte er sein Glas und ging zur Nische.

«Hallo Theo. Darf ich mich setzen?»

Der Angesprochene hob verwirrt den Kopf. Durch die Spinnweben der Erinnerung hindurch schien er ihn endlich zu erkennen, und mit einer überraschend eleganten Bewegung deutete er auf den gegenüberliegenden Stuhl. «Herr Kollege! *Sie scheinen mir aus einem edlen Haus. Sie sehen stolz und unzufrieden aus!*»

Widerwillig musste Karl grinsen. «Auerbachs Keller.»

•

Der Alte lächelte fein und strich seine zu langen Haare aus dem Gesicht. «Ich höre, du gibst jetzt den alten Faust? Mein Kompliment. Natürlich bist du viel zu jung.» Selbstgefällig drapierte er das Ende eines fleckigen Seidenschals um seinen Hals. Dieser Schmierenkomödiant. Zu jung!

«Ich habe meinen ersten Faust mit Mitte vierzig gegeben. Auch noch zu jung. In Bochum. Oder war es Zürich? Hinreißende Inszenierung mit dem alten Stacher. Minna Bach war mein Gretchen. Etwas großbusig, aber eine herrliche Naive.»

Warum müssen alte Schauspieler immer wieder von verstaubten Erfolgen plappern? Hoffentlich wurde er nie so.

«Unter uns ...», der Alte beugte sich vor und blies ihm seinen Rotweinatem ins Gesicht, «... der Faust ist eine Scheißrolle. Verliert immer gegen den Mephisto. Der Teufel hat einfach die besseren Pointen! Ich frage mich, was Goethe sich dabei gedacht hat. War doch sonst ein ganz fähiger Stückeschreiber.»

Sein Faust würde nicht gegen Mephisto abstinken. Der Alte hatte doch keine Ahnung.

Der lehnte sich schadenfroh zurück: «Keine Chance, mein Junge! Aber trotzdem: Nur Mut! Wie heißt es? *Ich fühle Mut, mich in die Welt zu wagen, der Erde Weh, der Erde Glück zu tragen ...*»

«*Mit Stürmen mich herumzuschlagen, und in des Schiffsbruchs Knirschen nicht zu zagen!*», beendete Karl den Vers.

Der alte und der junge Schauspieler grinsten sich an.

Mit zittrigen Händen hob der Alte sein Glas und prostete Karl zu: «Auf deine Niederlage, mein Junge. Du wirst durch alle Qualen der Hölle gehen! Deine Seele entblößen. Deine Mutter verkaufen! Und das Publikum – wird den Mephisto lieben.»

Mit einem Schluck trank er sein Glas leer und setzte verschlagen hinzu: «Peter Less, wie ich höre? Schwieriger Gegner.

Der Junge ist begabt, aber das weißt du ja selber. Wenn du Tipps brauchst ...»

Karl schüttelte den Kopf. Blödsinn. Peter war nicht sein Gegner.

Der Alte schien seine Gedanken erraten zu haben: «Der wichtigste Tipp: Kämpf mit ihm. Auch wenn du ihn magst. Das gibt Spannung auf der Bühne. Ich persönlich habe meinen Mephisto immer gehasst. Das letzte Mal in der Provinz. Saarbrücken, glaube ich. Grauenvolle Inszenierung, wir trugen in der Walpurgisnacht überdimensionale Stoffschwänze. Lächerlich, aber ein publikumswirksamer Theaterskandal.»

Vielleicht hatte Theo gar nicht so Unrecht. Spannung. Er musste Mephisto schärfer angehen ...

Der Alte unterbrach seine Gedanken, indem er ihm sein leeres Glas unter die Nase hielt und sagte: «Da wir gerade so nett plaudern: *Schafft ihr ein gutes Glas, so wollen wir euch loben. Nur gebt nicht gar zu kleine Proben.*»

Das war mal wieder typisch. Das Saufen vergaß er nie. Kühl musterte Karl den alten Schauspieler, nahm dann unwirsch das Glas entgegen und fragte: «Was willst du denn?»

Der Alte kicherte. «*Man kann nicht stets das Fremde meiden, das Gute liegt uns oft so fern. Ein echter deutscher Mann mag keinen Franzen leiden, doch ihre Weine trinkt er gern.* Da wir in der Bierbar zur Sonne und nicht in Auerbachs Keller sind, tut's auch ein Trollinger. Du zahlst!»

«Abgemacht, Theo. Aber dann müssen wir uns unterhalten.»

Anstelle einer Antwort hob Theo seine buschigen Augenbrauen.

Als Karl mit dem Rotwein und einem Bier, die der Thekenzombie ihm schweigend hinübergeschoben hatte, an den Tisch zurückkam, empfing ihn der Alte lautstark: «*Du flehst eratmend mich zu schauen?*»

•

Die Stimme war phantastisch. Kräftig und erstaunlich voll tönte sie durch den Raum. An der Theke drehten sich die ersten Köpfe in ihre Richtung.

«... *meine Stimme zu hören, mein Antlitz zu sehn?*»

«Der Alte schon wieder!» – «Halt's Maul!», kamen die ersten Reaktionen der Skatrunde.

Theo ließ sich davon nicht beeindrucken und fuhr mit unverminderter Lautstärke fort: «*Mich neigt dein mächtig Seelenflehn. Da bin ich.*»

«Aber nicht mehr lange, wenn du nicht dein Maul hältst!», bollerte es vom Skattisch.

«Mäßigen sie sich, meine Herren», donnerte Theo zurück.

«Ich hab dir gesagt, du sollst endlich still sein!» Ein offensichtlich betrunkener Riese näherte sich ihrem Tisch. Theo stand auf. Wie ein alter, zotteliger Löwe sah er aus, als er würdevoll entgegnete: «Ihr könnt froh sein, wenn in eure bierseligen Köpfe zur Abwechslung mal die Stimmen der größten Dichter dringen und nicht nur euer ewiges, dumpfes Gebrabbel.»

«Du machst alle wirr im Kopf mit deinem Geschwätz. Jeden Tag kriegst du einen Anfall und plärrst. Du besoffener, alter Esel.»

Ohne Vorwarnung stieß er den alten Schauspieler auf seinen Stuhl. Aus dem alten Löwen wurde ein getretener Hund.

Wortlos stellte Karl die Gläser ab und packte den Riesen an der Schulter. Der drehte sich erstaunt um, griff Karls Hand und stieß sie mit einer heftigen Bewegung weg.

Ohne nachzudenken, stürzte Karl sich auf ihn und riss ihn zu Boden. Er versuchte, die Hände des Riesen zu packen und ihn festzuhalten. Der holte aus und schlug ihm ins Gesicht.

Im gleichen Moment zog ihn jemand hoch. Der Zombie. Genauso ungerührt, wie er seine Zapfhähne bediente, packte er die beiden Kampfhähne und zog sie zur Tür. Ein anderer Untoter von der Bar hielt sie auf, und mit Schwung warf der Wirt den Riesen hinaus.

Er zog Karl zu sich heran, knurrte: «Nicht in meiner Kneipe!», und ließ ihn so überraschend los, dass Karl zurücktaumelte. Dann drehte er sich zu Theos Tisch und rief: «Deine Getränke gehen aufs Haus, Theo.» Walzte wieder hinter seinen Tresen und starrte auf den Bildschirm, als habe er sich nie von dort wegbewegt.

Das Ganze hatte nicht länger als eine Minute gedauert. Benommen schüttelte Karl den Kopf und ging zu Theo zurück.

Der empfing ihn mit erhobenem Zeigefinger: «Du bist zu unbeherrscht, mein Junge. Eine Kneipenschlägerei!»

«Dieser Dreckskerl hat dich beschimpft», murmelte Karl. Der Alte hatte ja Recht. Was war nur mit ihm los, verdammt nochmal.

«Du blutest!», stellte Theo interessiert fest.

Auch das noch. Seine Nase schmerzte. Er betupfte sie vorsichtig mit seinem Taschentuch. Geschah ihm recht. Immer nahm er alles persönlich, sobald es um Theo ging. Dabei mochte er ihn noch nicht einmal. Er ging ihm auf die Nerven, mit seiner Sauferei, seinen Monologen über bessere Zeiten, seiner Schlitzohrigkeit. Warum fühlte er sich nur ständig für ihn verantwortlich?

«Warum musst du immer in dieser miesen Kneipe hocken?», fragte er aggressiv.

«Wo soll ich sonst hin?», fragte der Alte trocken zurück. «Ein alter Schauspieler ist das Entbehrlichste überhaupt. Es gibt keinen Platz für ihn, weil er sich auf keinem anderen Platz als auf der Bühne bewegen kann.»

«Das ist doch Quatsch, Theo», sagte Karl unwirsch.

Der Alte grinste hinterhältig: «Wart's ab, mein Junge. Wart's ab!»

Einer plötzlichen Eingebung folgend, beugte er sich vor und

fragte eindringlich: «Wie sieht es denn aus? Jetzt, wo diese unangenehme Person tot ist? Meinst du, es wäre sinnvoll, sich wieder an Knoller zu wenden? Vielleicht besteht ja wieder Interesse an meiner Person?»

Karl sah verlegen an ihm vorbei.

Der Alte fuhr eifrig fort: «Immerhin habe ich die größten Rollen der Weltliteratur gespielt. An bedeutenden Häusern. Und wenn es auch nicht die ganz große Karriere war, habe ich doch einige Beachtung errungen. Noch vor wenigen Jahren wären etliche Intendanten stolz darauf gewesen, mich an ihren Häusern zu beschäftigen.»

«Vor einigen Jahren, Theo!», meinte Karl nachdrücklich.

«Für diesen Knoller und sein zweitklassiges Haus wäre ich immer noch ein Gewinn», behauptete der Alte mit brüchiger Stimme.

«Mensch, Theo!» Karl brachte es nicht fertig, ihm in die Augen zu sehen. «Du weißt doch, wie es ist: Keine Produktion mit Hans Theodor Warnak. Da ist Knoller unerbittlich.»

«Aber ich kann aufhören», flehte der Alte. «Ich habe nie während der Proben getrunken. Das ist doch nur wegen der Zadurek passiert. Das weißt du doch, oder? Ich bin ein guter Schauspieler, Karl. Hilf mir. Ein Schauspieler der nicht mehr spielt, ist tot. Ich kann noch gut ein paar Jahre auf der Bühne stehen.»

Karl betrachtete ihn hilflos. Was erwartete der Alte denn? Er war doch nicht der Intendant. «Hör mal, Theo, Magda tut für dich, was sie kann. Sobald eine Rolle in deinem Fach zu besetzen ist, rennt sie zu Knoller und empfiehlt dich. Aber schließlich hast du im Suff eine Produktion geschmissen. Das hat Knoller nicht vergessen.»

Betrunkene Kollegen auf der Bühne waren das Schlimmste. Er würde keinen Finger rühren, um den Alten zurückzuholen. Keiner würde einen Finger rühren. Außer Magda.

•

Der alte Schauspieler saß zusammengesunken vor seinem Glas. Karl fühlte sich wie ein Schwein. Das nahm er dem Alten besonders übel.

«Hör mal, Theo, weshalb ich überhaupt gekommen bin ...» Mist, wie sollte er das schon wieder sagen? Wenn er ihn wenigstens nicht dauernd wie ein verletztes Tier anstarren würde! «Halt dich in nächster Zeit vom Theater fern. Wir haben die Mordkommission im Haus.»

Jetzt sah Theo ihn völlig erstaunt an: «Du redest wirr, mein Sohn.»

Unbeirrt fuhr Karl fort: «Wenn in nächster Zeit der Eiserne runterkommt oder die Hydraulik sich selbständig macht, wenn Hunderte von Karten bestellt werden, die keiner abholt oder falsche Ankündigungen in der Zeitung erscheinen, dann wird das untersucht. Also lass das bleiben, kapiert?»

Mit großäugiger Verwunderung sah ihn der Alte an. «Man wird doch nicht meine Person mit diesen traurigen Missgeschicken in Verbindung bringen?»

«Genau das wird man, Theo. Also lass es!»

Wieder ganz der würdevolle alte Löwe, setzte der Schauspieler sich auf und sagte: «Du enttäuschst mich. Ich muss sagen: *Du gleichst dem Geist, den du begreifst.* Deine Anschuldigungen tangieren mich nicht.»

Müde zuckte Karl die Achseln und stand auf: «Zumindest hab ich versucht, dich zu warnen.»

Hastig fragte der Alte: «Denkt Magda das auch? Dass ich den Eisernen runtergelassen habe?»

«Keine Ahnung. Jedenfalls weiß sie nicht, dass ich hier bin, und ich habe auch nicht vor, ihr davon zu erzählen.»

Zufrieden nickte Theo mit dem Kopf: «Danke, mein Junge. Und danke, dass du dich für mich geprügelt hast.»

Er hatte sich nicht für ihn geprügelt! Oder doch?

«Auch wenn mir deine Unbeherrschtheit Sorge bereitet. Es

geht dir nicht gut, was?» Fürsorglich erkundete der Alte Karls Gesicht.

«Wie meinst du das?»

«So wie ich es sage, Sohn. Heute die Prügelei. Gestern dieses Stehenbleiben unter dem Eisernen – das hat mich sehr erschreckt.»

«Du warst es also wirklich. Du hast den Eisernen runtergelassen!»

Der Alte sah ihn undurchdringlich an. «Das ist momentan nicht Gegenstand unserer Debatte. Ich mache mir Sorgen um dich. Um es freiheraus zu sagen: Du wirkst, als könntest du die Situation, die sich am Theater ergeben hat, nicht bewältigen.»

Karl fuhr ihn an: «Du machst es mir nicht gerade leichter. Bleib vom Theater weg! Halt dich raus, kapiert?»

Abrupt drehte er sich um und ging zur Theke. Der Zombie hielt ihm schweigend einen Bierdeckel mit der Zeche unter die Nase. Als er bezahlt hatte, knurrte der Wirt auf einmal: «Mit Theo streiten ist hier nicht. Theo ist mein Freund.»

«Meiner auch, das ist es ja!», knurrte Karl wütend zurück und schlug die Tür hinter sich zu.

• **10** •

Er tauchte in den Raum wie in einen lauwarmen Tümpel. Gespräche und Gelächter mischten sich mit dem Duft von frisch gebrühtem Kaffee und Zigaretten. So kurz vor der Morgenprobe war die Kantine voller Menschen. Neugierig sah Prottengeier sich um.

An dem langen Tisch neben ihm saßen Männer in blauen Arbeitsoveralls und Eisenkappenschuhen. Er erkannte Uli Timm, der verlegen grüßte, als der Blick des Kommissars ihn streifte. Wie der im Kommissariat geschwitzt hatte, als er seine Aussage machen musste. Jedes Wort hatte er ihm aus der Nase ziehen müssen.

Den ernsten Türken neben Timm kannte er auch. Der kommissarische technische Leiter studierte konzentriert Pläne und Zeichnungen, die auf dem Tisch ausgebreitet waren, und diskutierte sie mit seinen Männern. War bestimmt nicht leicht, Töpfer und Triller zu ersetzen. Aber offensichtlich kam er mit seiner Mannschaft gut zurecht, sie hörten ihm alle aufmerksam zu.

Eine sehr gemischte Mannschaft. Da waren schmalhüftige Eriträer mit Rastalocken, breitschultrige Jugoslawen mit Goldkettchen um den Hals, sehnige Türken und der ein oder andere beleibte Schwabe. Unwillkürlich zog Prottengeier den Bauch ein.

Einen Tisch weiter saßen Frauen um einen kleinen Mann geschart. Der Herrenschneider, er war einmal auf dem Flur mit ihm zusammengestoßen, und der Kleine hatte ihm sofort seine Lebensgeschichte erzählt. Als Prottengeier den Tisch beobachtete, konnte er diesen Mitteilungsdrang verstehen. Die Frauen unterhielten sich äußerst lebhaft. Der Herrenschneider sah von einer zur anderen, aber immer, wenn er sich in das Gespräch einmischen wollte, waren sie schon woanders. Wie ein Karpfen, der nach Luft schnappt, startete er immer wieder seine fruchtlosen Versuche. Allein unter Frauen. Prottengeier grinste.

An der Theke musste man sich offensichtlich anstellen, um einen Kaffee zu ergattern. Er reihte sich in die Schlange ein und blickte fasziniert zum Schauspielertisch hinüber.

In der Mitte des Raumes saßen sie, rauchend und Kaffee trinkend, teilweise schon mit Versatzstücken von Kostümen bestückt. Drei junge Männer mit merkwürdigen Käppchen und Stöckchen, die sich aufgeregt unterhielten. Einer hatte sogar einen Schmiss aufgeklebt. Bestimmt die Studenten von Auerbachs Keller. So weit war er mit seiner Faustlektüre gestern Nacht gekommen.

Zwei ältere Kollegen, die sie amüsiert beobachteten. Hilde Schmitz, über ihr Textbuch gebeugt, blass und irgendwie unglücklich. Eine Grauhaarige mit drei Brüsten, die sich von einer Jüngeren den Gebrauch einer Peitsche zeigen ließ. Ein Hund und ein groteskes Fabeltier, die sich unter ihren Masken kratzten und sich gegenseitig mit den überdimensionalen Köpfen pufften. Magda war nicht dabei.

Vor ihm in der Schlange standen jetzt nur noch zwei wasserstoffblonde Jungs in engen Hosen mit Kuhmuster.

«Zehn Stunden hab ich gestern über der Hexenperücke gesessen. Aber sie wird so super, Gertrud. Am liebsten würde ich sie selber behalten», redete der eine gerade auf die biedere Thekenfrau in altmodischer Kittelschürze ein.

«Sie steht dir aber auch herrlich, Schätzchen», beteuerte der andere.

Die Thekenfrau lächelte mütterlich. «Sie sind aber nicht vom Haus», wandte sie sich neugierig an Prottengeier. Er lächelte vage und bestellte einen Kaffee. «Sind Sie zum ersten Mal hier?», versuchte es die Thekenfrau wieder. Prottengeier verneinte stumm und entkam mit seiner Tasse.

Als er quer durch den Raum zu einem freien Ecktisch ging, verfolgten ihn Blicke und geflüsterte Kommentare. Heute Morgen störte ihn das nicht.

Der Kaffee roch so wunderbar, wie nur frischer Kaffee an einem kalten Januarmorgen riechen kann. Kein Vergleich mit dieser Brühe aus dem Automaten.

So viele verschiedene Menschen, Berufe, Nationalitäten. Ein eigener Kosmos, der nur existiert, damit sich Menschen die Ideen und Gedanken anderer Menschen ansehen. Eigentlich merkwürdig.

●

Der dicke Jochen stürmte die Kantine und begann sofort missmutig auf einen der älteren Schauspieler einzureden. Noch immer kannte Prottengeier seinen Nachnamen nicht.

Mit einer Tasse und einem leeren Teller trippelte Mona Questen an ihm vorbei. Unbeirrt bahnte sie sich ihren Weg zu einem freien Tisch, an dem sie sich umständlich installierte. Neugierig bis zur Schnüffelei, das hatte er schon bei ihrem ersten Gespräch bemerkt. Penibel verstaute sie Tasse, Teller, eine unhandliche Tasche, einen langen, selbst gestrickten Schal, einen Umhang und sich selbst an dem kleinen Tisch. Als sie endlich saß, kontrollierte sie den Raum und nickte dem ein oder anderen gnädig zu. Bei ihm hob sie sogar die Hand und strahlte. Irritiert blickte er zur Seite.

Unverdrossen packte sie mehrere Tupperdosen aus, öffnete sie genüsslich und drapierte sie auf dem Tisch. Er sah in Viertel geschnittene Brotscheiben, Tomaten, Eier, sorgfältig gezupfte Salatblätter, Paprikaschnitze, Käse und irgendetwas undefinierbar Gesundes auftauchen. Sie zog den Teller dicht an ihren Körper, legte schützend den freien Arm um ihr Frühstück und begann zu picken. Wie bei einem Huhn ruckte der Kopf heftig vor und zurück, und die kleinen Äuglein huschten wachsam durch den Raum.

«Mögen Sie Hühner?», fragte eine nachdenkliche Stimme hinter ihm. Magda war durch die Außentür in die Kantine gekommen und sah gebannt zu ihrer Souffleuse hinüber.

«Sie können Gedanken lesen. Langsam werden Sie mir unheimlich», antwortete er lächelnd.

Sie lächelte zurück. «Darf ich mich zu Ihnen setzen?»

Erfreut zeigte er auf einen Stuhl.

Sie schälte sich aus ihrem Mantel und enthüllte einen bunten Sack, den sie mit einer Kordel um die Taille geschlungen hatte. Überrascht starrte er sie an und war froh, als sie sich hinsetzte und wenigstens ein Teil der wilden Farben und Muster aus seinem Blickfeld verschwand. Was Farben anging, war sie wirklich mutig, wenn auch nicht besonders treffsicher.

«Mit dem Gedankenlesen ist es leider nicht so weit her», plauderte sie. «Obwohl ich es gerne können würde. Aber ich muss mich damit begnügen, die Hexe nur zu spielen.»

«Sie als Hexe? Das kann ich mir nicht vorstellen. Damit wären Sie falsch besetzt.» Was redete er da eigentlich? Verwirrt brach er ab.

«Täuschen Sie sich nicht, Herr Prottengeier», flüsterte sie geheimnisvoll. Über den Tisch hinweg ergriff sie seine Hände, sah ihm starr in die Augen und murmelte: *«Sumpfger Schlange Schweif und Kopf, brat und koch im Zaubertopf...»*

Sie hatte gar keine braunen Augen. Um die Iris lief ein grüner Ring.

«... Molchesaug und Unkenzehe, Hundemaul und Hirn der Krähe. Mächtger Zauber würzt die Brühe, Höllenbrei im Kessel glühe!» Sie ließ ihn los und sagte mit ihrer normalen Stimme: «Und das ist nur ein kleiner Auszug aus meinem Hexenrepertoire. Apropos, wie ist die Brühe heute?»

Verständnislos sah er sie an.

«Der Kaffee», erklärte sie lächelnd.

«Sehr gut.» Er stieß ungeschickt gegen seine Tasse.

«Dann hole ich mir einen. Halten Sie mir ein Plätzchen frei?»

Er nickte. Warum benahm er sich in ihrer Gegenwart nur so idiotisch. Er fühlte sich linkisch und ungeschickt. Missmutig merkte er, dass sein Sakko am Ärmel ausgefranst war. Wenigstens hatte er sich heute Morgen rasiert. In letzter Zeit vergaß er das öfter. Wenn er nicht aufpasste, würde er bald ein schmutziger, alter Mann sein. Hühner und Hexen. Verrückt.

Sie stand an der Theke und plauderte mit der Dreibusigen. Aufmerksam hielt sie den Blick auf die Kollegin gerichtet, sagte etwas und strich sich lächelnd die Locken aus der Stirn. Ihr

Kleid leuchtete wie eine Flamme. Sie lächelte oft. Kein Grinsen, sondern ein richtiges Lächeln. Es begann in ihren Augen mit einem winzigen Blitzen und glitt dann rasch bis zum Mund. Ein schöner, großzügiger Mund. Als sie sich zu ihm umsah, blickte er schnell in seine Tasse.

«Sie hatten Recht, die Brühe ist heute wirklich gut», meinte sie, als sie sich wieder zu ihm setzte.

«Was Sie da eben zitiert haben, ist aber nicht aus Faust?»

Sie pustete in ihren Kaffee und schüttelte den Kopf: «Shakespeare. Macbeth. Ich war eine der drei Hexen, und dabei hätte ich meine Seele dafür gegeben, die Lady Macbeth zu spielen. Kennen Sie das Gefühl? Etwas so dringend zu wollen, dass Sie glauben sterben zu müssen, wenn Sie es nicht bekommen?»

Sie sah ihn so gespannt an, als sei seine Antwort wichtig für sie.

Ihm fiel nichts ein. Schließlich sagte er: «Als Kind hatte ich das wohl öfters. Jetzt nicht mehr.»

An ihrem Gesichtsausdruck konnte er sehen, dass sie enttäuscht war. Das ärgerte ihn. «Schade», sagte sie leise.

Die Bedingungslosigkeit der eigenen Wünsche war kindisch, egal wie sie darüber dachte. Etwas so dringend wollen, dass man das Gefühl hat, zu sterben, wenn man es nicht bekommt ... Es war besser, nichts so glühend haben zu wollen.

«Aber Sie sind ja nicht gestorben!», meinte er abweisend.

Sie lächelte, und sein Ärger verflog.

«Nein, ich habe Karl und Peter kennen gelernt. Die zwei waren meine beiden Mithexen, woran Sie sehen können, dass Hexerei nichts spezifisch Weibliches ist.»

Sie lachten. Plötzlich veränderte sich ihr Gesichtsausdruck. Irgendetwas schien sie zu irritieren. Unauffällig sah er sich um. Mona Questen hatte ihr Frühstück völlig vergessen und sah wie hypnotisiert zu ihnen herüber. Genauso hatte sie ihn und Magda schon in der Theaterkneipe beobachtet. Halb über den Tisch gelehnt und gebannt. Er spürte, wie die Schauspielerin neben ihm unruhig wurde. Entschlossen drehte er seinen Stuhl so, dass der Souffleuse die Sicht auf sie versperrt wurde. Nur um sich im gleichen Moment zu fragen, warum er sie zu schützen versuchte.

«Die Eltern von Frau Zadurek waren übrigens gestern noch bei mir», erzählte er versuchsweise.

Sie verzog den Mund. «Unangenehme Leute. Ich habe immer gedacht, dass Pias Eltern ihre einzige Entschuldigung sind.»

«Sie kennen sie?», fragte er überrascht.

«Natürlich. Ich war einmal befreundet mit ihr – soweit man mit ihr überhaupt befreundet sein konnte. Der Vater ist ein alter Nazi.»

«Er hält den Mord an seiner Tochter für eine Art jüdischer Theaterverschwörung. Zumindest hat er angedeutet, dass ich mich in der Richtung einmal umsehen sollte.»

Magda schnaubte. «Ein widerlicher Sack. Pia hat ihn gehasst und gleichzeitig alles getan, um von ihm akzeptiert zu werden. Ihr Bruder ist für den Alten eine einzige Enttäuschung, also hat sie immer versucht, der bessere Sohn zu sein. Eigentlich traurig. Wissen Sie, sie war nicht dumm. Und sie konnte auf eine bösartige Weise sehr witzig sein.»

Zum ersten Mal sagte jemand etwas Nettes über die Tote. Oder zumindest etwas, was sie nicht als Ungeheuer dastehen ließ. Interessiert fragte er: «Sie kennen die Familienverhältnisse gut?»

Magda winkte ab. «Nicht wirklich. Das ist so eine Art Sport am Theater. Wildes Herumpsychologisieren. Ich weiß nur, dass der alte Zadurek sie immer finanziell unterstützt hat. Es ist bestimmt nicht toll fürs Selbstwertgefühl, mit Mitte vierzig noch auf die Eltern angewiesen zu sein. Andererseits – vom Theatergehalt fährt man keine Sportwagen. Und sie fuhr einen.»

«Wir haben in ihrer Wohnung einiges an Bargeld gefunden, dessen Herkunft der Vater klären konnte», meinte Prottengeier.

«Ich wette, es lag unter der Matratze», kicherte Magda.

«Wie kommen Sie darauf?»

«Es würde passen», erklärte sie. «Pia hat viel darüber nachgedacht, wie sie auf andere wirkt. Sie wollte immer ein bestimmtes Bild von sich vermitteln: cool, dynamisch, erfolgreich, Sportwagen vor der Tür, Aktien. Aber innerlich war sie eher ängstlich, fast kleinbürgerlich. Eben: schnell anzukratzen und das Geld unter der Matratze.»

Verdammt gute Spekulation, wenn es denn nur Spekulation war. Das Geld unter der Matratze erzählte wirklich etwas über Pia Zadurek. Etwas anderes, als die Berichte über sie sagten. Etwas, was sie für ihn lebendiger machte. Kenntlicher. Und er hatte immer mehr das Gefühl, sie gut kennen zu müssen, um ihren Mörder zu finden.

«Es ist bestimmt nicht einfach, wenn das Bild, das wir nach außen von uns vermitteln wollen, sehr verschieden von unserem tatsächlichen Charakter ist», meinte er nachdenklich.

Sie betrachtete ihn spöttisch. «Na, dieses Problem haben wir ja wohl alle!»

Irritiert sah er sie an. Sie zuckte die Achseln. «Jeder möchte doch besser, klüger, souveräner erscheinen, als er ist. Wer gibt schon gerne den Verlierer? Also basteln wir alle an dem Bild, das die anderen von uns haben sollen. Leider haben nur wenige die Möglichkeit, die anderen zu zwingen, das geschönte Bild zu kaufen. Permanent schlägt man sich mit Kritik und Zweifel an der eigenen Person herum. Da hilft nur Macht!»

«Macht?»

Sie lachte. «Macht macht mächtig Spaß! Wenn man so viel Macht hat, dass Zweifel nur noch hinter vorgehaltener Hand getuschelt werden können, hat man gewonnen. Dann muss man nicht mehr besser scheinen, dann ist man besser. Oder klüger, oder schöner, was Sie wollen. Im Theater gibt es einen Spruch: Den König spielen die anderen. Das heißt ganz einfach, dass die Mitspieler durch ihr Verhalten den König zum König machen. Der König ist einfach nur ein Kollege. Dadurch, dass sich die anderen zu Boden werfen, wenn er den Raum betritt, seine Befehle ausführen, ihm huldigen, wird er zum König. Im Leben ist das genauso.»

«Den König spielen die anderen ... Warum haben Sie dann alle Pia Zadurek zum König gespielt?»

Verblüfft lehnte sie sich zurück und betrachtete ihn mit ganz neuem Interesse. «Das ist der Punkt! Das ist die wirkliche Frage in diesem ganzen Schlamassel.»

So originell war die Frage nun auch wieder nicht. Eher nahe liegend. Obwohl er sich durch ihren Blick geschmeichelt fühlte.

«Sie sind klug. Oder Sie haben einfach nur eine Menge gesunden Menschenverstand.»

Klug war ihm lieber.

«Eine wirklich gute Frage. Ich kann sie nicht beantworten. Vielleicht, weil wir Schauspieler sind.»

Fragend sah er sie an.

«Ein Schauspielerwitz: Zwei Haie begegnen sich. Sagt der eine: Ich hatte gerade ein Superfrühstück. Einen Surfer. Der wird einem sogar auf dem Tablett serviert. Sagt der andere: Ich hatte einen Schauspieler, fiel von einem Vergnügungsdampfer. Wunderbar! Kein Rückgrat, aber eine riesige Leber.»

Er kannte den Witz mit Finanzbeamten. Trotzdem lachte er.

«Nein, im Ernst. Wissen Sie, was Max Reinhardt über Schauspieler sagt?»

Er wusste noch nicht einmal, wer Max Reinhardt war.

«Er sagt: ‹Wir können heute über den Ozean fliegen, hören und sehen. Aber der Weg zu uns selbst und zu unseren Nächsten ist sternenweit. Der Schauspieler ist auf diesem Weg. Mit dem Licht des Dichters steigt er in die noch unerforschten Abgründe der menschlichen Seele, seiner eigenen Seele, um sich dort geheimnisvoll zu verwandeln und, Hände, Augen und Mund voll von Wundern, wieder aufzutauchen.›»

War es das, was sie waren? Als er Brandner zugeschaut hatte, hatte er etwas Ähnliches gedacht. Natürlich nicht so poetisch formuliert. Versonnen sah sie in ihre Tasse und fuhr fast traurig fort: «Und weiter sagt er: ‹Er ist Bildner und Bildwerk zugleich; er ist der Mensch an der äußersten Grenze zwischen Wirklichkeit und Traum, und er steht mit beiden Füßen fest in beiden Reichen.›»

Ob sie wusste, dass Menschen zwischen Wirklichkeit und Traum gefährlich waren? Zu oft wandelten sich Träume in blutige Realität. Damit hatte er ständig zu tun.

«Wollen Sie damit sagen, weil Sie Grenzgänger, Träumer sind, machen Sie Tyrannen zu Königen?», fragte er ironischer als beabsichtigt.

Er hatte sie verletzt. Er sah es an ihrem kurzen Zurückzucken. Der gesunde Menschenverstand stand wohl doch nicht so hoch im Kurs.

Schnell fing sie sich wieder und sagte im selben Tonfall wie er: «Oh, wir machen sie nicht nur zu Königen, wir ermorden sie auch! Der Tyrannenmord hat im Theater eine lange Tradition.»

«War es das? Ein Tyrannenmord?»

Sie sah ihn forschend an, feindselig. «Das herauszufinden ist Ihr Job, Herr Kommissar. Deshalb sind Sie doch hier.»

Die Atmosphäre zwischen ihnen hatte sich grundlegend geändert. Prottengeier biss sich kurz auf die Lippen. Er hätte sie einfach erzählen lassen sollen. Auch wenn ihm manches auf die Nerven ging. Grenzgänger! Auch Psychopathen waren Grenzgänger! Aber für sie hatte diese Geschichte von ihrem

Max Sowieso wohl eine andere Bedeutung. Eben hatten sie sich noch gut verstanden, und jetzt sah sie ihn an wie eine Kreatur, die unter einem Stein hervorgekrochen kam. Dabei wollte er sie wirklich verstehen, die Schauspieler. Er musste sie verstehen, wenn er den Fall lösen wollte.

Er versuchte es noch einmal. «Vielleicht habe ich diese Geschichte über Schauspieler von diesem Max ...» Sie half ihm nicht weiter. «Vielleicht habe ich die nicht richtig verstanden.»

Sie zuckte die Achseln und sagte freundlich: «Vielleicht können Sie das auch gar nicht verstehen.»

Ach so! Jetzt war er in zwei Minuten auf der Skala von klug zu dämlich abgerutscht. Mürrisch starrte er sie an. Die Außenwelt brach herein. Das Kantinengemurmel wurde lauter, die Gerüche aufdringlicher, das Neonlicht greller.

Unvermittelt sagte er: «Wir haben Ihr Alibi überprüft. In Ihrer Wohnung brannte zwar Licht, was einige Nachbarn bestätigen, aber niemand hat Sie tatsächlich gesehen.»

«In meiner Wohnung brennt immer Licht. Ich hasse es, im Dunkeln nach Hause zu kommen», meinte sie gelassen.

«Aber Sie waren zu Hause?»

Sie lächelte. «Ich war zu Hause. Und wenn ich im Theater gewesen wäre, um Pia umzubringen, würde ich es Ihnen bestimmt nicht erzählen.»

Langsam wurde er böse. «Frau Mann, das ist eine Morduntersuchung, kein Spiel!»

«Ach?» Sie beugte sich vor und fragte freundlich: «Und Sie spielen nicht, Herr Prottengeier? Den verständnisvollen Bullen, den freundlichen, den interessierten?»

Wütend fuhr er sie an: «Nein, ich spiele nicht. Ich arbeite! Ich versuche, einen Mörder zu finden. Vielleicht erinnern Sie sich in Ihrem Schattenreich zwischen Traum und Realität einmal daran, dass es einen gesellschaftlichen Konsens gibt! Der lautet: Du sollst nicht töten. Ich vermute, der gilt sogar für Schauspieler.»

Langsam stand sie auf und funkelte ihn an. «Das haben Sie schön formuliert. Es mag sein, dass Ihre Arbeit darin besteht, den gesellschaftlichen Konsens zu erhalten. Meine besteht darin, ihn zu hinterfragen. Ihn am Individuum zu messen. Was jetzt, Herr Prottengeier?»

«Jetzt wissen wir beide, wo wir stehen, Frau Mann. Aber verlassen Sie sich darauf: Ich werde den Mörder finden!»

«Viel Glück. Aber vielleicht sollten Sie daran denken, dass es keinen Mörder gibt. Nur einen Menschen, der einen Mord begangen hat. Kleiner Tipp am Rande.»

Ohne sich umzudrehen, verließ sie die Kantine. Ihr Kleid war wirklich eine Zumutung.

• **11** •

«Vorsicht, Herr Prottengeier!»

Zu spät. Leise fluchend rieb er sich den Kopf und betrachtete finster das niedrig hängende Heizungsrohr. Na wunderbar, heute war wirklich nicht sein Tag. Erst die Hexe, und jetzt rannte er hinter dem kichernden Huhn her.

«Frau Questen, wo wollen Sie denn hin?»

Sie kicherte. Entschlossen blieb er stehen. Sie merkte es noch nicht einmal.

«Moment, Frau Questen!» Wenigstens drehte sie sich zu ihm um. «Sagen Sie mir endlich, wo wir hingehen.»

Mit aufgerissenen Augen kam sie zurückgetrippelt. «Sie dürfen nicht stehen bleiben. Das ist ein Labyrinth! Sie müssen immer dicht hinter mir gehen. Einmal falsch abgebogen, und Sie landen gottweißwo.»

«Ich lande nirgendwo, wenn Sie mir nicht endlich sagen, warum Sie mich durch den Keller schleppen. Wo wollen Sie hin?»

Sie kicherte schon wieder. Am liebsten hätte er sie erwürgt. Jetzt tätschelte sie auch noch seinen Arm und sagte so beruhigend, als hätte sie es mit einem Schwachsinnigen zu tun: «Warten Sie ab. Ich erkläre Ihnen alles, wenn wir dort sind. Im Theater haben die Wände Ohren.» Und sofort witschte sie weiter.

Entnervt sah er sich um. Er wusste schon jetzt nicht mehr, wo er sich befand. Der reinste Irrgarten, dieser Theaterkeller. Sie waren bestimmt schon zehn Minuten unterwegs, stiegen schmale Eisentreppen hinunter und hasteten durch enge Gänge. Normalerweise war sein Orientierungssinn ganz gut, aber hier bogen die Gänge unvermittelt ab oder endeten plötzlich vor grauen Metalltüren. Und hinter den Türen fing alles wieder von vorne an. Brummend setzte er sich wieder in Gang.

Warum war er ihr auch einfach gefolgt, als sie in der Kantine aufgeregt auf ihn zukam? Er hatte gar nicht richtig zugehört, als sie auf ihn einwisperte, viel zu beschäftigt damit, sich über diese Mann zu ärgern. Die würde er ins Kommissariat vorladen. Schließlich hatte sie kein Alibi. Dann würde sie sehen, ob das ein Spiel war.

Mist, er hatte die Souffleuse aus den Augen verloren. Hastig ging er den Gang entlang zur nächsten grauen Metalltür. Dahinter schon wieder der nächste Gang. Und die nächste Tür, an der sie stand und ihn, heftig mit den Armen rudernd, heranwinkte. «Kommen Sie, Herr Prottengeier, kommen Sie!»

Er kam ja schon. Plötzlich stand er in einer unterirdischen Kathedrale. Ihm stockte der Atem. Ein riesiger Raum, dessen Dimensionen er nur erahnen konnte. Im Licht der grünen Notbeleuchtung sah er Wände, die so hoch waren, dass sie sich in der Dunkelheit verloren, eine Art Halle, in der sich die seltsamsten Gegenstände stapelten. Kuriose Maschinen, überlebensgroße Skulpturen, turmhohe Räder und jede Menge Gerümpel.

Er blinzelte, um sich an das Halbdunkel zu gewöhnen. Die Luft roch staubig und leicht nach Metall.

Mit angehaltenem Atem folgte er der Souffleuse. Sicher trippelte sie über Schienen, die aus unerfindlichen Gründen in den Boden eingelassen waren, umrundete riesige Metallkisten, kletterte über gigantische Kabelrollen und umgestürzte Stative.

Unerwartet türmte sich vor ihm eine Eisenkonstruktion auf, die wie eine halb geöffnete Riesenschere aussah. Gebannt blieb er stehen. «Was ist das?»

«Ppppscht! Nicht so laut! Wir sind genau unter der Bühne!»

«Dieses Ding ... Das sieht ja aus wie ein Albtraum von Dalí. Wozu ist das?»

Wieder zischte sie: «Pst! Nicht so laut! Das ist doch bloß das Scherenhubpodium. Damit fahren sie den Orchestergraben hoch und runter. Kommen Sie schon.» Ungeduldig zerrte sie an seinem Arm. Er konnte sich von dieser märchenhaften Riesenschere kaum losreißen. Diese Bühnenmaschine, dieser ganze riesige Raum war so unwirklich. Er hatte noch nie etwas Vergleichbares gesehen. Das Dämmerlicht, die metallische Luft ... Verwunschen, als würden nicht oft Menschen ihren Fuß hierhin setzen.

«Nun kommen Sie schon», quengelte die Souffleuse. «Ich zeige Ihnen etwas viel Interessanteres. Das ist doch bloß eine Maschine.»

Es war nicht bloß die Maschine, es war der ganze Raum. Widerstrebend ließ er sich mitziehen.

«Hier! Sehen Sie», flüsterte sie stolz. Sie hatte ihn zu einer Art Thron gezerrt. Etwas, das wie ein überhoher Schiedsrichterstuhl beim Tennis aussah. Eine steile, hohe Treppe, die zu einer Plattform führte, auf der ein Stuhl befestigt war.

«Hübsch hoch, nicht wahr? Über drei Meter. Und er kann bis zu fünf Metern ausgefahren werden.»

«Und was ist das?», flüsterte er zurück.

«Mein Arbeitsplatz. Sehen Sie dort oben das Licht? Das ist die Bühne. Ich sitze dort in der Muschel.»

«In welcher Muschel? Ich dachte, Sie sitzen auf der Seitenbühne?» Glucksend winkte sie ab. «Doch nur während der Proben. Wenn das Bühnenbild einmal steht, ist alles zugebaut. Da habe ich doch keinen Blick auf die Schauspieler. Wie kann ich dann wissen, ob sie im Text hängen und meine Hilfe brauchen? Nein, ich muss den Überblick haben. Klettern Sie einmal hoch! Na los!»

Auffordernd zeigte sie auf die steile Treppe. «Keine Angst. Halten Sie sich am Geländer fest, Herr Prottengeier. Aber leise!»

Zögerlich stieg er die schmalen Stufen hoch. Ein mannshohes Sicherheitsgitter, das zur Bühne hin offen war, umgab die Plattform. Behutsam ließ er sich in den Stuhl gleiten. Er saß tatsächlich in einer Muschel, sein Kopf auf gleicher Ebene mit dem Bühnenboden. Ein paar Meter vor ihm war Karl Brandner, der mit geschlossenen Augen auf der Bühne lag und anscheinend irgendwelche Entspannungsübungen machte. Nicht weit von Brandner kniete Hilde Schmitz und murmelte vor sich hin: «Dante-Tante, dann-Tanne, Tenne-denn, tosen-Dose, Tuff-Duft, Dolde-tollte, Dante-Tante, dann-Tanne, Tenne-denn ...»

Zwei Beine tauchten direkt vor ihm auf. Zwei hübsche Frauenbeine, die direkt vor der Muschel ausgeschüttelt wurden. Er konnte sie nur bis zu den Knien sehen. Die Beine gingen zwei Schritte weiter. Jetzt sah er ein braunes Probenkleid. Die Trägerin ließ ihren Oberkörper zu Boden fallen und berührte spielerisch mit den Händen den Boden. Die Beine hielt sie durchgestreckt. Blonde Locken leuchteten im Licht.

Hastig duckte er sich. Hätte ihm gerade noch gefehlt, dass Magda Mann ihn für einen Spanner hielt. Lautlos schob er sich von dem Souffleurstuhl wieder nach unten.

Mona Questen empfing ihn strahlend. «Haben Sie gesehen?», flüsterte sie aufgeregt. «Von dort habe ich die ganze Bühne im Blick. Eine richtige Souffleurmuschel. Die gibt es nur noch ganz selten. Ich hasse es, auf der Seitenbühne zu sitzen. Aber meinen Thron, den liebe ich.» Dabei tätschelte sie die Stufen des Ungetüms, als wäre es ein lebendes Wesen.

«Mein Thron im Hades. Ich bin die Königin der Unterwelt!»

Prottengeier stutzte. Aber sie zog ihn gleich weiter.

«Hier kann man uns hören. Kommen Sie, ich zeige Ihnen jetzt mein Reich.»

Königin der Unterwelt? Einen kleinen Hau hatte die bestimmt. Unbeholfen stolperte er hinter ihr her.

Der Saal nahm kein Ende. Wieder ging es vorbei an geheimnisvollen Gittern, Gerüsten und Maschinen. Und obwohl sich seine Augen mittlerweile an das Halbdunkel gewöhnt hatten, konnte er die Ausmaße dieser Unterbühne immer noch nicht abschätzen. Sie schien sich einfach in der Unendlichkeit zu verlieren, wuchernd und schemenhaft. Selbst die Souffleuse verlor ihre klaren, menschlichen Konturen und wurde ein wiegendes Schiff, das die Dunkelheit zerteilte. Ein Rammbock auf Stöckelschuhen. Er musste grinsen.

Sie kamen an eine Wand aus übereinander geschichteten Stühlen, zerfledderten Stoffballen und zerbrochenen Stellwänden. Als Abstellraum und Rumpelkammer diente die Unterbühne wohl auch.

Plötzlich war Mona Questen verschwunden. Einfach weg. Prottengeier blinzelte, aber sie blieb verschwunden. Hinter den Stühlen hörte er ein Kichern.

•

Mit den Händen tastete er die Stuhlwand ab, bis er eine Lücke bemerkte, durch die Licht schimmerte. Er zwängte sich durch diesen Eingang.

Inmitten des Gerümpels war eine Nische entstanden, ein kleiner Raum, den sich jemand hergerichtet hatte. Es gab ein zierliches Tischchen mit geschwungenen Beinen und einer Glasperlenlampe, die den Raum sanft erleuchtete. Eine Recamiere mit bunten Kissen lud zum Sitzen ein. Der Plunder, der die Außenwände des Raumes bildete, war bis in Kopfhöhe mit bunten, üppig dekorierten Stoffen verhängt. Das Ganze hatte etwas Orientalisches, Märchenhaftes. Er war perplex.

In der Mitte dieser Höhle stand Mona Questen und strahlte.

«Mein Ausruhzimmer. Das habe ich selbst gemacht. Sogar Licht. Was sagen Sie jetzt?»

Er war viel zu verblüfft, um etwas zu sagen. Eilig setzte sie sich auf die Recamiere, tätschelte den freien Platz neben sich und gurrte: «Hierher, Herr Prottengeier.» Als er ihrer Aufforderung nicht sofort folgte, sprang sie wieder auf und fragte eifrig: «Einen Tee? Ich kann uns einen schönen Tee machen. Kräutertee oder schwarz? Nein, ein ayurvedischer Tee! Der ist köstlich, den werden Sie probieren.»

Ohne seine Antwort abzuwarten, zog sie unter einer Stoffbahn ein kleines Beistelltischchen mit Rädern vor, auf dem ein Wasserkanister, Tauchsieder, Teeutensilien und Geschirr stand. «Gut ausgerüstet, nicht wahr? Nur Musik habe ich leider nicht. Ein bisschen Musik, leise im Hintergrund, vielleicht etwas Klassisches, und es wäre perfekt.»

Prottengeier sah ihr zu, wie sie aufgeregt den Tee zubereitete. Sie war ein Kind, das in seiner Phantasiehöhle Besuch spielt. Trotz der mausgrauen Haare, die sie künstlerisch mit einem Tuch zurückgebunden hatte, trotz der faltigen Hamsterbäckchen und der Stöckelschuhe kam sie ihm wie ein kleines Mädchen vor.

Vorsichtig setzte er sich auf das Sofa und meinte höflich: «Es ist wirklich sehr hübsch hier, Frau Questen. Man erwartet das hier unten gar nicht.»

Er hätte schwören können, dass sie vor Freude über sein Kompliment errötete.

«Ja, ich weiß, diese Unterbühne ist grauslig. So staubig, nicht wahr? Und dann das ganze Gerümpel. Hier müsste einmal richtig ausgemistet werden.»

Das fand er gar nicht. Diese Unterbühne war sagenhaft.

«Aber andererseits habe ich hier natürlich meine Ruhe», fuhr sie zirpend fort. «Ein kleines Refugium, in das ich mich zurückziehen kann. Hier kommt fast nie jemand her, wissen Sie. Und seit wir am Theater kein Orchester mehr haben und keine Oper, wird die Unterbühnenmaschinerie nur noch selten genutzt. Also gehört alles mir!»

Behutsam hielt sie ihm eine hauchzarte Tasse hin und meinte ehrfürchtig: «Die Tasse ist aus Limoges. Aus dem Fundus, stellen Sie sich das einmal vor.»

Sie beobachtete ihn, als er kostete. Der Tee schmeckte wirklich gut. Nach Zimt und Vanille. Als er anerkennend nickte, strahlte sie wieder und setzte sich mit ihrer Tasse neben ihn. Dicht neben ihn. «Hier sind wir ganz ungestört und können plaudern», gurrte sie.

Unauffällig versuchte er, ein Stückchen beiseite zu rücken, aber sie rückte sofort nach. «Die Polizei im Theater, wenn das der alte Intendant noch erlebt hätte! Bei ihm wäre so was nicht vorgekommen. Ich sage ja immer: Der Fisch fängt am Kopf zu stinken an. Aber ein Mord ...», betrübt schüttelte sie den Kopf, um gleich darauf befriedigt zu sagen: «Es wundert mich ja nicht. Diese Zadurek! Man soll ja nichts Schlechtes über die Toten sagen, und ich sage auch nur: Es wundert mich nicht!» Nach dieser erhellenden Feststellung nahm sie erst einmal einen kräftigen Schluck Tee zur Stärkung.

•

«Sie sind ja schon lange hier am Haus ...», warf er einen Köder aus.

Sie kicherte stolz. «Fast vierzig Jahre. Ich habe sie alle kommen und gehen sehen, Schauspieler, Intendanten, Techniker.»

«Da gibt es bestimmt wenig, was Sie nicht wissen», ermunterte er sie.

Geschmeichelt sah sie ihn an. «Das können Sie laut sagen, Herr Prottengeier. Aber meine Lippen sind versiegelt. Ich klatsche nicht, und was mir anvertraut wird, ist so sicher, als wäre es nie gesagt worden.»

«Davon bin ich überzeugt. Aber all diese Zwischenfälle. Sie haben sich doch bestimmt eine Meinung darüber gebildet?»

Mit zusammengepressten Lippen nickte sie heftig.

«Und ...?», fragte er.

Ihr innerer Kampf dauerte nicht lange. «Sie verstehen, ich will niemanden beschuldigen. Aber diese Sache mit dem eisernen Vorhang gestern. Leider war ich ja nicht im Haus, ein Arztbesuch, verstehen Sie.»

«Ja natürlich», sagte Prottengeier schnell, der verhindern wollte, Näheres über diesen Arztbesuch zu erfahren, «...was wissen Sie denn über den Vorfall?»

«Wissen wäre zu viel gesagt», wand sie sich. «Aber man hat so seine Vermutungen!»

«Und die wären?» Er musste geduldig sein.

Geziert drehte sie sich zur Seite, seufzte und sprudelte los: «Es gab hier einen Schauspieler. Hans Theodor Warnak. Ein unangenehmer Mensch. Herr Knoller musste ihn entlassen, er kam betrunken zu den Proben. Betrunken! Proben bei Frau Zadurek! Die ganze Produktion musste gestrichen werden, weil so schnell kein Ersatz gefunden wurde. Ein betrunkener König Lear, können Sie sich das vorstellen?»

Prottengeier schüttelte erwartungsgemäß den Kopf.

●

Mit sichtlicher Freude fuhr sie fort: «Dabei war er schon länger am Haus. Ein älterer Kollege. Er soll jetzt ganz heruntergekommen sein, habe ich gehört. Mich wundert das ja nicht! Ein Freund von Magda Mann übrigens, mit der Sie sich immer so angeregt unterhalten.» An dieser Stelle musterte sie ihn leicht missbilligend. «Immer wieder bittet sie Knoller, diesen Warnak wieder einzusetzen. Aber da hat der Intendant Charakter. Und statt zu merken, wie peinlich ihm das ist, fängt sie wieder und wieder davon an. Immer mit dem Kopf durch die Wand, wenn Sie mich fragen. Aber eine Frau, die mit zwei Männern zusammenwohnt! Ich habe ja immer geglaubt, dass Peter Less ein, nun, ein Homo ist, aber dann habe ich die zwei in der Garderobe gesehen. Ich bin natürlich sofort gegangen. Aber was ich gesehen habe, habe ich gesehen.» Selbstgefällig strich sie sich ihren Rock über die Knie.

Er wollte es gar nicht hören, trotzdem fragte er: «Und was haben Sie gesehen?»

«Sie haben sich geküsst», flüsterte sie geheimnisvoll.

«Und was ist mit diesem Warnak?»

Nach einer kleinen Spannungspause meinte sie: «Man sieht ihn im Theater herumschleichen. Dabei hat er hier gar nichts mehr verloren. Und wo doch Magda so intim mit ihm ist ... Und als der Eiserne herunterkam, wäre doch beinahe Karl verletzt worden. Vielleicht wollte er ihn ja beiseite schaffen, damit sozusagen das Bett frei wird, wenn Sie verstehen. Dabei ist er bestimmt schon Ende sechzig. Aber wer es mit einem Homo treibt ...»

Die Königin der Unterwelt hatte offensichtlich eine blühende Phantasie. Wenn auch eine schmutzige. Sie schien zu merken, dass er nicht so richtig anbiss, denn sie fügte schnell hinzu: «Diesem Warnak ist alles zuzutrauen, glauben Sie mir. Sogar mich hat er sexuell belästigt und hinterher behauptet, es sei nur Spaß gewesen. Und er treibt sich immer hier herum.

Ich habe Ihnen ja schon erzählt, dass es noch mehr Vorfälle gab. Bei der Sache mit der Sprinkleranlage weiß ich genau, dass er im Haus war.»

Prottengeier nickte abwesend. Er glaubte ihr kein Wort, trotzdem mussten sie sich diesen Warnak einmal vorknöpfen. Wenn er gekündigt worden war, hatte er vielleicht wirklich Hassgefühle gegenüber dem Theater. Gekündigt in einer Produktion mit der Zadurek! Diese Geschichte mit dem Eisernen war kein missglückter Mordversuch gewesen. Durch die Warnanlagen war für jeden genug Zeit gewesen, aus dem Gefahrenbereich zu verschwinden. Dass Karl Brandner nicht reagiert hatte, lag an ihm selbst. Auch wenn Prottengeier es immer noch nicht nachvollziehen konnte.

Irritiert fühlte er, wie etwas seinen Oberschenkel entlangkroch. Die Souffleuse fummelte an seinem Bein, schmetterlingszart. Ihre Hand war verschwunden, bevor er eingreifen konnte.

«Ich könnte Ihnen Geschichten erzählen», schnurrte sie weiter. «Wissen Sie, was unheimlich ist? Die Geheimsprache.»

«Welche Geheimsprache?», fragte er verwirrt. Worauf hatte er sich da nur eingelassen? Wenn er sich nicht so über die Mann geärgert hätte, wäre er gar nicht hier.

«Magda, Karl und Peter unterhalten sich immer in einer Geheimsprache. Ich habe es schon oft gehört. Den Hexenspruch aus Macbeth. Den mit dem Wirrwarr. Das ist doch unheimlich, oder? Immer wenn etwas passiert!»

Hexen und Macbeth? Davon hatte die Mann doch gerade erzählt. Vielleicht wusste die Questen ja doch etwas.

«Und Peter Less ist auch merkwürdig. Immer höflich, immer kühl. Karl Brandner ist nett. Auch wenn er nicht so schön ist, wie er glaubt. Da ziehe ich doch gestandenere Männer vor. In unserem Alter, wissen Sie?»

•

Was sollte das heißen: in unserem Alter? Er war bestimmt zehn Jahre jünger als sie. Wieder kam die kleine Hand und tastete sich sein Bein hoch. Jetzt reichte es. Entschlossen griff er danach und schob sie auf ihren Rock hinüber. «Was soll das denn, Frau Questen? Sie haben mir in der Kantine gesagt, Sie müssten dringend mit mir reden. Dann schleppen Sie mich durch das halbe Theater hierher, nur um irgendwelchen Klatsch und finstere Vermutungen loszuwerden?»

Mit aufgerissenen Augen sah sie ihn an. Tief unglücklich, als hätte er sie geschlagen. Na prima, schon die zweite Frau heute Morgen, der er auf die Füße trat.

«Sie glauben, ich klatsche. Aber ich klatsche nie! Hier geht etwas vor sich. Etwas Unheimliches. Ich spüre das.»

Sie spürte etwas! Er seufzte innerlich.

«Ich weiß, dass Sie mich für ein bisschen verrückt halten und mir nicht glauben. Aber ich habe Angst.»

Alarmiert sah er sie an. Das hatte ernst geklungen. «Weswegen Angst, Frau Questen?»

Gequält sah sie ihn an. «Ich habe etwas gesehen ...» Sie schwieg und sah ihn mit schwimmenden Augen an.

Mühsam unterdrückte er seine Ungeduld und fragte freundlich: «Was haben Sie denn gesehen?»

Sie erschauerte und griff nach seiner Hand. Er wollte sie nicht vor den Kopf stoßen, aber langsam wurde es ihm zu viel. Jetzt presste sie seine Hand auch noch an ihren wogenden Busen.

«Bitte Frau Questen! Was haben Sie gesehen?»

Flehend sah sie ihn an. Da saß er nun, in der einen Hand die Teetasse, die andere umklammert und eingeklemmt zwischen ihren Brüsten. Und jetzt begann die dumme Kuh auch noch zu heulen. Er schloss die Augen. Wieso fingen Frauen dauernd an zu heulen? Er hatte doch nur gefragt. Oder war das wieder sein – wie hatte seine Frau immer gesagt? Sein kalter Polizeiton.

•

Unvermittelt gab sie seine Hand frei, und Prottengeier steckte sie schnell in die Tasche. «Bitte beruhigen Sie sich doch, Frau Questen.»

Genau das war es, was er an Frauen hasste. Diese Gefühle, die immer aus dem Nichts hervorbrachen. Irgendwie war man immer schuld. Selbst wenn man nicht einmal wusste, woran.

«Es tut mir Leid», schniefte sie, «ich habe solche Angst. Ich habe etwas gesehen, aber ... ich weiß nicht genau, was.» Hilflos sah sie ihn an. Ein langer, glänzender Faden rann ihr von der Nase auf die Hand. Sie merkte es gar nicht. In solchen Fällen zauberten Männer ein Taschentuch vor. Er brauchte nicht zu suchen, er wusste, dass er eh keins dabeihatte.

«Ganz langsam, Frau Questen, erzählen Sie mir einfach, was Sie gesehen haben. Ganz gleich, was es ist oder wie unbedeutend es Ihnen vorkommen mag.»

«Ich weiß es doch nicht», jammerte sie. «An dem Abend, dem Abend, an dem die Zadurek starb. Da war etwas. Ich habe etwas gesehen, etwas, was da nicht hingehörte, aber ich weiß nicht, was! Es ist mehr so ein Gefühl ... Dauernd versuche ich mich zu erinnern. Ich saß an dem Abend auf der Seitenbühne. Und kurz vor dem Unfall, also dem Mord, meine ich, da war etwas ... Ich weiß, dass ich kurz dachte: Komisch ... Aber dann war gleich wieder etwas auf der Bühne los, und ich habe es vergessen. Was war da nur? Und dann ist sie gestorben. Und es war Mord. Ich habe so furchtbare Angst.» Aufschluchzend warf sie sich auf ihn und vergrub ihr Gesicht an seinem Sakko. Bestimmt würde sie all ihre glitzernden Speichelfäden darauf verschmieren.

Gefühllos! Das hatte seine Frau ihm immer vorgeworfen. Unbeholfen tätschelte er mit seiner freien Hand ihren Rücken. «Nicht doch, Frau Questen, nicht doch. Sie werden sich bestimmt daran erinnern. Frau Questen!» Mit einem kleinen

Ruck war sie noch näher gerückt, sodass sie halb auf seinem Schoß saß. «Bitte, Frau Questen ...»

Vom Eingang kam ein leises Hüsteln. Erschreckt fuhr er hoch.

Peter Less stand in der Höhle und sah ihnen mit einem süffisanten Grinsen zu. Mona löste sich betont langsam von ihm und strich ihre Haare glatt. «Also wirklich, Peter ...», sagte sie mit einem merkwürdigen Unterton. Erstaunt fuhr Prottengeier zu ihr herum. Keine Spur mehr von Tränen. Stattdessen dieser Ton, der etwas eindeutig Zweideutiges hatte. Offensichtlich gefiel sie sich in der Rolle der ertappten Geliebten. Das durfte doch nicht wahr sein.

«Es ist mir schrecklich peinlich, euch zu stören», sagte Less mit gespielter Zerknirschung. Dieser Mistkerl! «Aber es ist schon nach zehn. Die Probe hat angefangen, und du warst nicht auf deinem Platz, Mona. Da hab ich gedacht, ich schaue mal in deinem Reich nach.»

Jetzt schreckte die Souffleuse endlich auf. Hastig sprang sie hoch und suchte nach ihrer Tasche. «Mein Gott! Das ist mir ja noch nie passiert. Ich bin schon da, bin schon da.» Und damit stürzte sie aus dem Raum.

Er und Less standen sich gegenüber.

«Hat Ihnen die alte Kellerassel die Ohren zugeklatscht?», fragte er bösartig, nur um sofort völlig betreten fortzufahren: «Oh, entschuldigen Sie, Herr Prottengeier! Kellerassel war nicht nett. Für ihr Alter ist sie ja noch ganz flott. Wenn man es reifer mag, meine ich.»

«Hören Sie schon auf», knurrte Prottengeier. «Sie stehen doch schon länger hier. Sie wissen doch genau, was los war.»

Mit aufgerissenen Augen sagte der Schauspieler unschuldig: «Herr Prottengeier! Ich bin vor einer Sekunde hier reingeplatzt. Wenn ich gewusst hätte, was hier ... da wäre ich doch nie ...»

•

Prottengeier winkte ab. «Sagen Sie mir lieber, wie ich hier wieder hinauskomme.»

«Natürlich, Herr Kommissar. Ich bringe Sie nach oben.»

Missmutig stapfte Prottengeier Less hinterher. Als er merkte, dass er die Teetasse immer noch in der Hand hielt, fluchte er leise.

• **12** •

«In raschen Jahren gehts wohl an, so um und um frei durch die Welt zu streifen; doch kömmt die böse Zeit heran, und sich als Hagestolz zum Grab zu schleifen, das hat noch keinem wohl getan.»

Hagestolz. Merkwürdiges Wort. War er ein Hagestolz? Wahrscheinlich.

«Mit Grausen seh ich es von weitem», antwortete Mephisto schaudernd.

Sich allein zum Grab schleifen, war das die Urangst, die alle zueinander trieb? Der Grund, warum die Questen sich ihm an den Hals warf? Mit gerunzelter Stirn sah er zur Bühne.

Ein scheußlicher Morgen. Eigentlich hätte er ins Kommissariat gemusst. Berichte schreiben. Aber er konnte auch hier sitzen und sich den Faust vorspielen lassen. Sparte er sich das Lesen.

Die Bühne war wirklich nur ein winziger Ausschnitt des Theaters. Der sichtbare Teil. Über ihr wölbte sich der Bühnenhimmel, und unter ihr wucherte die dämmrige Unterbühne. Mit seinem Fall ging es ihm genauso. Er sah nur einen Ausschnitt. Welcher Stein hatte das Ganze ins Rollen gebracht?

Er zwang sich, wieder auf die Bühne zu sehen. Faust und Gretchen gingen gerade ab, er hatte ihre Szene mit offenen Augen verschlafen. Mephisto und Marthe kamen wieder.

•

«Sagt grad, mein Herr, habt Ihr noch nichts gefunden? Hat sich das Herz noch nirgendwo gebunden?» Schmetterlingszart ließ sie ihre Finger über den Oberschenkel von Less gleiten. Daher hatte die Questen das also? Von der Bühne! Er musste grinsen.

Mephisto wand sich. Genau wie er eben. *«Das Sprichwort sagt: Ein eigner Herd, ein braves Weib sind Gold und Perlen wert.»*

Sie hatten sich geküsst ... Vielleicht einfach nur freundschaftlich. Die Questen hatte eine überbordende Phantasie. Oder war Less bisexuell? Und wenn, wieso interessierte ihn das überhaupt? Hatte es mit seinem Fall zu tun? Die Unfälle hingen mit den Menschen hier am Haus zusammen. Das war niemand von außen gewesen. Aber warum? Warum diese Unfälle?

«Ich meine: ob Ihr niemals Lust bekommen ...»

Jetzt ging sie aber ran. Schöner Hintern, selbst in dem braunen Probenkleid. Stand ihr sowieso besser als der bunte Sack. Er mochte keine merkwürdigen Verkleidungen. Elegant war seine Frau immer gewesen. Aber die Mann war eben nicht wie seine Frau. Ärgerte er sich deshalb so über sie? Weil sie so anders war? So fremd?

Wie sie sich über das kleine Eisengeländer lehnte, das den Garten markierte. Sich anbietend, fast schon vulgär. Sie trieb Mephisto ganz schön in die Enge. Aber das sollte wohl so sein.

«Stopp! Bitte Arbeitslicht», unterbrach Knoller und sprintete zur Bühne. Prottengeier duckte sich in seinem Sitz. Er hatte nicht Bescheid gesagt, dass er sich die Probe ansehen wollte. Vielleicht war es ihnen gar nicht recht. Aber niemand bemerkte ihn.

«Wir fangen nochmal von vorne an. Ein paar Kleinigkeiten», sagte Knoller zu den Schauspielern. «Sobald Karl und Hilde abgehen, müssen Peter und Magda schon da sein. Eine Kreisbewegung, versteht ihr? Und dann das Licht. Da ist nur ein Streifen. Seht mal. Szenenlicht bitte!»

•

Es wurde dunkler, und Prottengeier entspannte sich wieder. Wahrscheinlich war es völlig in Ordnung, dass er hier saß.

Mit weit ausholenden Gebärden erklärte Knoller die Lichträume. Peter Less lagerte mit auf die Hände gestütztem Kopf auf dem Bühnenboden. Sein Blick war streng auf Knoller gerichtet, ab und zu strich er sich unwillig die schwarzen Haare aus der Stirn.

Die beiden Frauen knieten neben ihm. Hilde Schmitz zupfte zusammengesunken an ihrem weißen Gretchenkleid und sah unglücklich aus. Was war nur los mit dem Mädchen? Immer wenn er sie sah, schien sie mit der ganzen Welt im Kampf zu liegen.

Magda kniete aufrecht mit nach vorne geneigtem Oberkörper. Alles an ihr wirkte wach, aufmerksam. Knoller winkte sie zu sich. «Sei heute noch vorsichtig mit dem Geländer. Es wird erst bei der nächsten Probe fest verschraubt. Dann kannst du darauf sitzen und dich auch nach hinten lehnen. Wir haben es extra aus Eisen gemacht, damit es bespielbar ist. Probier einfach mal rum.»

Sie nickte konzentriert und betrachtete das hüfthohe Geländer. Karl Brandner, der mit verschränkten Armen an der Gartenpforte stand, ließ sie keine Sekunde aus den Augen.

Zum ersten Mal konnte Prottengeier sie in Ruhe betrachten, die Schauspieler. Macbeth. Was das wohl für ein Vers war, den sie immer zitierten? Am Ende würde er den Shakespeare auch noch lesen müssen, wo er mit dem Goethe schon kaum nachkam. Für seine Allgemeinbildung wurde jedenfalls gesorgt.

Das Motiv, der Auslöser für die Tat? Da war also diese Zadurek. Eine Frau, die allgemein unbeliebt war. Mehr als unbeliebt. Verhasst. Die ihre Macht ausgenutzt hatte. Die Leute quälte und sogar Spaß daran hatte.

Und dann diese drei vorne auf der Bühne. Immer wieder tauchten sie auf, blieb er an ihnen hängen. Sie spielten sich dauernd in den Vordergrund. Magda, die als erste die Unfalltheorie bezweifelt hatte. Wach, neugierig, leidenschaftlich. Sie war dazu fähig, einen Mord zu begehen. Da war er sicher. Aber die Handschuhe, die der Mörder getragen hatte? Das passte nicht. Ein Mord im Affekt, ein plötzlicher Ausbruch, das traute er ihr zu. Aber etwas Geplantes, Vorsätzliches? Sie hatte recht sachlich mit ihm über die Zadurek geredet, sogar so etwas wie Verständnis für sie gezeigt. Zumindest hatte sie die Regisseurin nicht einfach nur als Monster abgestempelt wie die anderen.

Und sie hatte Karl Brandner überredet, ihm von seiner Beobachtung zu erzählen. Karl also. Ein schöner Mann. Und sonst? Jähzornig. Wie er sich gestern auf den Intendanten gestürzt hatte! Trotzdem. Hatte er so viel Interesse an der Realität? Auf ihn wirkte er immer leicht abwesend, ausschließlich mit seiner Rolle beschäftigt. Unwillig, wenn er gestört wurde. Sein größtes Interesse, seine Leidenschaft war die Bühne.

Er sah, wie Hilde Schmitz Karl beobachtete. War wohl verliebt, die Kleine. Wenn keiner hinsah, saugten sich ihre Blicke an ihm fest. Vielleicht war sie deshalb immer so unglücklich. Ihr traute er einen Mord überhaupt nicht zu. Sie war jemand, der das Leiden immer dem Handeln vorziehen würde.

Peter Less. Ein Planer. Der Witzigste der drei. Aber er hatte sich am meisten im Griff. Emotionen schienen ihm fast peinlich zu sein. Diese Liebesgeschichte, die er da erzählt hatte. Das Alibi für Hilde. Sein schmales Gesicht, das immer diesen leicht hochmütigen Ausdruck trug.

Peter und Karl standen während des Mordes auf der Bühne. Sie konnten den mörderischen Zug nicht gelöst haben. Aber trotzdem war er sicher, dass sie irgendwie darin verwickelt waren. Die zwei standen auch auf der Bühne, als der Eiserne herunterkam. Zufall? Magda. Sie hatte kein Alibi. Aber würde sie irgendetwas tun, was Karl und Peter schadete? Kaum.

•

Warum war er nur so überzeugt, dass die drei etwas damit zu tun hatten? Immer wieder lieferten sie die relevanten Informationen. Die Idee, dass es ein Mord gewesen sein musste. Die Beobachtung, dass jemand auf der Arbeitsgalerie war. Die Entlastung seiner ersten Verdächtigen. Immer war einer der drei aufgetaucht.

Und wenn er völlig falsch lag? Wenn es doch jemanden von außen gab? Den großen Unbekannten? An den hatte er noch nie glauben können. Er war auch nie aufgetaucht, in keinem seiner Fälle.

Aber dieser Hans-Theodor Warnak, von dem die Questen erzählt hatte? Den würde er unter die Lupe nehmen. Ein Freund von Magda. Wieder eine Verbindung zu den dreien. Die Zadurek war jetzt schon vier Tage tot, und er war nicht wesentlich weiter als zu Anfang. Die ersten drei Tage sind die entscheidenden. Da ergeben sich die ersten Spuren, die ersten Möglichkeiten.

Die Schauspieler nahmen wieder ihre Plätze ein. Knoller hüpfte zu seinem Regiepult zurück. «Die Szene bitte nochmal von Anfang an ...»

Jemand schrie. Laut. Unvermittelt brach der Schrei ab.

Die vier auf der Bühne erstarrten. Prottengeier sprang auf. Wie in einem Stummfilm drehte sich Knoller zum Zuschauerraum und sah ihn erstaunt an.

Im Theater wurde es laut. Türen klappten. Menschen rannten. Angespannt versuchte Prottengeier, die Geräusche zu orten. Rufe von unter der Bühne.

Die Unterbühne! Er rannte los. Sprang auf die Bühne, ohne sich um die erstaunten Schauspieler zu kümmern. Warf sich auf den Boden und zwängte sich durch die Souffleurmuschel.

Sofort war er in einer anderen Welt. Dämmrig. Still. Dann sah er sie.

Wie ein altes Stoffbündel lag sie am Fuß der Treppe. Seltsam verrenkt, wie eine weggeworfene Puppe. Das zu enge Kostüm war hochgerutscht und gab dicke, unförmige Beine frei, an denen, wie Fremdkörper, hochhackige elegante Schuhe hingen.

Sein Hals schnürte sich zusammen. Er tastete sich nach unten. Seine Beine fühlten sich schwer an, die Füße schienen an den Stufen festzukleben. Ein paar Techniker standen um die Frau herum. Erschreckte Gesichter, die hastig zurückwichen, als er unten ankam. Er sah sie nicht.

Er sah nur den verdrehten Körper. Bei dem Sturz hatte sich ihr Haarband gelöst. Dünne, mausfarbene Strähnen lagen über ihrem Gesicht. Die Augen waren weit geöffnet. Die wenigsten starben mit geschlossenen Augen.

Der Kloß in seinem Hals tat weh. Vor ein paar Minuten hatte sie noch mit ihm geredet, geflirtet. Hatte ihm von ihrer Angst erzählt. Geweint!

Er war schuld. Er hatte sie nicht ernst genommen. Er hatte in ihr nur eine dickliche, ältere Frau gesehen, die einsam war. Sich ihm an den Hals warf und wilde Geschichten erzählte. Er hätte irgendetwas tun müssen. Sie in Schutzhaft nehmen. Irgendetwas.

Er hatte sie gehen lassen, weil er sich ertappt gefühlt hatte. Weil er nicht wollte, dass Less dachte, er habe ein persönliches Interesse an ihr. Weil sie ihm auf die Nerven gegangen war. Dumm, eitel und kleinlich. Das war er. Seine Frau hatte Recht. Alle hatten Recht.

Er stöhnte auf. Am liebsten hätte er sich neben sie geworfen. War sie gestürzt? Die Treppe war steil. Warum war sie auf dem Weg nach unten gewesen? Die Probe lief doch noch. Vielleicht wollte sie nur zur Toilette, etwas trinken, ein Taschentuch holen? Oben redet Knoller, da wird sie nicht gebraucht. Die ersten Schritte, dann hört sie: Wir machen weiter. Die Szene von Anfang an! Sie erschrickt, dreht sich hastig um, will wieder nach oben, rutscht aus. Genickbruch. Die Spurensicherung alarmieren. Gibt es Spuren von äußerer Gewalteinwirkung?

Er kniete sich neben die Leiche und versuchte sich zu konzentrieren.

Schritte kamen näher. Stimmen. Der Intendant und die Schauspieler. Jetzt merkte er erst, wie still es bisher gewesen war. Die Techniker starrten ihn an wie ein Gespenst. Sie machten wortlos Platz für die Neuankömmlinge.

«Was ist passiert?», fragte der Intendant aufgebracht. Aggressiv sah er zwischen der Leiche und dem Kommissar hin und her, als würde er den Verantwortlichen suchen. Vielleicht hatte er den ja auch vor sich.

Prottengeier wandte sich in die Runde und sagte benommen: «Die Frau ist tot. Benachrichtigen Sie die Polizei. Sagen Sie, dass ich schon hier bin. Alles Weitere wird dann veranlasst.»

Knoller sah ihn mit offenem Mund an. Ein Techniker rannte los. Peter Less schrie: «Nein!» Prottengeier fuhr zu ihm herum. Der Schauspieler stammelte: «Nein, sie ist bestimmt nicht tot. So schnell stirbt man doch nicht!»

«Doch, Herr Less. So schnell stirbt man. Vor allem an diesem Theater!» Gereizt sah er, dass Less Tränen in den Augen hatte.

«Aber eben ... Ich habe doch gerade ...»

Dieses Arschloch. Gerade eben hatte er sie noch Kellerassel genannt. Und jetzt heulte er rum. Ihm wurde heiß vor Wut. Diese verdammte Mistbande!

«Komm da weg», murmelte die Mann und schob sich vor Less. Von der anderen Seite kam der Schönling und legte den Arm um seinen sichtlich verstörten Kollegen. «Wir gehen nach Hause, Peter.»

Prottengeier hörte sich brüllen: «Niemand geht nach Hause! Sie warten in der Kantine!»

●

«In Ordnung, Herr Prottengeier», sagte Magda ruhig. «Wir gehen in die Kantine und warten, bis Sie oder Ihre Leute mit uns sprechen wollen.»

Er sah sie an und atmete durch: «Danke. Bitte verlassen Sie jetzt alle den Keller. Die Spurensicherung wird gleich hier sein. Wir werden uns so bald wie möglich mit Ihnen unterhalten.»

Er würde noch eine Minute mit der Questen allein sein können. Still gingen alle hinaus.

• **13** •

Vorsichtig bewegte er seinen Kopf vor und zurück. Sein Nacken schmerzte entsetzlich. Jeder Muskel fühlte sich an, als sei er gewaltsam einzeln verknotet worden. Schwer ließ er sich an einen der Kantinentische sinken.

Außer dem Surren des Neonlichts war im Theater kein Laut zu hören. Gleich würde er sich einen Kaffee aus dem Automaten ziehen. Erst kurz sitzen. Einfach sitzen bleiben und an nichts denken. Es hatte keinen Sinn, nach Hause zu gehen. Er würde doch nicht schlafen können.

Keine Spuren, nichts. Bis auf die Murmeln. Sie hatten nach dem Abtransport der Leiche die gesamte Unterbühne durchgekämmt. Jeden Zentimeter im Umkreis der Treppe. Ihre Höhle. Nichts, nichts, nichts.

Nur die Murmeln. Glatte, bunte Murmeln, wie in seiner Kindheit. Vier Stück. Zwei direkt bei der Treppe, die beiden anderen in der Nähe ihrer Höhle. Die Murmeln von Mephisto.

Less spielte damit. In seiner Rolle. In einer Szene ließ er sie über die Bühne kollern. Kontext so was wie: Das Leben, ein Spiel. Dreimal hatte er ihm und seinen Kollegen die Szene sogar vorgespielt. Die Murmeln rollten jedes Mal unkontrollierbar über die Bühne. Gut möglich, dass die eine oder andere im Souffleurkasten verschwand, auf die Unterbühne rollte. Oder auf der Treppe liegen blieb.

Eine glatte, runde Murmel, ein Sturz im Dunkeln. Aber als er die schmale Treppe hochgestiegen war, waren da keine Murmeln gewesen. Das hätte er bemerkt. Auch der Questen wären sie beim Hochsteigen aufgefallen.

Also doch einfach nur ein simpler Unfall? Die dunkle Treppe, die Stöckelschuhe? Ein zufälliger, glatter Genickbruch, nicht ausgeschlossen aus dieser Höhe, aber auch nicht zwingend. Genauso gut hätte sie mit ein paar bösen Prellungen davonkommen können.

Aber sie war tot. Der zweite tödliche «Unfall». Direkt vor seinen Augen. Vielleicht hatte der Mörder nicht gewusst, dass er im Zuschauerraum saß. Niemand hatte es gewusst. Wäre es sonst gar nicht passiert? Nutzlos.

Die Questen steigt auf ihren Thron, setzt sich umständlich zurecht, schlägt ihr Textbuch auf, notiert vielleicht noch etwas. Einer der Schauspieler steht am Fußende des Souffleurkastens. Steigt ein paar Stufen hoch, deponiert lautlos die Murmeln. Damit sie ins Stolpern kommt.

Sie waren immer abwechselnd auf der Bühne gewesen. Zu zweit. Magda mit Peter oder Karl mit Hilde. Es war möglich.

Andererseits hätte jeder dort unten stehen können. Auch der große Unbekannte. Aber warum? Sie hatte Angst gehabt. Sie hatte etwas gesehen, an das sie sich nicht mehr erinnern konnte. Aber es wäre ihr irgendwann eingefallen. Vielleicht konnte der Mörder das nicht riskieren.

Müde stützte er den Kopf in die Hände. Einen Kaffee, damit er besser denken konnte. Wer hatte gewusst, dass sie etwas gesehen hatte? Less, falls er doch gelauscht hatte, als sie mit ihm sprach. Bestimmt hatte er gelauscht.

Vielleicht hatte sie es noch jemand anderem erzählt. Gut

möglich. Um sich wichtig zu machen, aus Angst, da gab es hundert Gründe. Alle hatten ausgesagt, dass sie seit dem Tod der Zadurek verändert gewesen sei. Vielleicht hatte das schon gereicht? Oder hatte sie dem Mörder gegenüber eine Andeutung gemacht?

Falls es überhaupt einen Mörder gab! Sie hatten nichts gefunden. Keine Spuren, keine Abdrücke, nichts. Bis auf die Murmeln, die harmlos in den Scheinwerfern der Spurensicherung glitzerten. Und für die es eine plausible Erklärung gab. Wenn man außer Acht ließ, dass gerade eine Morduntersuchung stattfand.

Less war auffallend schockiert gewesen. Mitgenommener als die anderen. Einsilbig. Dabei wirkte er sonst so beherrscht. Karl und Magda waren wie Krankenwärter um ihn herumgehuscht. Oder wie eine Leibwache? Als er alleine befragt wurde, standen sie vor der Tür. Diese Murmeln. Die Murmeln des Teufels...

«Störe ich?»

Erschreckt blickte er auf. Im Neonlicht sah sie bleich und übernächtigt aus. «Was machen Sie denn noch hier?» Er hatte sie nicht anfahren wollen, aber er hatte geglaubt, allein zu sein. Selbst die Spurensicherung war schon zu Hause. Und die Theaterleute hatte er schon vor Stunden weggeschickt. Warum stand sie nur so an der Tür herum?

«Karl hat Peter heimgebracht und ihm eine Schlaftablette gegeben», sagte sie müde.

«Wieso hat diese Sache Less mehr umgehauen als Sie und Brandner?»

«Hat sie das?», fragte sie ausweichend.

Für Spielchen war er wirklich nicht in Stimmung. «Kommen Sie, Frau Mann. Das war doch offensichtlich!»

«Vielleicht hat er noch nie eine Tote gesehen? Ich weiß es nicht. Ich kann nicht in seine Seele kriechen.»

«Sie wirken aber so, als könnten Sie genau das! Sie alle drei.»

Sie drehte sich um und knipste das Neonlicht aus. Die Straßenlaternen vor den Fenstern sandten ihr trübes Gelb in den Raum und lösten seine harten Konturen. Es tat gut, nicht mehr in das grelle Licht sehen zu müssen. Langsam kam sie auf ihn zu. «*Wann kommen wir drei uns wieder entgegen? In Blitz und Donner, oder im Regen? Wenn der Wirrwarr stille schweigt, wer der Sieger ist, sich zeigt.*»

Wirrwarr. Er fuhr hoch und fragte scharf: «Was ist das?»

Erstaunt blieb sie stehen. «Ein Vers aus Macbeth. Aus dem Treffen der Hexen. Warum?»

«Was bedeutet er?»

Verwundert sagte sie: «Es ist der Stückanfang. Die drei Hexen wollen Macbeth auf der Heide treffen und ...»

«Nein», unterbrach er. «Was bedeutet dieser Vers für Sie? Für Karl Brandner? Peter Less?»

«Für uns?» Ihr Erstaunen war echt. Sie überlegte kurz. «Das war das Erste, was wir gemeinsam auf der Bühne gesprochen haben. Jetzt ist es ein Freundschaftsversprechen, glaube ich. Es bedeutet für jeden von uns etwas anderes. Dass wir zu dritt sind, natürlich. Dass wir uns nicht unterkriegen lassen. Dass wir gewinnen. Im Leben. So was eben. Warum ist das wichtig?»

«Mona Questen hat mir davon erzählt. Sie hielt es für eine Geheimsprache.»

«Vielleicht ist es auch eine Art Geheimsprache. Ein Code. Aber eher für Gefühle. Es bekommt immer eine etwas andere Bedeutung, je nach Situation. Mona lauscht gern und versteht dann nur die Hälfte.» Sie setzte sich neben ihn und schloss kurz die Augen.

«Müde?», fragte er leise.

Sie nickte.

«Warum sind Sie eigentlich noch hier, Frau Mann?»

•

«Ich wollte wissen, wie es Ihnen geht.»

Perplex fragte er: «Mir?»

«Ich denke, es ist schwer, einen Beruf zu haben, bei dem man dauernd mit dem Tod konfrontiert ist.»

War es schwer? Es wurde nicht leichter, das stand fest. Die Stille der Körper. Die Gewalt. Aber schwer? Schwer war es, mit dem Gedanken zu leben, diese sinnlose Stille nicht verhindern zu können.

«Sie hatte Angst. Das hat sie mir kurz vorher gesagt.» Warum erzählte er ihr das? Sie war eine Verdächtige. «Ich hätte es verhindern müssen. Sie hat mir gesagt, dass sie Angst hat!»

«Wie hätten Sie es denn verhindern können?», fragte sie ruhig.

Das war ihm egal. Irgendwie.

«Vielleicht war es ja wirklich ein Unfall?»

Er lachte bitter. Sie rückte näher an ihn heran. Er konnte ihre Körperwärme spüren. Daran merkte er, wie kalt ihm war. Er fror doch fast nie. Übermüdung wahrscheinlich.

Sie sah ihn nicht an, als sie den Arm um ihn legte. «Warten wir auf den Tag», sagte sie leise. Er schloss die Augen.

«Wie heißen Sie eigentlich mit Vornamen, Herr Prottengeier?»

Er antwortete nicht. Er war eingeschlafen.

• 14 •

Ein knappes, vorschriftsmäßiges Lächeln, das Tablett mit dem Kaffee glitt auf den niedrigen Glastisch und die Intendanzsekretärin aus dem Raum.

Glatte Ledermöbel, in denen man hilflos versank. Es gab nur zwei Möglichkeiten. Entweder zurücksacken in wohlige Gefangenschaft oder auf der Kante kauern wie ein Huhn auf der Stange. Prottengeier entschloss sich zur Hühnervariante, da hatte er wenigstens den Kaffee in Reichweite. Und Kaffee war heute Morgen lebenswichtig.

Schmidthahn neben ihm startete ebenfalls Befreiungsversuche aus der Couch und schnaubte dabei wie ein Nilpferd. Lächelnd wurde er dabei von Knoller beobachtet. Der Intendant saß elegant und bequem auf dem einzig annehmbaren Stuhl im Zimmer. Sogar etwas erhöht, wahrscheinlich um das Minderwertigkeitsgefühl seiner Besucher zu steigern.

Der Kaffee war dünn. Prottengeiers Laune sank. Nach der unbequemen Nacht in der Kantine, dem hastigen Nachhausefahren und einer eiligen Dusche hätte er wenigstens anständigen Kaffee verdient gehabt.

«Herr Prottengeier, wann kann der Probenbetrieb wieder aufgenommen werden?», fragte Knoller, der frisch und ausgeruht aussah. «Sie wissen ja: Der Lappen muss hoch!» Dabei grinste er auch noch verschwörerisch.

«Heute nicht», beschied der Kommissar knapp.

Sofort verlor der Intendant alles Joviale. «Das geht nicht! Wir haben sowieso schon Zeit verloren. Die Umbesetzung, die Uminszenierung. Wir müssen den Premierentermin halten.»

Prottengeier zuckte die Achseln.

«Der Faust ist eine wichtige Premiere. Sogar der Ministerpräsident hat sich angesagt. Der Oberbürgermeister, die Presse. Wir müssen den Termin halten, und wir sind sowieso schon knapp. Wir können nicht noch mehr Zeit verschenken.»

Langsam ging ihm der Kerl auf die Nerven. In seinem Theater starben die Leute, und er faselte von verschenkter Zeit.

«Die Spurensicherung nimmt sich noch einmal die Unterbühne vor.»

«Aber das haben sie doch gestern schon den ganzen Tag gemacht!», fuhr Knoller auf.

•

«Wir werden diese verdammte Unterbühne so lange auf den Kopf stellen, bis wir alles gefunden haben, was es zu finden gibt.»

«Ja, aber meine Premiere ...», jammerte der Intendant.

«An Ihrem Haus sind zwei Frauen gestorben. Wir wissen nicht, was noch alles geschieht. Da interessiert mich Ihre Premiere einen Dreck», schnauzte Prottengeier. Er merkte, dass Schmidthahn ihn von der Seite musterte. Es war ihm egal. Er war müde, er hatte Kopfschmerzen, und er war sauer. Und er hatte einfach keine Lust mehr, diesen kleinen Wichtigtuer mit Samthandschuhen anzufassen. Und wenn ihm zehn Ministerpräsidenten die Bude einrennen würden.

Der Intendant schluckte. «Das ist eine furchtbare Geschichte, natürlich. Eine richtige Pechsträhne.»

«Zwei tote Frauen sind eine Pechsträhne?», fragte Schmidthahn interessiert. Prottengeier hätte ihn küssen können.

Mit rotem Kopf grummelte Knoller: «Das war unglücklich ausgedrückt. Aber Sie müssen das verstehen. Theater ist ein so sensibler Bereich. Im Licht der Öffentlichkeit. Das muss ich immer mitbedenken.»

«Wobei mitbedenken?», hakte Prottengeier nach.

«Bei allem ... Wie es wirkt. Auch für das Haus. Immerhin arbeiten wir mit öffentlichen Geldern. Aber natürlich bin ich sehr betroffen.»

Natürlich!

«Also heute keine Probe? Dann werde ich die Schauspieler nach Hause schicken müssen.»

«Das müssen Sie wohl, Herr Knoller», pflichtete Schmidthahn ihm bei. «Aber jetzt zur Sache. Wir haben Sie um ein Treffen gebeten, um über Frau Questen zu sprechen. Immerhin war sie ja eine langjährige Mitarbeiterin.»

Der Intendant seufzte: «Da werde ich Ihnen nicht weiterhelfen können. Ich kenne Frau Questen kaum.»

«Aber sie hat doch sehr lange hier gearbeitet?», fragte Schmidthahn überrascht.

«Natürlich. Fast vierzig Jahre, sagte mir meine Sekretärin. Ich selbst leite dieses Theater allerdings erst seit fünf Jahren. Und ob mein Vertrag jetzt noch verlängert wird ...» Verlegen brach Knoller ab.

Daher wehte der Wind. Der Kerl hatte Angst um seinen Job. Deshalb das Gequatsche über die Öffentlichkeit.

«Fünf Jahre sind doch auch schon eine lange Zeit», probierte es Schmidthahn weiter.

Knoller überlegte. «Ich weiß wirklich wenig. Sie hat ihre Arbeit ganz gut gemacht. Immer pünktlich. Recht zuverlässig. Obwohl sie Schwierigkeiten hatte, zwischen Texthängern und Kunstpausen zu unterscheiden. Da mangelte es ihr an Gespür. Ansonsten ... Ich kann Ihnen wirklich nicht helfen.»

«Aber Sie haben fünf Jahre mit der Frau gearbeitet. Da müssen Sie doch irgendetwas über sie wissen?», bohrte Schmidthahn.

«Ich weiß wirklich nichts.»

«Wer mochte sie? Mit wem hatte sie Umgang? Wer könnte ein Motiv haben? Gab es mit jemandem Streit?», schlug Schmidthahn vor.

Die Geduld des Intendanten war offensichtlich aufgebraucht. Nervös fuhr er ihn an: «Ich weiß nichts! Ich interessiere mich nicht für Souffleusen und Techniker. Ich habe dreihundertfünfzig Mitarbeiter. Wir sind eine Firma, wir stellen Kultur her. Unsere Mitarbeiter sind der menschliche Faktor, den man nicht umgehen kann. Bei den Schauspielern ist das anstrengend genug, kann ich Ihnen sagen.»

Prottengeier nickte freundlich. Jetzt wusste er endlich genau, warum er den Intendanten nicht mochte. Es war angenehm, dass sich das Gefühl konkretisierte. Fast wohlwollend meinte er: «Kann ich mir vorstellen.»

Der Intendant entspannte sich sichtlich. «Schauspieler! Seien Sie froh, wenn Sie so wenig wie möglich mit ihnen zu tun haben.» Vertraulich senkte er die Stimme. «Ich weiß, wovon ich spreche. Was ich mir alles über Gefühle und Befindlichkeiten anhören muss! Und diese dauernden Diskussionen! Statt dass sie einfach tun, was man ihnen sagt. Und dann soll man sie auch noch immer tätscheln und loben. Dieses Menscheln steht mir manchmal bis hier. Und jetzt auch noch Mord.»

«Sie glauben also, die Schauspieler haben etwas mit den Unfällen zu tun?», fragte Prottengeier.

Knoller lachte bitter. «Wer sonst?»

«Haben Sie irgendeinen Verdacht? Einen Hinweis, wer darin verwickelt sein könnte? Die Indizien sind mager. Wir brauchen jede noch so dünne Spur», insistierte Schmidthahn. «Ist Ihnen etwas aufgefallen? Verändertes Verhalten? Seelische Anspannung?»

Knoller rieb sich die Stirn und sah ins Leere. Zögernd meinte er: «Vielleicht sollten Sie da besser mit Frau Schwarz reden. Meiner Sekretärin. Sie weiß alles, was im Haus vorgeht, und informiert mich regelmäßig.»

Prottengeier sah kurz zu Schmidthahn. Der hievte sich sofort aus der Couch und fragte: «Ist sie im Vorzimmer?» Nach Knollers Bestätigung warf er ein frisches «... wolln wir mal keine Zeit verlieren» in die Runde und verließ den Raum. Neidisch sah Prottengeier ihm nach. Die Sekretärin war bestimmt ergiebiger als ihr wichtiger Chef.

«Trotzdem muss ich Sie bitten, Herr Knoller, nochmals nachzudenken. Ist Ihnen gar nichts aufgefallen?»

Wieder rieb sich der Intendant die Stirn. Durchblutungsstörungen, folgerte Prottengeier bösartig.

«Es ist schwierig. Die Schauspieler sind ja alle schon von Berufs wegen emotional. Im schlimmsten Fall hysterisch.

Aber so konkret ... Als bekannt wurde, dass der Tod von Frau Zadurek ein Mord war, wurden alle nervös. Ich hatte gerade Probe mit Karl, Peter und Magda.»

An Magda Mann wollte er nicht denken. Die Nacht in der Kantine. Er war eingeschlafen. Als er aufwachte, hielt sie ihn in den Armen. Peinlich berührt hatte er sich losgemacht. War schnell aufgebrochen, mit einem flauen Gefühl im Magen. Unwirsch schüttelte er sich.

Knoller war wirklich nicht sehr hilfreich. «Ich weiß, ich bin keine große Hilfe», meinte er wie auf Stichwort.

Prottengeier nickte.

«Aber ich schwöre Ihnen, dass ich ab sofort meine Augen offen halten werde. Mord in meinem Haus! Es ist unfassbar.» Der Gedanke nahm ihn sichtlich mit. Mehr jedenfalls als der Gedanke an die beiden Toten.

«Obwohl ich mir bei der Questen einen Mord einfach nicht vorstellen kann. Sie war so unauffällig. So jemand wird doch nicht ermordet. Und ich sehe auch absolut keinen Zusammenhang zwischen der Zadurek und der Questen», fuhr Knoller mit einem hilflosen Achselzucken fort.

«Der zweite Unfall als Verdeckungstat des ersten wäre ein Zusammenhang. Aber momentan haben wir noch nicht einmal einen Hinweis darauf, dass es sich bei Mona Questen ebenfalls um Fremdverschulden handelt», antwortete der Kommissar.

«Aber was ist mit dem Eisernen? Vielleicht hat Triller ja Recht, und es treibt sich ein Wahnsinniger im Haus herum. Jemand, der das Theater hasst? Oder mich? Einfach so lange Katastrophen produziert, bis ich gehen muss?»

Fast ängstlich sah er den Kommissar an, der ungerührt sagte: «Alles ist möglich, Herr Knoller.»

«Vielleicht bin ich selbst in Gefahr?» Seine Augen weiteten sich vor Schreck.

•

Prottengeier fühlte Panik in sich hochsteigen. Was stand ihnen noch bevor? Der Unfall der Questen war vor seinen Augen passiert. Der Mörder war entweder skrupellos oder unvorsichtig. Hoffentlich Letzteres, denn dann gab es eine reelle Chance, ihn bald zu erwischen. Bevor noch mehr geschah.

«Wir werden die Polizeipräsenz im Haus natürlich verstärken», versuchte er den Intendanten zu beruhigen. Obwohl er keine Ahnung hatte, wie er das bewerkstelligen sollte. Das Haus war riesig. Am liebsten würde er es dichtmachen, bis sie den Mörder hatten. «Und wir werden natürlich jeder Spur nachgehen, jeden Stein zweimal umdrehen.»

«Hans-Theodor Warnak», trumpfte Knoller aufgeregt auf. «Wenn Sie jemand suchen, der mich hasst. Warum ist mir das nur nicht früher eingefallen?»

Warnak! Von dem hatte die Questen auch gesprochen. «Wer ist dieser Warnak?», fragte Prottengeier gespannt.

«Ein alter Schauspieler. Trauriger Fall eigentlich. Alkoholprobleme, nicht mehr zuverlässig einsetzbar. Magda hat sich immer wieder für ihn verwandt, da haben wir es wider besseres Wissen noch einmal mit ihm versucht. Ein Fiasko, kann ich Ihnen sagen! Hat einfach die Produktion gesprengt. War betrunken, hatte Textprobleme, dazu noch renitent. Moment!»

Aufgeregt sprang Knoller auf und stürmte in sein Vorzimmer. Als er zurückkam, blätterte er in einer Akte. «Da haben wir es», murmelte er befriedigt. «Hans-Theodor Warnak. Geboren 1932. Also schon siebzig. Müsste längst in Pension sein. Aber diese alten Schauspieler muss man einzeln totschlagen. Die wollen doch auf der Bühne sterben. Klöppelstraße 12. Die Adresse stimmt wohl noch. War zehn Jahre fest am Haus, dann sieben Jahre fester Gast. Hat Hausverbot seit vergangenem Jahr, hält sich aber nicht daran, wie mir Frau Schwarz zugetragen hat.»

«Und warum Hausverbot?», wollte Prottengeier wissen.

«Der Mann hat eine Produktion platzen lassen. Er hat Frau Zadurek bedroht! Und ich glaube, mit der Questen war auch so eine Geschichte ... Aber da müssen Sie mit Frau Schwarz sprechen. Das ist doch ein Kandidat, oder?» Erwartungsvoll setzte sich Knoller wieder. «Er ist auch von außen ...»

Und seine Verhaftung würde den Theaterbetrieb nicht stören, ergänzte Prottengeier stumm. Noch dazu ein Schauspieler. Und die schien Knoller ja nicht sonderlich zu mögen. Wirklich ein perfekter Kandidat. Ein alter Mann. Allerdings war für keinen der Unfälle Kraft oder Wendigkeit nötig. Er würde heute noch mit diesem Warnak sprechen.

Schmidthahn kam zur Tür herein und machte Zeichen mit den Händen. Prottengeier und Knoller sahen ihm erstaunt zu. Als er merkte, dass sie seine diskreten Bemühungen nicht verstanden, räusperte er sich verlegen. «Entschuldigen Sie die Störung, aber wir müssen los, Herr Prottengeier.» Als der ihn nur überrascht ansah, deutete Schmidthahn auf sein Handy, das er noch in der Hand hielt, und meinte vage: «Neue Entwicklungen.»

Mit Schwung entkam der Kommissar der krakigen Couch und, nach höflichen Abschiedsfloskeln, auch dem Intendanten.

Im Flur sagte Schmidthahn eifrig: «Wir haben den Fotografen. Der die Pornos geschossen hat.»

Überrascht blieb Prottengeier stehen. Sein Kollege wühlte sein riesiges Taschentuch heraus und wischte sich die Stirn. Wieso schwitzte dieser Mann nur dauernd?

«Der kleine Pulch hat die Fotogeschichte abgearbeitet. Fixes Kerlchen. Hat alle Fotografen und Hobbyfotografen im Umkreis der Zadurek überprüft. Ansehnliche Liste. Ist auf eine heiße Spur gestoßen. Maximilian Fleischer, der Theaterkritiker. Macht die meisten Fotos zu seinen Berichten selbst. Das wird zwar nicht so gerne gesehen, vor allem nicht von den Fotografen, aber der Mann ist Chefkritiker.»

Nachdenklich ging Prottengeier weiter. Theaterkritiker, nicht schlecht, vielleicht würden sie da über die Fotos hinaus noch auf einiges stoßen.

«Moment, Chef», schnaufte Schmidthahn hinter ihm. Dieses Chef-Getue ging ihm langsam auf die Nerven.

Schmidthahn holte ihn wieder ein und fuhr vorwurfsvoll fort: «Wirklich fix, der kleine Pulch. Geht mit einem Foto der Zadurek zur Vermieterin von diesem Fleischer, die im selben Haus lebt. Ob sie die Frau kennt. Kam wohl eine ganze Zeit mehr oder weniger regelmäßig. Spätabends. Wann sie gegangen ist, wusste sie nicht. Das wissen wohl nur die Vögel ...»

Jetzt grinste er auch noch anzüglich. Wie konnte ein Mensch nur so schwitzen und gleichzeitig zotig sein. Dabei war er ein guter Mitarbeiter. Er durfte nicht ungerecht sein.

«Hey, Chef?» Und dann dieses dauernde: Chef! Schmidthahn nannte keinen anderen Ermittlungsleiter so. Das sollte wohl eine versteckte Kritik an ihm sein. An seiner Distanz, seiner Ungeduld.

«Chef? Alles in Ordnung?», fragte Schmidthahn besorgt.

Erschrocken fuhr er zusammen. Hatte er wieder gestarrt? Schnell gab er ein unverbindliches «Hhm» von sich. Zu gut erinnerte er sich an ein Gespräch Schmidthahns mit seinen Kollegen, das er einmal unfreiwillig belauscht hatte: «Steht da und starrt mich an wie ein Toter. Ich hab gedacht, Kollege Prottengeier fängt das Spinnen an. Der ist krank. Im Kopf.»

Er hatte sich vorgenommen, nie mehr zu starren, sich in Gedanken zu verlieren. Aber es passierte ihm immer wieder. Übermüdung wahrscheinlich. Abrupt wandte er sich ab und ging auf den Polizeiwagen zu. Hinter ihm setzte sich Schmidthahn in Trab und keuchte: «Wohin Chef? Warnak oder Fleischer?»

«Zuerst den Zeitungsfritzen», antwortete Prottengeier griesgrämig.

Sobald er im Wagen saß, wusste er, dass er einen schrecklichen Fehler gemacht hatte. Schmidthahn fuhr mit quietschenden Reifen los, und Pottengeier schloss gottergeben die Augen. Wie konnte er nur immer wieder vergessen, dass es eine Strafe war, mit Schmidthahn zu fahren?

Mit zusammengebissenen Zähnen fragte er: «Was wissen wir über diesen Maximilian Fleischer?»

«Fünfzig Jahre alt, unverheiratet, Leiter des Feuilletons, momentan wegen Grippe beurlaubt und zu Hause. Er weiß nicht, dass wir kommen», antwortete Schmidthahn fröhlich und brauste gut gelaunt um die Kurven. Prottengeiers Magen hob sich.

«Etwas langsamer», knurrte er. Schmidthahn lachte und schnitt die nächste Kurve noch flotter. Prottengeier umklammerte den Handgriff.

«Sein besonderes Steckenpferd ist das Theater. Schreibt die meisten Kritiken selbst und mischt in der Kulturpolitik mit ... Jetzt mach aber mal, du Schnecke!», schrie Schmidthahn plötzlich gegen die Windschutzscheibe. «Jetzt sehen Sie sich mal die Mutti an!», forderte er Prottengeier auf. Der sah dankbar einen roten Opel mit vorschriftsmäßiger Geschwindigkeit vor ihnen herzockeln. «Die hat doch den Führerschein im Lotto gewonnen, die Mutti», schimpfte Schmidthahn weiter.

Prottengeier entkrampfte seine verspannten Muskeln und sandte einen stummen Dank zu der Fahrerin. «Fanden Sie nicht auch, dass Peter Less gestern seltsam war?», fragte er Schmidthahn, der wütend durch die Scheibe starrte und versuchte, den vorausfahrenden Wagen durch Willenskraft von der Straße zu beamen.

«Seltsam? Na, immerhin gab's eine Tote», antwortete Schmidthahn, nicht ganz bei der Sache.

●

«Die anderen waren auch geschockt, aber bei Less hatte ich den Eindruck, es trifft ihn am meisten», meinte Prottengeier nachdenklich.

Schmidthahn fluchte nur: «Mach dich doch endlich vom Acker!»

«Eigentlich wollte ich mit Knoller darüber reden. Immerhin kennt er Less gut. Aber als der vom ‹menschlichen Faktor› anfing, den man ‹hinnehmen muss›, dachte ich, dass es keinen Zweck hat», fuhr Prottengeier fort und betrachtete betrübt den Opel, der den Blinker gesetzt hatte.

«Na endlich», seufzte Schmidthahn und gab Gas. «Dieser Knoller ist ein Hammer, oder? Der arbeitet jahrelang mit den Leuten, und weiß nix über die. Interessiert sich einfach nicht dafür. Das ist doch ein Hammer, oder?»

«Das gibt es öfter», stöhnte Prottengeier, der sich in den Sitz presste und nach seinem Haltegriff tastete.

«Ich hab einfach gedacht, unter Künstlern läuft das anders», meinte Schmidthahn munter und ließ die Reifen quietschen. Prottengeier schloss die Augen.

«Die sind ganz schön mutig, die Schauspieler, was?», fügte er unvermittelt hinzu. Prottengeier öffnete erstaunt die Augen. «Jeden Abend vor 600 oder 700 Leuten zu stehen und sich angaffen lassen. Also, ich finde das mutig.»

«Die sind daran gewöhnt, das macht denen nichts aus», meinte Prottengeier, der sich mühsam festhielt, um nicht hin und her geschleudert zu werden.

«Glaub ich nicht», entgegnete Schmidthahn fröhlich. «Da gewöhnt man sich nicht dran. Das macht man, obwohl man Angst hat. Kenn ich doch von meinem Schwager. Der ist Pilot und sagt, die Angst, dass was passiert, verliert er nie. Na und Sie? Sie haben doch auch jedes Mal Angst, wenn Sie nicht wissen, was da noch alles kommt. Sind Sie auch nicht dran gewöhnt, aber Sie machen's trotzdem ...»

•

«Schmidthahn!», stöhnte sein gestresster Beifahrer. «Das ist eine Dreißigerzone. Wohngebiet!»

Widerwillig drosselte Schmidthahn das Tempo und hielt vor einem gepflegten Einfamilienvorgarten an.

«Hier wohnt er. Gute Arbeit von Pulch, was?»

Prottengeier nickte abwesend und kletterte so schnell wie möglich aus dem Wagen. Auf dem Bürgersteig holte er tief Luft und sagte erschöpft: «Sie sind wirklich ein entsetzlicher Fahrer, Schmidthahn.»

Der Dicke strahlte. «Vielen Dank, Chef.»

Der schlaksige Fünfziger mit grauen Schläfen und Samtbademantel, der ihnen die Tür öffnete, war ganz offensichtlich erkältet. Aus rot geränderten Augen warf er einen misstrauischen Blick auf ihre Dienstausweise, bevor er sie niesend hereinbat.

Neugierig sah sich Prottengeier in der Schöner-Wohnen-Welt des Journalisten um. Gepflegtes Parkett harmonierte mit einigen auserlesenen Stilmöbeln und italienischen Halogenlämpchen. Bücherschränke voller Prachtausgaben und Kunstbände spiegelten sich in Chrom und Glas. Er konnte den Unterschied zu seiner verstaubten Aquarienwelt sogar riechen.

Die Lifestylecouch, zu der sie der verquollene Journalist dirigierte, erwies sich nach vorsichtigem Ausprobieren als erstaunlich bequem.

Schmidthahn eröffnete abrupt das Gespräch: «Herr Fleischer, wie wir erstaunlicherweise erst jetzt erfahren haben, hatten Sie näheren Kontakt zu der verstorbenen Frau Zadurek?»

Mit herabgezogenen Mundwinkeln, was ihm etwas penetrant Beleidigtes gab, näselte Fleischer: «Ich wüsste nicht, was Sie das angeht.»

Schmidthahns dickes Gesicht floss fast über vor Wohlwollen: «Aber Herr Fleischer! Im Umfeld eines Mordes geht die Polizei doch fast alles etwas an. Sie waren über unser Auftauchen ja auch nicht sonderlich überrascht.»

Verärgert zog der Feuilletonchef die Mundwinkel noch weiter nach unten und fragte säuerlich: «Womit kann ich Ihnen helfen?»

«Sie haben Fotos von Frau Zadurek gemacht?», fragte Schmidthahn.

«Fotos?»

«Kommen Sie, Herr Fleischer! Pornofotos würde ich das nennen. Daran werden Sie sich doch wohl erinnern.»

Schmidthahns jovialer Ton schien Fleischer gehörig zu stören. Seiner Missbilligung wurde leider von ein paar unpassenden Niesern die Schärfe genommen: «Das ist keine Straftat ... hatschi ... und deshalb dürfte Sie das ... hatschi ... kaum etwas angehen.»

Schmidthahn strahlte jetzt geradezu vor Freundlichkeit. «Die Fotos sind also tatsächlich von Ihnen.» Der Journalist kniff die Lippen zusammen, und Schmidthahn fuhr gelassen fort: «Ob Sie sich gerne den Arsch versohlen lassen, geht uns nichts an. Im Normalfall interessiert es uns noch nicht einmal besonders.»

Fleischer warf arrogant den Kopf in den Nacken und betrachtete den dicken Kommissar angewidert. Schmidthahn störte das nicht im Geringsten.

«Wissen Sie, die Bettgeschichten anderer Leute sind meist nicht besonders appetitlich. Aber wenn jemand stirbt, müssen wir den Dreck unterm Teppich vorkehren. Also: Haben Sie sich alleine mit ihr getroffen, oder waren andere dabei? Hatten Sie Kontakt zur Szene?»

«Wovon reden Sie, um Himmels willen?», fragte der Journalist empört.

«Die Sado-Maso-Szene», antwortete Prottengeier schnell,

der sich fragte, ob es Schmidthahn mit seinem Bullen-Jargon nicht übertrieb.

«Kommen Sie, Fleischer», schaltete sich Schmidthahn wieder ein. «Davon werden Sie doch schon gehört haben. Ich meine, bei den Fotos, die Sie so schießen, sind Sie wohl nicht gerade ein Chorknabe. In der Szene verkehren ja nicht nur harmlose Journalisten. Und bei Mord! Sie verstehen, dass wir da nachhaken.»

Mit aufgerissenen Augen entrüstete sich der Journalist: «Ich bitte Sie! Ich in einer halbkriminellen Szene? Und auch Frau Zadurek ...? Was unterstellen Sie da?»

«Also keinen Kontakt zur Szene?», fragte Schmidthahn sachlich. Er bekam ein entsetztes Kopfschütteln zur Antwort. Offensichtlich war der Bullen-Jargon genau der richtige Ton. Prottengeier lehnte sich zurück und beobachtete seinen Kollegen. Er fand ihn gut in Form.

«Sie können sich auf uns verlassen, wir werden alles so diskret wie möglich behandeln», versprach Schmidthahn gerade begütigend. «Obwohl es natürlich leichter gewesen wäre, wenn Sie gleich zu uns gekommen wären und uns von Ihrer Beziehung erzählt hätten. So ist das natürlich schwieriger mit der Diskretion ...»

«Aber ich bitte Sie, meine Herren», begehrte der blasse Fleischer auf. «Eine reine Privatsache, die mit Sicherheit nichts mit dem Mord zu tun hat. Warum hätte ich Sie damit belästigen sollen?»

Jetzt seufzte Schmidthahn, und sein Lächeln wurde eher bedauernd. Prottengeier fand ihn immer besser. «Sie hätten uns viel Mühe erspart. Allein die Nachfragen in der Szene, die Überprüfung der anderen Fotografen ... Wesentlich weniger Leute hätten über die Fotos Bescheid gewusst.» Wieder seufzte er und fuhr scheinheilig fort: «Wir waren kurz davor, Informationen darüber an die Presse zu geben.»

●

Der Journalist verlor den letzten Rest Farbe und schien in seinem eleganten Bademantel zu schrumpfen. Fast tat er Prottengeier Leid. Dieses Gespräch passte so gar nicht zu der gepflegten, intellektuellen Atmosphäre, die er um sich geschaffen hatte. Aber hatte dieser distinguierte Schwächling mit seinen harten Vorlieben tatsächlich etwas mit den Unfällen zu tun? Der Mann hatte keine Nerven. Fiel einfach auf Schmidthahns Behauptungen herein.

«Also kein Kontakt zur Szene, wie Sie sagen», bohrte Schmidthahn weiter. «Werden wir überprüfen müssen. Diskret, versteht sich. Wie steht's denn mit privaten Motiven? Keinen Spaß mehr an der Peitsche, und sie nahm das übel? Hat sie versucht, Sie zu erpressen? Fotos an Ihre Redaktion geschickt? Erzählen Sie doch mal ein bisschen.»

Der Frontalangriff schien Fleischer die Sprache zu verschlagen. Er musste mehrmals tief Luft holen. «Was Sie da unterstellen, ist ungeheuerlich! Ich habe ein Alibi für die Tatzeit.»

«Um die genaue Tatzeit und ein Alibi haben Sie sich also schon gekümmert?», unterbrach ihn Schmidthahn freundlich. «Aber die Idee, zu uns zu kommen, hatten Sie nicht?»

«Ich habe Ihnen doch gesagt, das war alles rein privat. Außerdem haben wir uns schon vor mehreren Monaten getrennt ...»

«Warum?», unterbrach Prottengeier.

Von zwei Gegnern sichtlich überfordert, murmelte der gestresste Journalist: «Das ist privat.»

«Privat, privat! Kommen Sie nicht dauernd mit privat. Wir untersuchen einen Mord. Da gibt es kein privat!», schnauzte Schmidthahn, dem das Ganze offensichtlich immer mehr Vergnügen bereitete. «Beantworten Sie die Frage meines Kollegen! Warum haben Sie und Frau Zadurek sich getrennt?»

Jetzt schien der Journalist genug zu haben. Würdevoll erhob

er sich aus seinem Sessel und baute sich vor den Polizisten auf. «Sie kommen zu mir nach Hause, stellen mir intime Fragen, beleidigen mich. Jetzt reicht es. Ich bin durchaus bereit, mit der Polizei zusammenzuarbeiten. Aber nicht so, meine Herren. Nicht so! Ich werde mich über Sie beschweren.»

Ohne Fleischer aus den Augen zu lassen, neigte sich Schmidthahn zu Prottengeier hinüber: «Was glauben Sie, ist unser Freund hier so beliebt, dass sich seine Kollegen eine gute Story entgehen lassen? Oder die Konkurrenz?»

Entgeistert sank Fleischer wieder in seinen Sessel und sagte tonlos: «Sie drohen mir?»

«Ein Schnellmerker», feixte Schmidthahn.

«Das sind ... Gestapomethoden!», konnte der Journalist nur noch hauchen.

«Mal langsam in puncto Gestapo», erwiderte Schmidthahn ungerührt. «Da verstehen Sie was falsch. Die anderen sind die Mörder. Wir sind die Guten.»

Prottengeier griff ein. «Herr Fleischer, aus Ihrem bisherigen Verhalten können wir nicht schließen, dass Sie bereit sind, freiwillig mit der Polizei zusammenzuarbeiten. Wir untersuchen mittlerweile zwei Unfälle mit Todesfolge. Wir wissen nicht, ob und wann ein dritter erfolgen wird. Das macht uns ausgesprochen unruhig.»

Der Journalist sah zu Boden und studierte angelegentlich eine Perserbrücke. In den Teppich hinein murmelte er schließlich: «Verstehe.» Er hob den Kopf und sagte ruhiger: «Die Redaktion hat mich heute Morgen angerufen. Sie wollen über den Tod der Souffleuse berichten. Schließlich handelt es sich quasi um unser Haustheater. Heute Nachmittag habe ich einen Termin beim Intendanten.»

«Kannten Sie Frau Questen?», fragte Prottengeier.

«Ich habe einmal eine Reportage über ihre Arbeit gemacht. Sie und ihre Kollegin interviewt. Aber darüber hinaus?» Er schüttelte den Kopf. «Nein. Ich habe sie natürlich öfter gesehen, wenn ich im Haus war. So habe ich auch Pia kennen gelernt.» Am Hals des Journalisten bildeten sich rote Flecke.

«Wie sah denn nun Ihre Beziehung zu Frau Zadurek aus, und warum wurde sie beendet?», fragte Prottengeier möglichst neutral.

Fleischer, dem das alles sichtlich peinlich war, erzählte stockend: «Es war eine, wie soll ich sagen ... eher sexuell motivierte Gemeinsamkeit. Die Tatsache, dass ich ihre Arbeit rezensierte, machte das natürlich etwas heikel.» Nach einer kurzen Pause fuhr er hastig fort: «Meine Rezensionen hatten nichts mit unserem Privatleben zu tun. Ich habe sie als Künstlerin geschätzt. Ihre Arbeiten hatten diese Redundanz, die plötzlich von emotionalem Feuer gebrochen wurde ... und wie sie immer wieder die mögliche Trivialität des Intellekts hinterfragte, doch ... Ich habe sie geschätzt.»

Prottengeier betrachtete ihn wortlos.

Zögernd fuhr Fleischer fort: «Trotzdem wollten wir beide nicht, dass die Beziehung sozusagen öffentlich würde ...»

«Sie haben Ihre Beziehung also verheimlicht?», fragte Schmidthahn, dem deutlich anzusehen war, dass dieser blasse, gepflegte Intellektuelle ihm auf die Nerven ging.

«Das ist eine etwas zu krasse Formulierung», korrigierte Fleischer. «Wir waren auf unsere Intimsphäre bedacht, würde ich sagen. Wir haben uns zum Beispiel eher bei mir als bei ihr getroffen. Nicht so nah an der Innenstadt, wissen Sie. Sie kam recht spät und ging sehr früh. Das hatte nichts mit Heimlichkeit zu tun. Ihr war Diskretion auch lieber, vor allem nach der Auseinandersetzung mit dem Ensemble.»

«Was für eine Auseinandersetzung?», wollte Prottengeier wissen.

«Nichts Besonderes», meinte Fleischer wegwerfend. «Ein paar unzufriedene Schauspieler hatten gekündigt und behauptet, die Arbeit mit ihr sei unmöglich. Sich über ihren angeblich autoritären Führungsstil beschwert. Das Ganze ging an die Öffentlichkeit, und der Intendant fürchtete um den Ruf des Hauses.»

«Und?»

«Natürlich war das alles lächerlich. Schauspieler sind nun einmal Gefäße der Regie, des Konzepts, des Autors. Pia war bestimmt auf ihre Art autoritär, aber immer im Dienste der Kunst. Den Adel des Intellekts gewinnt man eben durch den Verzicht auf Skrupulösität», erklärte der Kritiker selbstgefällig.

Schmidthahn war daran offensichtlich völlig uninteressiert. «Was war denn nun?», fragte er ungeduldig.

Der Journalist hob die Augenbrauen und berichtete blasiert: «Ich habe natürlich einen Artikel darüber verfasst und Knoller öffentlich aufgefordert, sein Ensemble zu maßregeln. Es kann ja nicht angehen, dass Schauspieler den Stil eines Hauses ins Wanken bringen. Oder dass eine außerordentlich talentierte Künstlerin öffentlich angegriffen wird.»

«Und das wäre natürlich nicht so wirkungsvoll gewesen, wenn jeder gewusst hätte, dass der Liebhaber der außerordentlich talentierten Künstlerin den Artikel geschrieben hat», kommentierte Schmidthahn trocken.

Der Journalist nickte gequält.

Sie hatte also einen Hausschreiber gehabt. Ob sie deshalb mit ihm ins Bett gestiegen war? Auf jeden Fall waren sie wohl verwandte Seelen, nicht nur was ihre sexuellen Vorlieben betraf. Dieser Fleischer ging zwar am Theater ein und aus, aber dass er wirklich etwas mit den Unfällen zu tun hatte, bezweifelte Prottengeier immer stärker.

«Und warum die Trennung, wo Sie sich doch so geschätzt haben?», wollte Schmidthahn mit merklichem Sarkasmus in der Stimme wissen.

●

Die hektischen Flecke an Fleischers Hals wurden dunkler und schienen höher zu kriechen. «Das hat nun wirklich nichts mit dem Mord zu tun», näselte er, und sein Blick floh wieder in die Perserbrücke.

«Das zu beurteilen, müssen Sie schon uns überlassen», meinte Schmidthahn und setzte sich breitbeiniger hin.

Den Journalisten hielt es nicht mehr im Sessel. Verlegen sprang er auf und stellte sich vor seine Bücherregale. Fast zärtlich streichelte er die Buchrücken und sagte wie zu sich selbst: «Sie ist tot ... Da schadet es ihr ja nicht mehr ...»

«Nein», bestärkte ihn Prottengeier sanft.

Ohne die beiden Kommissare anzusehen, flüsterte Fleischer: «Sehen Sie, es ging um den Hund ... Daisy, ein Golden Retriever. Ein wunderschönes Tier. Meine Vermieterin geht gerade mit ihr Gassi. Wegen meiner Erkältung.»

«Kommen Sie, den Hund würden wir sowieso nicht vernehmen. Worum geht's?», unterbrach ihn Schmidthahn rüde.

Der Journalist funkelte ihn wütend an und wandte sich ostentativ an Prottengeier: «Um es kurz zu machen, sie ... sie wollte den Hund in unser Sexualleben mit einbeziehen. Nicht, dass ich prüde wäre, aber ... Daisy gehörte meiner Mutter!»

Sein Hals war mittlerweile ein einziger hektischer Fleck. Er tat Prottengeier fast Leid, vor allem als Schmidthahn feixend fragte: «Das war der Grund für die Trennung? Daisys Unschuld?»

Fleischer ließ sich schwer in seinen Sessel fallen und nestelte ein Taschentuch vor. «Für Sie mag das lächerlich klingen ...»

«Gut, Herr Fleischer», erlöste ihn Prottengeier. «Soweit ich das beurteilen kann, hat diese Geschichte nichts mit dem Mord zu tun. Falls Sie uns die Wahrheit sagen.»

«Warum sollte ich nicht? Ich meine, das ist die Wahrheit. Seitdem habe ich Frau Zadurek nicht mehr wieder gesehen. Sie hat es mir wohl übel genommen ...»

●

Er tupfte sich mit seinem Taschentuch die Stirn ab. Prottengeier sah, dass es sogar eins mit gesticktem Monogramm war. Von Mutter, dachte er reflexartig.

«Herr Fleischer, noch eine Frage. Hatte Frau Zadurek Angst? Hat sie sich jemals von irgendwem bedroht gefühlt? Hatte sie mit jemandem Streit?»

Der Kritiker putzte sich ausgiebig und unfein die Nase, bevor er sagte: «Nicht, dass ich wüsste. Sie hatte eben diese Schwierigkeiten mit dem Ensemble. Aber ansonsten?» Jetzt, wo es nicht mehr um ihn ging, schien er wieder sicherer zu werden. «Sie glauben nicht, wie oft sie sich bei mir beklagt hat. Die Schauspieler würden sie nicht respektieren, sich nicht führen lassen, ihre Kreativität anzweifeln. Manchmal war sie fast besessen von dem Gedanken, dass alle sie ablehnen.»

«Hat sie irgendwelche Namen öfters genannt?», fragte Prottengeier gespannt.

Fleischer dachte nach. «Mit dem alten Warnak gab es eine Geschichte. Der wollte sie wohl auflaufen lassen. Aber Genaueres weiß ich da auch nicht. Brandner und Less. Renitente Gesellen. Als Schauspieler überschätzt, wenn Sie mich fragen. Und ob Brandner die Dimensionen eines Faust hat? Man darf gespannt sein. Die Schmitz. Eine kleine Pute. Nein, der übliche Ärger eben.»

«Und Magda Mann?», fragte Prottengeier.

Affektiert strich sich der Journalist über die grauen Schläfen und meinte: «Attraktive Frau. Nur hat sie diesen bedauerlichen Hang zu unkonventioneller Kleidung. Und Pias Beziehung zu ihr? Nein, besonders erwähnt hat sie die Mann nicht. Sie hat auch in den letzten zwei Stücken nicht mit ihr gearbeitet. Warum fragen Sie?»

Prottengeier war erleichtert. Insgeheim hatte er befürchtet zu hören, dass es einen Streit zwischen den Frauen gegeben hatte. Immerhin hatte die Mann kein Alibi.

●

«Interessehalber», antwortete er knapp.

Neben ihm hebelte sich Schmidthahn aus dem Sofa. «Nun, Herr Fleischer. Das war's fürs Erste. Wenn sich noch Fragen ergeben, kommen wir wieder.»

Der Journalist zuckte kaum mit der Wimper, als er sagte: «Jederzeit, meine Herren. Jederzeit. Aber ich habe Ihnen gleich gesagt, dass ich nicht helfen kann.»

«Aber das haben Sie, Herr Fleischer. Verlassen Sie sich drauf», drohte Schmidthahn freundlich.

Als sie wieder im Auto saßen, schüttelte er sich und öffnete seine obersten Kragenknöpfe. «Unangenehmer Kerl. Als ich den Tintenpisser an der Tür gesehen habe, hatte ich den schon gefressen.»

«Das war kaum zu übersehen», bemerkte Prottengeier und stemmte seine Beine unter das Armaturenbrett.

«Wenn man diese schmierigen Typen nicht rannimmt, sülzen die doch nur. Gar nichts wollte der uns erzählen. Aber dann die Zeitung voll schmieren, unsere Aufklärungsrate sei zu niedrig. Wir würden die Bürger nicht schützen. Oder sonst einen Mist!» Wütend malträtierte er die Kupplung, und Prottengeier fragte sich verzweifelt, warum er schon wieder auf dem Beifahrersitz saß. «Also Kritikerallergie», spottete er und betete um möglichst viel Verkehr. «Da haben Sie ja was mit den Schauspielern gemein.»

Mit einem Kavaliersstart brauste Schmidthahn los. «Die tun mir Leid. So eine Regisseurin! Mit einem Hund! Wie soll das überhaupt gehen? Daisy? Das ist doch ein Weibchen.»

Prottengeier stöhnte: «Bitte, Schmidthahn, verschonen Sie mich mit sexuellen Phantasien. Mit Ihnen fahren zu müssen ist schlimm genug. Die Ampel ist übrigens rot!»

Schmidthahn grinste bloß. «Wirklich, Chef, das muss man sich mal überlegen. Eine Regisseurin, die gerne prügelt, ein Intendant, der lieber mit Robotern arbeiten würde, und wenn sie sich wehren, kommt so ein Zeitungsarsch und haut ihnen öffentlich aufs Maul. Also, ich hab mir das mit den Künstlern anders vorgestellt. Jetzt gucken Sie sich diesen Lahmarsch an!»

Wild deutete er auf seinen Vordermann.

Prottengeier sah aus dem Seitenfenster. Der Nebel hatte sich immer noch nicht aufgelöst und waberte schmutzig durch die grauen Straßen.

«Sie war besessen von dem Gefühl, dass alle sie ablehnen, hat Fleischer gesagt. Hört sich auch nicht gerade glücklich an», meinte er nachdenklich.

«Glücklich war die bestimmt nicht ... Beweg deinen Arsch! ... Sonst hätte die doch nicht so viel Spaß am Quälen gehabt.»

Wer war schon glücklich? Er bestimmt nicht. Bei seinen Söhnen hatte er manchmal das Gefühl, sie seien glücklich. Wenn er sie beim Toben beobachtete. Solange sie ihn nicht sahen, wirkten sie glücklich. Selbstvergessen. Vielleicht war Glück das Privileg der Jugend? Und wenn man älter wurde, blieb nur die Sehnsucht danach? Dieses leise Ziehen im Magen?

«Verdammte Scheiße!», fluchte Schmidthahn und trat in die Bremsen. Prottengeier wurde leicht nach vorne geschleudert. «Knapp, aber geschafft», brummte Schmidthahn zufrieden. Erleichtert sah Prottengeier eine Schlange von Autos vor ihnen herkriechen. Er atmete auf, umklammerte aber weiter seinen Handgriff, fest entschlossen, nicht loszulassen, bis er entkommen konnte.

«All unsere schönen Spuren lösen sich in Luft auf», klagte Schmidthahn, völlig unbeeindruckt davon, dass er gerade knapp an einem Unfall vorbeigeschlittert war. «Das Geld unter der Matratze – von Papa! Die Pornos – von einem aufgeblasenen Zeitungsfuzzi! Jetzt bleibt nur noch das Theater.»

«Und Ihnen ist an Less wirklich nichts aufgefallen?», fragte Prottengeier.

Schmidthahn schüttelte den Kopf. «Im Schock war der. Vielleicht hat er ja noch nie 'nen Toten gesehen?»

Dieselbe Erklärung hatte Magda ihm auch schon angeboten. Trotzdem ...

«Also, ich mag den. Ich finde die nett, die Schauspieler. Gar nicht arrogant. Und außerdem sind das arme Schweine, allein schon, weil sie so wenig verdienen. Hätt ich nie gedacht.» Schmidthahn hielt vor dem Kommissariat.

«Aber eines dieser armen Schweine ist mit Sicherheit ein Mörder», sagte Prottengeier, der vorsichtshalber schon mit einem Fuß auf der Straße stand.

• **15** •

Kaum war er durch die Haustür getreten, hatte er das Gefühl, in einer anderen Zeit zu sein. Vor ihm erhob sich majestätisch und still ein Prachtstück von Treppe. Das polierte Holz, die ausladenden Stufen, und Platz! Allein das Treppenhaus hätte seine komplette Neubauwohnung problemlos geschluckt. Behutsam ging er über den abgewetzten Boden, dessen verschiedenfarbige Marmorfliesen ein Blumenmosaik bildeten.

Selbst im Flur prunkte die Decke mit Stuck und trug stolz einen schmiedeeisernen Leuchter, der nur noch durch Spinnweben und Patina zusammengehalten wurde.

Früher hatte er davon geträumt, in einem solchen Haus zu leben. In einer dieser alten Villen, längst zu Mietshäusern umgebaut, die nie ihren großzügigen Charme eingebüßt hatten. Seine Frau hatte diese Vorstellung entsetzt. Einmal hatte er ihr gestanden, dass diese Häuser ihn an alte Damen erinnerten. An alte Damen, die, mit Blumenhüten geschmückt, im Garten Tee tranken.

•

Seine Frau hatte erwidert, sie für ihren Teil würde es vorziehen, nicht in einer alten Dame, sondern in einem Haus zu wohnen. Ohne diese vielen Treppen. Dafür hell und mit Garten. Und funktionierenden Leitungen.

Sie hatten einen Flachdachbungalow gemietet. Hell, modern und viel schöner für die Kinder. Und jetzt wohnte er in einer Bienenwabe, einem Wohnklo mit Kochnische. Trotzdem hatte er dem Bungalow keine Träne nachgeweint.

Fast ehrfürchtig strich er über den geschnitzten Handlauf der Treppe und stieg die imposanten Stufen hinauf. Vierter Stock.

Das Haus roch kühl. Und irgendwie nach Zeit. Wenn Zeit einen Geruch hatte, dann so einen. Kühl und staubig. Der Zeitgeruch wurde schon im ersten Stock durch Essensduft verdrängt. Er drang aus den großen, verglasten Wohnungstüren und schmeichelte sich in Prottengeiers Nase. Auf der Stelle wurde er hungrig. Was hatte er heute zu sich genommen? Zwei Aspirin, von Schmidthahn gespendet. Und Kaffee. Wovon wurde er eigentlich dicker? An die letzte anständige Mahlzeit konnte er sich noch nicht einmal erinnern.

Zweiter Stock. Hier jeden Tag mit schweren Einkaufstaschen rauf. Das war bestimmt anstrengend. Aber wann kaufte er schon ein? Er könnte sich so eine Wohnung suchen, für sich allein. Viel Platz, hohe Decken und weite Wände. Raum zum Alleinsein. Ein größeres Aquarium vielleicht. Und nachts diese Treppe hochsteigen mit dem Gefühl, nach Hause zu kommen. Dritter Stock.

Auf dem Absatz der Treppe zum vierten Stock blieb er überrascht stehen. Die bis dahin kahlen Wände des Treppenhauses waren übersät, tapeziert mit Fotos. Vom Boden bis zur vier Meter hohen Decke hingen sie neben- und übereinander. Gesichter. Männer, Frauen, erregt, zornig, lachend. Erschöpft an Türpfosten gelehnt, weinend auf dem Boden kauernd, sich in den Armen liegend, in wütende Auseinandersetzungen verstrickt.

•

Er trat näher. Es waren Theaterfotos. Manche waren einfach mit Reißnägeln an die Wand gepinnt, etliche in Rahmen oder auf Sperrholz aufgezogen. Keins der Gesichter war leise. Alle forderten. Liebe, Trost, Mitleid, irgendetwas. Schienen den Betrachter anzuschreien, ihn aufhalten zu wollen. Eine Galerie der Emotionen.

Langsam stieg er die Stufen hinauf. Anscheinend wurden die Inszenierungen immer jünger, die Kleider, Frisuren und die Darstellungsweise von Stufe zu Stufe moderner. Im Gegenzug alterte ein Gesicht, das auf fast allen Fotos zu sehen war. Ein Mann, am Fuß der Treppe noch dunkelhaarig, mit fast klassischen Zügen, dicht bewimperten Augen und einem sinnlichen Mund, dazu eine lange, auffallende Nase. Seine Züge wurden von Stufe zu Stufe markanter. Er bekam Falten und graue Schläfen, der hoch gewachsene Körper sackte nach vorn, die Nase wurde länger. Bis zur Wohnungstür hatte er sich in einen koboldhaften Greis verwandelt, der, mit weißer Mähne, buschigen Augenbrauen und seiner schnabelartig nach unten gewachsenen Nase, einer alten Eule glich.

Neben der Wohnungstür hing ein riesiges Portrait. Prottengeier trat neugierig näher. Es zeigte den Alten allein in der Mitte einer leeren Bühne. Er stand nackt auf dem kahlen Bretterboden. Der weiße, faltige Körper hob sich erbarmungslos von den dunklen Brettern ab. Ein Bild des Verfalls. Die Haut schlotterte wie eine zu groß gewordene Hülle um ihn, die dünnen Greisenbeine waren leicht eingeknickt. Die dürren, sehnigen Arme waren zum Himmel erhoben. Aber das Gesicht triumphierte. Ein verschlagenes Grinsen verzerrte die Lippen, die Augen funkelten und schienen den Zusammenbruch des Körpers zu verspotten. Mit diesem Gesicht konnte man kein Mitleid haben, es schrie: Sieh nur genau her! Sieh es dir an! Das bleibt! Es war ein großartiges Foto.

«Ein Autogramm, mein Sohn?», krächzte eine Stimme neben ihm. Erschrocken fuhr er herum. Da stand das Original. Angezogen, aber mit demselben Grinsen.

«Sie haben meine Galerie betrachtet? Fünfzig Jahre Bühnengeschichte. *Fünfzig Jahr in Schnee und Wind.*» Mit einer großen Geste umfasste er das Treppenhaus.

«Das hier ist ein interessantes Foto», sagte Prottengeier und deutete auf das Nacktbild.

Der Alte kicherte. «Als ich es aufhängte, haben die Alten unter mir fast einen Herzschlag bekommen. Sogar mein Verwalter hat mir geschrieben, ich müsse es abhängen, es sei unzumutbar für die Hausgemeinschaft.» Wieder kicherte er. «Aber Ihnen gefällt es, nicht wahr? Sie sehen, was es wirklich bedeutet. Aber kommen Sie doch herein. Wir müssen uns nicht im Flur unterhalten.» Einladend hielt er die Tür auf.

«Mein Name ist Prottengeier. Morddezernat. Ich komme wegen ...»

«Sehr interessant», unterbrach ihn der Alte. «Ich habe einmal einen Kommissar gespielt. Durbridge, ‹Der Gast›. Dummes Stück. Aber kommen Sie doch, trinken Sie ein Gläschen mit mir.» Ohne seine Antwort abzuwarten, verschwand er durch die Tür.

Prottengeier folgte ihm in einen dunklen Flur. Als der Alte umständlich die Tür versperrte, merkte er, dass der Schauspieler schon mehrere Gläschen intus zu haben schien. Auch beim Gehen schwankte er leicht. Vor allem, als er sich freundlich umdrehte, um dem Kommissar zuzunicken, brachte der eigene Schwung ihn gefährlich aus dem Gleichgewicht. Glücklich im Wohnzimmer angekommen, deutete er mit einer Kopfbewegung auf einen zerschlissenen Sessel.

«Sie sind Herr Warnak, nehme ich an?», fragte Prottengeier, bevor er sich setzte.

«Richtig, richtig», bestätigte der Alte und stützte sich an der Wand ab. «Und Ihr Name war?»

●

«Prottengeier.»

«Richtig, Prottengeier. Kommissar. Und warum Sie kommen, weiß ich natürlich auch. Aber erst einmal ein Gläschen.» Und damit verschwand er wieder.

Vorsichtig setzte sich Prottengeier in den Sessel, der sich als erstaunlich bequem erwies, und sah sich um. Auch hier gab es viele Bücher, aber zerlesene Exemplare in staubigen, schweren Schränken. Wuchtige, an manchen Stellen leicht aufgeplatzte Polstermöbel und kahl geschabte Perser. Die Wohnung sah aus wie ihr Besitzer. Abgelebt und schäbig. Es roch modrig und nach altem Junggesellen. Ob es bei ihm auch so roch? Heute Abend würde er darauf achten.

Gut gehalten hatte sich dieser Warnak nicht. Er wirkte älter als Anfang siebzig. Kam wahrscheinlich vom Trinken. Und trotzdem so ein Foto von sich aufzuhängen? Noch dazu im Flur?

Der Alte kam mit einer Flasche und Gläsern. «Sogar noch eine Flasche Lussac Saint-Emillion. Wenn ich allein trinke, bevorzuge ich Rioja. Von Aldi. Gezwungenermaßen!» Mit unsicheren Bewegungen entkorkte er die Flasche und schenkte zitternd ein. «Sehen Sie das Zittern? Das ist nicht das Alter, das ist der Alkohol. Spielen lässt man mich nicht, also trinke ich. Prost!»

Er nahm einen kräftigen Schluck und setzte sich ihm gegenüber. Prottengeier stieg der schwere Weingeruch in die Nase, und ihm wurde übel.

«Ich bin im Dienst», meinte er entschuldigend und stellte das Glas beiseite. «Papperlapapp», sagte der alte Schauspieler wegwerfend und nahm noch einen Schluck. Listig fragte er: «Knoller hat Sie zu mir geschickt, nehme ich an?»

«Ihr Name ist im Lauf der Ermittlung bereits mehrmals aufgetaucht», wich Prottengeier aus.

Erstaunlicherweise schien das den Alten zu freuen. «Ach?»

«Auch Frau Questen hat Sie erwähnt.»

«Das arme Hühnchen. Wenn Sie mich fragen, waren das diese idiotischen Schuhe, die sie immer trug. Nichts fürs Theater und vor allem nichts für ihre Beine. Stöckelschuhe sollten Frauen nur bis fünfzig tragen dürfen. Und nie, wenn sie am Theater arbeiten!»

Er nickte so nachhaltig, als habe er gerade ein ehernes Gesetz verkündet, um eine Sekunde später dem Kommissar neckisch zuzuzwinkern: «Und jetzt wollen Sie wissen, was zwischen mir und Mona war.» Er kicherte entzückt. «Ein Skandal! Leider wohl der letzte, den ich mit einer Frau provoziert habe. Alt werden macht einfach keinen Spaß, glauben Sie mir.» Er schüttelte betont verzweifelt seine weiße Mähne, hielt mitten in der Bewegung inne und grinste boshaft. «Eine tolle Sache, junger Freund. Ich bin Mona an die Wäsche. Ein bisschen unangenehm, aber es war den Spaß wert. Ihre Reaktion war unbezahlbar!» In Erinnerungen verloren schmatzte der alte Schauspieler mit den Lippen und sah sehr selbstzufrieden aus.

Prottengeier betrachtete ihn leicht angewidert. «Wie war denn ihre Reaktion?», fragte er schließlich.

«Sie ist weggerannt. Vollkommen hysterisch, die kleine bedrohte Unschuld. Hat überall meine Lüsternheit angeprangert, sich nicht mehr allein über die Gänge getraut. Es war zu komisch.» Kichernd schlug sich der Alte auf die Oberschenkel. «Die Kollegen haben ihr natürlich ins Gesicht gelacht. Geglaubt hat ihr keiner. Normalerweise jagt Mona die Männer. Kaum ein Kollege, ob jung oder alt, an dem sie sich nicht schon wie eine Zecke festgebissen hätte. Und nun sollte sich das auf einmal umgekehrt haben? Alle haben sie ausgelacht. Keine leichte Zeit für das arme Mädchen.» Der bösartige Kobold leerte sein Glas.

Prottengeier sah Mona vor sich. Ihr orientalisches Zimmer,

•

mit so viel Liebe hergerichtet. Die aufgeregten Kinderaugen. Die Angst in ihrem Gesicht. Und dann der verdrehte Körper am Fuß der Treppe.

«Werden Sie nicht kitschig, Herr ...?»

«Prottengeier!»

«Richtig. Herr Prottengeier. Sie sehen aus, als wollten Sie mir mit dem nackten Arsch ins Gesicht springen», stellte der Alte rüde fest. «Kitsch ist der Feind der Wahrheit. Ein größerer Feind als die Lüge, glauben Sie mir. Natürlich war Mona ein armes Hühnchen. Aber sie war auch eine widerliche Klatschbase, Gott sei ihrer Seele gnädig – so sagt man doch?» Wieder kicherte er und füllte sein Glas.

«Wo waren Sie gestern Vormittag zwischen zehn Uhr und Viertel vor elf?»

Wie aus der Pistole geschossen kam die Antwort: «In der Bierbar zur Sonne. Meinem zweiten Wohnzimmer. Wie immer zu den Probenzeiten. Jeden Tag von zehn bis zwei und von sechs bis zehn. Fünfzig Jahre lang bin ich zu diesen Zeiten aus dem Haus gegangen. Liebe Gewohnheiten ändert man nicht.»

«Ich nehme an, der Wirt und die anderen Gäste können das bestätigen?», fragte Prottengeier.

«Brauche ich denn ein Alibi?», fragte Warnak zurück. «Ich denke, das Hühnchen ist gestürzt?»

War sie das wirklich? Möglich. Aber die Murmeln. Der Gesichtsausdruck von Less. Dieses gesamte, verflixte Theater. Seine Kopfschmerzen meldeten sich wieder.

«Natürlich, zwei Unfälle, zwei Tote. Das ist schon merkwürdig», raunte der alte Schauspieler ihm verschwörerisch zu.

«Mehr als merkwürdig», bestätigte der Kommissar. «Langsam frage ich mich, ob es vielleicht jemand war, der das Theater hasst. Jemand, der vielleicht gar nicht wollte, dass die beiden sterben? Dem das Ganze außer Kontrolle geraten ist?»

«Und da haben Sie an den alten Warnak gedacht», sagte der Alte verständnisvoll. «Der hasst das Theater bestimmt, so wie sie den behandelt haben! Und ein bisschen unberechenbar ist der auch. Das hat Ihnen doch mit Sicherheit dieser so genannte Intendant erzählt. Diese makabre Person, die Zadurek kann es ja nicht mehr gesagt haben, auch wenn es durchaus den Produkten ihrer flachen Hirnwindungen entspräche. Sehen wir uns mal den alten Warnak an. Aber der alte Warnak hat ein Alibi, tut mir Leid, Herr Kommissar.»

Prottengeier sah den feixenden Alten wortlos an. Eine härtere Nuss als der Journalist. Bierbar zur Sonne, darum mussten sie sich kümmern.

«Sie sind mir von mehreren Personen als jemand genannt worden, der Gründe hätte, dem Theater zu schaden.»

Mit großer Geste breitete der Alte die Arme aus. «Ich kann aus meiner Mördergrube kein Herz machen. Wenn ich getroffen werde, blute ich! Diese schreckliche Person, die Zadurek, hat mich als Alkoholiker beschimpft, bloß weil ich mich weigerte, ihre dilettantischen Kopfblähungen, die sie als Regieeinfälle ausgegeben hat, umzusetzen. Ich habe zu lange auf der Bühne gestanden, um eklatanter Dummheit mit Nachsicht zu begegnen. Glauben Sie mir, das Alter macht nicht weise, es macht ungeduldig.» Erschöpft von seinem Ausbruch hielt er inne und leerte sein Glas, um sich gleich wieder nachzuschenken. Wenn er in diesem Tempo weitertrank, würde er bald nur noch lallen.

«Sie haben mir übel mitgespielt, glauben Sie mir, Herr Kommissar. Es stimmt, der alte Warnak hasst dieses Natterngezücht, das sich Theaterleitung schimpft.» Verloren starrte er in sein Rotweinglas, bevor er leise sagte: «Mein Leben lang habe ich nur einem Gott gedient, dem Theater. Und jetzt lässt es mich im Stich.» Alles Koboldhafte war aus seinem Gesicht verschwunden, es blieb nur ein müder, alter Mann.

Unvermittelt sah der Alte ihm ins Gesicht und verwandelte sich erneut. Sein Gesicht verlor alles Traurige und wurde leutselig, als er sich mit einer nonchalanten Geste zurücklehnte und elegant die Beine übereinander schlug. In völlig verändertem Tonfall plauderte er: «Unter uns: ich glaube nicht, dass das Hühnchen ermordet wurde. Mord, da denkt man an Emotionen, Hass, Leidenschaft. Das Hühnchen hat nichts davon ausgelöst. Mein Gott, eine alternde Souffleuse!»

Es störte Prottengeier, dass er sie immer nur Hühnchen nannte. «Vielleicht war Frau Questen eine Bedrohung für jemanden. Vielleicht hat sie etwas gesehen. Etwas, was da nicht hingehörte ...»

Der Schauspieler winkte überheblich ab.

«Übrigens hat mir Frau Questen kurz vor ihrem Tod erzählt, Sie würden im Theater herumschleichen.»

Warnak lachte amüsiert. «Herumschleichen? Hat sie das gesagt? Wie dramatisch! Natürlich bin ich manchmal im Theater, um mich mit ehemaligen Kollegen zu treffen. Mit ein paar wenigen harmoniere ich noch.»

«Und mit wem treffen Sie sich so?», fragte der Kommissar, obwohl er die Antwort bereits kannte.

«Vor allem mit Magda», antwortete der Alte prompt. «Peter Less, begabter junger Kollege. Und natürlich auch Karl Brandner. Wie dieser Junge mich an mich selbst erinnert! Alles wiederholt sich, glauben Sie mir. Die Zeit läuft nicht linear. Die Zeit ist eine Schleife. Warten Sie Herr ... Wie war noch einmal der Name?»

Bevor Prottengeier antworten konnte, winkte Warnak ab. «Ist ja auch egal. Ich zeige Ihnen einen Schatz.»

Eifrig sprang er auf und ging, ganz ohne zu schwanken, zu einer großen Truhe am Fenster. Lederbezogen und mit Eisenbeschlägen sah sie wirklich wie eine alte Schatztruhe aus. Erstaunt sah Prottengeier dem Alten zu, wie er sie ächzend durch das Zimmer zog, um sie dann mit wirren Haaren und großer Geste zu öffnen.

«Alles, was ich in dieser Welt an Gütern geschaffen habe. Fotos, Kritiken, Besprechungen. Ein ganzes Leben in einer alten Truhe. Vergilbt und vergessen. Nutzlos!» Mit beiden Händen griff er hinein und zerwühlte die Papiere und Fotos. Um dann mit brüchiger Stimme fortzufahren: «Aber man spielt nicht für irdische Güter. Man spielt, um die Fackel weiterzutragen. Über Hunderte und Tausende von Jahren. Manche von uns, ganz wenige, schaffen Augenblicke der Vollkommenheit – Kunst! Wir anderen sind Läufer im Staffellauf der Zeit, um die Gedanken, das menschliche Wissen zu bewahren.» Und mit einem Knall ließ er den Deckel wieder zuklappen.

Prottengeier applaudierte.

Der Alte sah ihn zuerst verdutzt an, aber dann stahl sich ein schelmisches Lächeln auf sein Gesicht. «Der entsagungsvolle Künstler ist mir ein bisschen zu dick geraten, nicht wahr? Sie müssen entschuldigen, aber man kommt so leicht aus der Übung. Trotzdem freue ich mich, dass Ihnen meine kleine Vorstellung gefallen hat.» Mit einer leichten Verbeugung setzte er sich wieder auf seinen Sessel.

Langsam fing dieser unberechenbare Alte an, ihm zu gefallen. Gut möglich, dass er etwas mit den Unfällen zu tun hatte, obwohl er ihn sich nicht als Mörder vorstellen konnte. Aber wie hatte die Mann gesagt? Es gibt keinen Mörder. Nur einen Menschen, der einen Mord begangen hat. Er würde gleich Rosen in die Bierbar zur Sonne schicken. Oder besser noch Pulch, der war pfiffiger. Der Alte war nicht ohne. Wie gelassen er es hinnahm, wenn man seine Spielchen durchschaute. Und wie gern er spielte!

«Wer ist eigentlich der echte Hans-Theodor Warnak?», fragte Prottengeier spontan.

Der Alte stutzte. «Sie enttäuschen mich, Herr Prottengeier.

In Ihrem Beruf sollten Sie wissen, dass ein Mensch viele Gesichter hat. Jeder von uns trägt alle Möglichkeiten, alle Schicksale in sich.» Er schüttelte seine weiße Mähne und fuhr mit verächtlicher Stimme fort: «All unsere Möglichkeiten opfern wir auf dem Altar des bürgerlichen Lebens. Wir tun alles, um nur eine, absolut wiedererkennbare und vorhersehbare Persönlichkeit zu werden. Aus Glas, verlässlich. Damit uns auch der dümmste unserer Zeitgenossen einschätzen kann. Wie unsagbar traurig.»

Zum ersten Mal hatte Prottengeier das Gefühl, dass er die Schauspieler verstand. Warum sie sich Perücken aufsetzten, Texte auswendig lernten, sich auf eine Bühne stellten.

Hans-Theodor Warnak beugte sich vor und säuselte mit verführerischer Stimme: «Glauben Sie mir, es macht Spaß, die eigene angestammte Hülle zu verlassen und andere auszuprobieren. Frei zu sein von der Enge der Verlässlichkeit. Kinder und Schauspieler kennen diesen Spaß, euch anderen ist er bedauerlicherweise verlustig gegangen.» Er schüttelte wieder den Kopf. «Dabei ist es so erholsam, einmal von sich befreit zu sein. Sie sollten es einmal ausprobieren. Zumal Ihre Hülle auch schon Risse aufweist.»

«Risse?», fragte Prottengeier amüsiert. Warnak kniff die Augen zusammen und taxierte ihn eine Weile schweigend.

«Ein kaum merklicher Zerfall der Disziplin, ein Abbröckeln der Starre. Das macht Ihnen Angst, nicht wahr?»

Was sollte das denn nun? Spielte der Alte jetzt Sigmund Freud, oder was? Unwillkürlich hob er die Hand, aber Warnak war nicht zu bremsen. «Die Anzeichen sind klein, winzig. Eine etwas nachlässige Rasur, ein etwas fadenscheiniges Jackett. Ein kleiner Bauchansatz. Etwas Müdes in den Zügen ... Ja, die Hülle reißt.» Befriedigt lehnte Warnak sich zurück.

Der Alte war ganz schön dreist. Bauchansatz! Er musste unbedingt wieder joggen gehen. Die Hülle reißt. Vielleicht hatte er sogar Recht. Unwirsch schob er den Gedanken beiseite.

«Sie hätten zur Polizei gehen sollen. Bei Ihrer Beobachtungsgabe», sagte der Kommissar spöttisch.

«Oder Sie zum Theater», antwortete der Schauspieler ernsthaft. «Doch, junger Mann! Wie ein Schauspieler müssen Sie das Unbekannte im Menschen mit Intuition und Einfühlungsvermögen erkunden. Wie ein Schauspieler spekulieren Sie ständig über menschliche Motive. Und wie ein Schauspieler leben Sie immer in Extremsituationen.»

Prottengeier war überrascht. Ein verrückter Gedanke, aber gar nicht so abwegig. Wenn es auch nur einen Teil seines Berufes ausmachte.

«So, und jetzt köpfen wir noch ein Fläschchen», entschied der Alte und stemmte sich hoch. «Keine Widerrede. Es ist doch eine Flasche wert, wenn man sich bei einem Gespräch einmal nicht langweilt.» Und beträchtlich schwankend tastete er sich zur Tür.

Ein merkwürdiger Kauz. Ob er wirklich hinter den Unfällen steckte? Er wirkte ganz entspannt. Keine Unruhe, keine Gewissensbisse. Immerhin waren zwei Menschen tot. Vielleicht war er einfach kaltblütig? Oder so egozentrisch, dass es ihm egal war? Andererseits war er ein guter Beobachter. Wach. Risse in der Hülle, so ein Unsinn. Müde rieb sich Prottengeier die Augen. Er musste unbedingt etwas essen. Oder wenigstens einen Kaffee auftreiben. Am liebsten würde er nach Hause gehen und einfach nur schlafen. Eine andere Person werden. In eine andere Hülle schlüpfen. Kindisch. Aber irgendwie verlockend. Er lächelte.

«Habe leider keinen Wein mehr. Aber morgen ist ja der Fünfzehnte, da kommt die Rente …»

Erschrocken setzte sich Prottengeier auf. Er hatte den Alten nicht hereinkommen hören. War er eingeschlafen?

«Eine winzige Rente», fuhr der Alte fort und setzte sich umständlich. «Zum Glück habe ich diese Wohnung geerbt. Als Schauspieler hat man ja kaum geklebt. Wir dachten, wir stehen sowieso außerhalb der Gesellschaft. Und alt würden wir auch nicht.» Er seufzte tief. «Darin aber haben wir uns gründlich getäuscht.»

«Entschuldigen Sie, Herr Warnak. Hätten Sie vielleicht einen Kaffee?» Er musste unbedingt etwas tun, um fit zu bleiben.

Der Schauspieler grinste anzüglich. «Eine schlechte Nacht gehabt, was? Gleich kommt Magda, die macht uns einen.»

«Magda Mann?», fragte Prottengeier und war mit einem Mal hellwach. Der Alte kicherte. «Die kennen Sie natürlich auch. Sie kommt fast jeden Tag zum Kaffeetrinken. Mit dem Saufen ist sie strenger als vier Ehefrauen.»

Verwirrt strich sich der Kommissar durch die Haare. Er hatte überhaupt keine Lust, sie zu treffen. Nicht nach dieser Nacht. Dabei war überhaupt nichts passiert. Lächerlich.

«Wie ich höre, haben Sie meine kleine Magda auch im Visier?», fragte der Alte lauernd.

Im Visier? Was sollte das denn heißen? Irritiert zog er die Augenbrauen hoch. «Sie hat kein Alibi», sagte er kühl.

«Braucht sie denn eins?»

Prottengeier zuckte die Achseln. «Wir überprüfen jeden.»

«Sie ist ein gutes Mädchen. Einer der Menschen, die das Erwachsenwerden geschwänzt haben und stattdessen ein bisschen eigen werden. Seien Sie nett mit ihr», sagte der Alte zärtlich.

«Sie mögen sie sehr?»

Der Schauspieler sah ihn mit einem Gesichtsausdruck an, den Prottengeier nicht deuten konnte. Traurig? Bittend?

«Herr Warnak, Sie sagten eben, dass Sie Less, Brandner und Frau Mann besonders gut kennen?»

«*Was man so kennen heißt* – um mit Goethe zu sprechen», wich der Alte aus.

«Was halten Sie von den dreien?»

«Warum?»

«Wir haben auf der Treppe zum Souffleurkasten Murmeln gefunden. Murmeln, die Herr Less als Requisiten benutzt. Was, wenn Mona Questen über diese Murmeln gestürzt ist?»

«Sie denken, Peter hat Murmeln auf die Treppe gelegt, damit Mona stürzt? Unsinn! Warum sollte er das tun?», wehrte der Alte ab.

«Ja, warum?», sagte Prottengeier nachdenklich. «Eine gute Frage, die ich mir auch stelle. Mona Questen sagte mir kurz vor ihrem Tod, dass sie Angst habe. In der Mordnacht hatte sie etwas gesehen, konnte sich aber nicht mehr daran erinnern. Was, wenn es ihr wieder eingefallen wäre? Wen hätte sie damit in Gefahr gebracht? Unser Gespräch wurde übrigens unterbrochen. Von Herrn Less.»

«Aber eben sagten Sie, Peter hat für den Mord an der Zadurek ein Alibi.»

«Er war zur Tatzeit auf der Bühne», bestätigte Prottengeier. «Er hat ein Alibi. Seine Freundin Magda nicht.»

«Sie meinen, Peter Less begeht einen Mord, um Magda zu schützen? Aber haben die drei Sie nicht erst auf die Idee gebracht, dass es bei der Zadurek überhaupt ein Mord war? Karl hat Ihnen doch den Beweis dafür geliefert. Ein Freund verrät sie? Der andere schützt sie? Begeht sogar einen Mord für sie?» Verächtlich winkte Warnak ab.

Er war offensichtlich wirklich ein enger Freund. Wusste genau Bescheid. Und wirkte überhaupt nicht mehr betrunken oder hinfällig, sondern ausgesprochen wachsam. Prottengeier beschloss, ein bisschen weiterzubohren.

«Was, wenn es gar keinen geplanten Mord an der Souffleuse gegeben hat? Wenn sie vielleicht nur ruhig gestellt, aus dem Verkehr gezogen werden sollte? Wenn es nicht gewollt war, dass sie bei dem Sturz stirbt? Und da kommt Less wieder ins Spiel.»

Schien es ihm nur so, oder war der Alte zusammengezuckt?

«Nach dem Tod der Questen wirkte Less fassungslos. Bedrückt. Er schien wesentlich stärker unter Schock zu stehen als die Übrigen.»

Vielleicht hatte er sich das Zucken eben auch nur eingebildet. Jetzt wirkte Warnak einfach nur interessiert und leicht erstaunt, als er sagte: «Das kommt mir alles sehr abenteuerlich vor. Peter ist einfach ein sensibler Junge. Diese Kinder haben doch alle kein Verhältnis zum Tod. Sie fürchten sich noch vor ihm, und wenn sie ihm begegnen, würden sie am liebsten davonlaufen.» Nach kurzem Nachdenken fügte er hinzu: «Außerdem, was ist mit dem Eisernen? Bei diesem Unfall standen Peter und Karl doch auf der Bühne. Damit können sie nichts zu tun haben. Und Magda kann es wohl auch nicht gewesen sein. Also drei Unfälle, drei Täter? Nein, Herr Prottengeier.» Entschieden schüttelte er den Kopf.

Es war richtig, was der Alte sagte. Er verrannte sich in etwas. Aber trotzdem hatte er dieses merkwürdige Gefühl.

«Bleibt also der Wahnsinnige, der wild um sich schlägt und versucht, dem Theater zu schaden?»

Der Alte lächelte ihn an: «Es sieht so aus. Und für diese Rolle scheine ich mich ja zu qualifizieren.»

Prottengeier sah ihn wortlos an. Wahnsinnig war der Alte bestimmt nicht. Eher durchtrieben. Jemand, der bösartige Streiche liebte. Aber ein Mörder? Es gibt keinen Mörder ... Magda würde gleich kommen. Er sollte sich auf den Weg machen, wenn er ihr nicht begegnen wollte. Wenn Warnak etwas wusste, würde er es ihm bestimmt nicht sagen. Nicht, wenn es den dreien schaden könnte. Man musste ihn im Auge behalten. Prottengeier stand auf.

«Moment, Herr Kommissar», sagte der Alte schnell und sprang ebenfalls hoch. «Sie haben mich nach meiner Meinung zu den dreien gefragt. Sehen Sie, diese Menage à trois mag ihre Schwächen und Fehler haben. Mörderisch ist sie aber bestimmt nicht», beteuerte er. «Vielleicht sind sie ein wenig anstrengend, und als Gruppe haben sie durchaus etwas Inzestuöses, aber sie sind ohne Arg. Das können Sie mir glauben.»

Aufrichtig sah er Prottengeier in die Augen. Ein kleines, kauziges Männchen, das seine Freunde verteidigt. Eine Spur zu aufrichtig vielleicht. Er würde diesen Schauspielern nie trauen. Es klingelte.

Prottengeier sackte der Magen nach unten. Er würde sie treffen. Auch das noch. Warnak strahlte und schien ihn auf der Stelle vergessen zu haben. Er wankte an ihm vorbei auf die Eingangstür zu. Prottengeier folgte ihm. Wenn er sie schon treffen musste, dann nur zwischen Tür und Angel.

Als er hinter dem Alten durch den dunklen Flur ging, sah er, dass die weiße Löwenmähne am Hinterkopf schon dünn wurde. Durch den Flaum hindurch konnte er die Kopfhaut schimmern sehen. Plötzlich tat der Alte ihm Leid.

Umständlich drückte Warnak den Türöffner und hantierte am Schloss herum. Am liebsten hätte ihm Prottengeier über die Schulter gegriffen und selbst aufgesperrt.

Als die Tür endlich aufging, stand sie schon davor. Atemlos und strahlend. Lächelnd umarmte sie den Alten. Dann sah sie ihn hinter Warnak stehen und trat erstaunt einen Schritt zurück. Hastig ging er aus der Tür und nickte ihr zu. Mit dem roten Schal, den sie sich um den Kopf geschlungen hatte, sah sie wie Rotkäppchen aus. Das den Wolf besucht.

«Herr Prottengeier, was machen Sie denn hier?», stieß sie, immer noch leicht atemlos, hervor.

«Er sucht Jack the Ripper und scheint mich dafür zu halten», kicherte der Kobold.

●

Ihre Augen weiteten sich. «Das ist doch Unsinn, oder?»

Er ärgerte sich. Über sie. Über den Alten. Über sich. «Herr Warnaks Name ist im Zuge der Ermittlungen aufgetaucht», sagte er steif. Wieso erklärte er ihr das überhaupt?

«Das war Knoller, nicht wahr? Knoller hat ihn angeschwärzt», sagte sie aufgebracht. «Was Theo betrifft, ist er paranoid.»

«Diese Aussage kann man auf seine gesamte Lebenshaltung erweitern», krähte der Alte gut gelaunt.

«Theo hat mit der ganzen Sache überhaupt nichts zu tun», sagte sie entschlossen.

Er lächelte unverbindlich. «Leider muss ich gehen.»

Sofort beruhigte sie sich wieder und fragte warm: «Haben Sie wenigstens noch ein bisschen geschlafen, nach letzter Nacht? Die Kantine ist ja nicht sonderlich bequem.»

Er musterte sie kalt. Das ging sie überhaupt nichts an. Falls sie sich einbildete, sie hätten jetzt ein besonders vertrauliches Verhältnis, hatte sie sich getäuscht.

Nervös merkte er, dass der alte Schauspieler sie neugierig musterte. «Was soll das heißen? Habt ihr die Nacht zusammen verbracht? Das haben Sie mir aber verschwiegen, Herr Prottengeier!» Dabei grinste er anzüglich. Ihm schoss das Blut in den Kopf.

Mit einem Ruck wandte er sich zu dem Alten. «Frau Mann kam gestern Nacht unaufgefordert zu mir in die Kantine. Das war alles.»

Das war nicht alles. Sie hatte ihn umarmt. Aber das würde er dem Alten nicht auf die Nase binden.

«Theo, ich glaube, Herr Prottengeier möchte gehen», sagte sie leise.

Er sah sie nicht an, als er sich frostig verabschiedete und eilig die Treppe hinunterstieg. Er hätte sich ohrfeigen können.

• 16 •

«Hier haben wir es! Cingulum membri superioris, Schultergürtel. Clavicula und Scapula – hier. Schlüsselbein und Schulterblatt.»

Triumphierend sah Magda von ihrem Buch auf. Peter lächelte über ihren Eifer. Im Schneidersitz saß sie mitten auf dem Garderobentisch. Er hatte gewusst, dass sie sich festbeißen würde. Verrückten Plänen konnte sie einfach nicht widerstehen. Nur Karl war ein Problem.

Nachdenklich sah er zu seinem Freund hinüber, der rittlings auf einem Stuhl saß und sein Gesicht zwischen den Armen verborgen hatte. Als hätte er den Blick gespürt, hob er den Kopf und sah ihn flehend an:

«Peter, das ist doch absolut bescheuert! Bitte sag ihr, dass ich das nicht mache!»

«Sag es ihr selbst», antwortete Peter ungerührt und drehte sich wieder zu seinem Garderobenspiegel um.

Im Spiegel sah er, dass Magda sich ihren Pullover über den Kopf zog. «Pass auf, dann kannst du es besser sehen.» Nur noch mit ihrem rotseidenen Unterhemd bekleidet, zeigte sie auf eine Stelle unterhalb ihres Schulterblattes. «Diese Kuhle, genau zwischen Schulterblatt und Schlüsselbein. Da musst du reinstechen.»

Karl sah ihr fassungslos zu. «Du bist verrückt! Vollkommen übergeschnappt.»

«Vor allem musst du gerade stechen», fuhr sie ungerührt fort. «Wenn du nach oben rutschst, kannst du die Schlüsselbeinschlagader verletzen. Wenn du nach unten rutschst, verletzt du die Lunge. Gerade stechen ist absolut wichtig. Alles klar?»

Stöhnend vergrub Karl sein Gesicht wieder in den Armen. «Ich glaub es einfach nicht.»

Magda schob den medizinischen Atlas von ihren Knien und sprang vom Tisch. «Du musst das natürlich proben. Deshalb habe ich uns den da besorgt.» Damit zog sie den Torso einer männlichen Schneiderpuppe hinter einem Garderobenspind vor und stellte ihn in die Mitte des Raums.

«Er ist anatomisch gar nicht so schlecht gemacht. Sieh mal, er hat sogar die Kuhle, in die du reinstechen musst.» Mit ausgestrecktem Zeigefinger bohrte sie in die Stelle, die sie meinte. «Karl, sieh sie dir doch wenigstens einmal an!»

Karl gab einen dumpfen Protestlaut von sich.

«Wir könnten die Jacke an der Stelle auch kennzeichnen. Dann kann er überhaupt nicht danebenstechen», überlegte sie. «Gib mal deine Teufelsjacke.»

Peter löste sich vom Spiegel, klapste Karl im Vorbeigehen aufmunternd auf die Schulter und kramte seine Mephistojacke hervor.

«Trägst du sie bei Valentins Tod offen oder geschlossen?», wollte Magda wissen.

«Da es sowieso bei der Probe stattfindet, kann ich sie so tragen, wie es für Karl am günstigsten ist. Geschlossen, wahrscheinlich», antwortete Peter und drapierte die Jacke um den Torso. Beim Zuknöpfen meinte er grinsend: «Sie spannt. Der Junge ist eine Nummer besser gebaut als ich. Schade, dass er keinen Unterleib hat ...»

Magda knuffte ihn in die Seite, und beide traten einen Schritt zurück, um ihr Werk zu begutachten.

«Wichtig ist, dass er wirklich in etwas hineinsticht. Das Gefühl dafür bekommt, Widerstand zu durchbrechen. Das verringert die Gefahr, abzurutschen. Das Füllmaterial ist ziemlich fest», sagte Magda und zupfte an der Jacke herum.

«Ist das Füllmaterial denn ähnlich wie Fleisch?»

Sie zuckte die Achseln. «Keine Ahnung. Ich hab noch nie in Fleisch gestochen.»

«Wir könnten ein Steak kaufen und es an die Wand nageln», feixte Peter. «Oder ein Schulterstück ...»

Sie ignorierte ihn und fixierte angestrengt die Puppe. «Da könnten wir einen kleinen Riss in die Jacke machen. Hier, wo er treffen muss ...»

«Oder einen großen, roten Pfeil und ein Schild: Bitte hier stechen!»

Hinter ihnen fiel polternd der Stuhl zu Boden. Karl war aufgesprungen und funkelte sie wütend an. «Ihr seid verrückt. Alle beide. Ich tu es nicht, und damit Schluss!»

Mit geballten Fäusten stand er ihnen gegenüber, seine Augen blitzten, und die blonden Haare waren ihm ins Gesicht gefallen. Als Peter ihn ansah, fühlte er, wie sich sein Herz zusammenzog. Karl sah aus wie ein verdammter Wikingerkrieger. Einfach prächtig. Aber jetzt war keine Zeit für Schwachheiten.

Magda seufzte und ging gelassen zum Tisch, um ihren Pullover wieder anzuziehen. Wie immer überließ sie ihm die Überzeugungsarbeit.

«Karl, siehst du denn nicht, dass das eine einmalige Chance ist, diesen Prottengeier abzulenken? Es ist das theatralisch Wirkungsvollste, was wir machen können. Noch ein Unfall!»

«Es ist total kindisch», begehrte Karl auf. «Bloß weil dieser besoffene Alte Magda eingeredet hat, dass Prottengeier dich verdächtigt!»

Peter sah, wie Magda sich aufrichtete. Jetzt bloß keinen Streit über Theo. Eine neue Auseinandersetzung der beiden über den Alten war das Letzte, was er jetzt gebrauchen konnte. Schnell warf er ein: «Das sagt nicht nur Theo, das hab ich doch schon selber gemerkt. Wie er mich ansieht. Nicht aus den Augen lässt. Hundert Fragen nach den Murmeln. Er hält mich für Monas Mörder.»

«Selbst wenn er dich verdächtigt – er hat doch überhaupt keine Beweise», beharrte Karl.

●

Peter lachte böse. «Beweise! Hatte Klaus was mit Pias Tod zu tun? Wo wäre er, wenn wir nicht eingegriffen hätten? Oder Hilde? Was wäre ohne uns passiert? Ich bin der Dritte. Und ausgerechnet wo es um mich geht, soll ich abwarten, bis diese Bulldogge mich verspeist?»

«Er ist keine Bulldogge», kam es scharf von Magda.

Erstaunt drehten sich die beiden Männer zu ihr um. «Wie bitte?», fragte Peter.

Magda strich sich eine Locke hinters Ohr und wiederholte betont deutlich: «Prottengeier ist keine Bulldogge.»

Peter war verblüfft. Was sollte das denn schon wieder? Er warf Karl einen fragenden Blick zu. Der starrte Magda an und zischte: «Sie hat was übrig für den Bullen. In der Nacht nach Monas Tod war sie mit ihm zusammen. Angeblich haben sie in der Kantine Händchen gehalten.»

«Und im Morgengrauen hab ich dich getroffen, wie du gerade nach Hause kamst. Leider hast du mir nicht erzählt, wo du die Nacht verbracht hast!», zischte Magda zurück.

«Moment mal. Moment!», unterbrach Peter die beiden. «Karl war doch bei mir im Bett, oder?»

Magda lachte spöttisch. «Kaum, mein lieber Peter. Auf jeden Fall nicht die ganze Nacht, sonst hätte ich ihn wohl nicht frühmorgens beim Hereinschleichen erwischt.»

Schnell sah Peter zu seinem Freund, aber der wich seinem Blick aus. Also doch! Dieser Scheißtyp und seine Weibergeschichten. «Wo warst du, Karl?», fragte er ruhig.

«Seid ihr beide jetzt meine Ehefrauen oder was?», schoss Karl wütend zurück.

Genauso aufgebracht antwortete Magda: «Du bist auch nicht meine, merk dir das. Ich hab mich nie in Sachen eingemischt, die du außerhalb unserer Beziehung getrieben hast. Fang jetzt bloß nicht bei mir damit an.»

Peter wurde kalt. «Mal langsam», sagte er vorsichtig. «Während ich mit Schlaftabletten im Bett lag und versucht habe, meinen Schock auszukurieren, habt ihr zwei euch rumgetrieben? Magda hält Händchen mit Prottengeier, der sich dabei ausdenkt, wie er mich drankriegen kann?»

Verlegen senkte Magda den Blick und murmelte: «Er war fertig. Und einsam.»

Höhnisch lachte Karl auf. «Der Ärmste! Zum Glück war Mutter Teresa zur Stelle.»

Blitzschnell fuhr Peter zu ihm herum. «Und unser gemeinsamer Liebhaber? Mit welchem Bunny hast du es getrieben?»

Ertappt musterte Karl seine Schuhspitzen.

«Komm schon, wo warst du?», fragte Peter scharf.

«Du hast tief geschlafen. Und ich war total aufgedreht. Da hab ich Hilde besucht.»

Peter ließ sich entnervt auf einen Stuhl sinken.

«Na ja, ich wollte rauskriegen, wo sie in der Nacht von Pias Tod war», verteidigte sich Karl.

«Und? Hast du es rausgekriegt?»

Karl nickte. «Sie wollte Pias Auto zerkratzen. Um sich zu rächen. Dann kam ihr das kindisch vor. Magdas Bullen wollte sie das nicht erzählen.»

«Und wegen so einem Quatsch mache ich vor Prottengeier Seelenstriptease? Ich fasse es nicht», stöhnte Peter. «Egal. Wie hast du sie dazu gebracht, dir ihr fürchterliches Geheimnis zu gestehen?»

Karl schwieg. Er hatte mit ihr geschlafen, was denn sonst? Dieser Scheißkerl. Peter biss sich auf die Lippen. Müde wandte er sich an Magda. «Und was ist mit dir und Prottengeier?»

«Nichts», antwortete sie kühl.

Sie würde ihm nichts erzählen, das wusste er. Was Gefühle betraf, konnte sie verdammt verschlossen sein. Ihre Beziehung zu Karl hatte er noch nie wirklich kapiert. Dass diese Arschgeige ihn betrog, war in Ordnung. Das war der Preis für einen Heteromann, damit hatte er sich schon lange mehr oder weniger abgefunden. Außerdem bedeuteten seine Geschichten nie besonders viel. Das Einzige, was Karl am Herzen lag, war das Theater.

Aber sie? Einmal hatte sie ihm gesagt: Man ist mit dem Herzen treu, nicht mit dem Unterleib. Vielleicht glaubte sie ja an diesen Unsinn. Aber was, wenn sie sich in diesen Bullen verliebt hatte? Der Typ war nicht schlecht, das fand er ja auch. Und diese einsamen Wölfe hatten unbestritten ihre Anziehungskraft. Händchenhalten! Das hörte sich nicht gut an. Diese verfluchte Geschichte würde sie noch auseinander reißen. Traurig betrachtete er das graue Linoleum unter seinen Füßen. Die weißen Resopaltische. Die nackten Schminkspiegel. Er fröstelte. Nicht aufgeben, kämpfen!

«Wir können doch jetzt nicht einfach das Handtuch werfen. Wir haben die Sache angefangen, jetzt müssen wir sie auch zu Ende bringen.» Entschlossen sah er seine Freunde an. «Wir drei! Wir haben bis jetzt alles geschafft, was wir wollten, oder? Weil wir zusammengehalten haben. Wollt ihr das einfach wegwerfen? Jeder wieder allein?»

Auffordernd sah er seine Freunde an. Magda sah traurig aus. Sie hatte sich seit Pias Tod verändert. Immer war sie so strahlend gewesen. Jetzt hatte sie etwas Müdes um die Augen, und er konnte einen zarten Fältchenkranz sehen. Früher war ihm das gar nicht aufgefallen.

«Also was ist? Macht ihr mit, oder lasst ihr mich hängen?»

«Mensch, Peter. Ich kann in niemanden reinstechen. Und in dich schon gar nicht», sagte Karl unglücklich.

Peter ging auf ihn zu. «Doch, Karl. Du kannst. Du musst! Jeder weiß, dass wir beide den Messerkampf immer wieder proben. Also kannst nur du es tun.»

Karl wich einen Schritt zurück. «Was ist, wenn ich dich verletze? Schwer verletze?»

«Das wird nicht passieren. Deshalb proben wir es ja. Hey, außerdem kennst du meinen Körper am besten, oder nicht?» Peter stand jetzt dicht vor seinem Freund und sah ihm in die Augen. «Ich vertraue dir.» Schweigend sahen die beiden Männer sich an.

«In allen Western kriegen die Cowboys ihre Schussverletzungen dorthin», mischte sich Magda ein. «Es ist so ziemlich die einzige Stelle am Oberkörper, wo keine inneren Organe lauern. Deshalb können sie dann auch nach ein paar Minuten weiterballern.»

Erleichtert lachte Peter auf. «Genau. Und dann macht ihnen eine blonde Frau schnell einen erstaunlich dekorativen Verband aus ihren erstaunlich weißen Unterröcken. Kriege ich von dir auch so einen, Magda?»

«Meine Unterröcke sind schwarz», gab sie trocken zurück.

«Auch nicht schlecht», schmunzelte Peter. «Das hat dann was schön Morbides.»

«Hört schon auf damit. Das ist kein Spaß», unterbrach sie Karl.

«Nein, das ist auch kein Spaß», fuhr ihn Peter unvermittelt an. «Das weiß niemand besser als ich. Schließlich bin ich es, in den reingestochen wird. Glaubst du, ich habe keine Angst? Aber noch viel mehr Angst kriege ich, wenn ich mir vorstelle, dass Prottengeier sich in mich verbeißt. Der Typ spielt nämlich mit Sicherheit nicht.»

Karl sah hilflos aus. «Ist das denn wirklich nötig? Er weiß doch überhaupt nichts ...»

«Noch nicht, Karl! Noch weiß er nichts. Aber ich habe ein schlechtes Gefühl. Der ist anders als sein dicker Adlatus. Der lässt nicht locker. Was meinst du, Magda?»

Beide Männer drehten sich ihr zu. Magda sah an ihnen vorbei und sagte unsicher: «Er ist nicht dumm. Er lässt sich nichts vormachen. Und ich glaube, er liebt die Jagd. Doch, Peter hat Recht. Er ist gefährlich.»

Geschlagen ließ Karl sich wieder auf seinen Stuhl sinken. «Also gut. Wie habt ihr euch das Ganze vorgestellt?»

Erleichtert atmete Peter auf. Na also. Jetzt hatten sie wieder zusammengefunden, die drei Hexen. Mit blitzenden Augen sah er sie an.

«Stellt euch vor: Der Kampf wird geprobt. Ein Schrei! Und plötzlich liege ich vor Prottengeiers Augen in meinem eigenen Blut! Selbstverständlich stöhnend und leichenblass. Über mir das entsetzte Gesicht meines besten Freundes. Da fällt sein Auge auf den blutigen Dolch in seiner Hand – ich verlasse mich übrigens darauf, dass du das Ding auch wieder aus mir herausziehst, Karl. Magda schreiend am Bühnenrand. Der Dolch entfällt deiner kraftlosen Hand, heiße Tränen strömen über dein Gesicht. Ein paar Tränen wirst du doch hoffentlich zustande bringen? Und in diesem Moment weiß der Kommissar: Diese drei haben nichts mit der Sache zu tun. Sie sind Opfer, wie alle anderen. Ein Wahnsinniger treibt sein Unwesen! Und dann könnte dein unzüchtiger Unterrock ins Spiel kommen, Magda.»

Sie lächelte ihn an. Karl runzelte die Stirn. «Und du denkst, das funktioniert?»

«Natürlich funktioniert das. Wir müssen ihn verwirren, auf falsche Fährten setzen, denen er hinterherrennt. Je mehr, desto besser. Verschleiern, täuschen, vertuschen. Je theatralischer, desto wirkungsvoller. Wir müssen ein Heimspiel für uns daraus machen, kapiert?»

«Wird sich die Schneiderei nicht wundern, wenn sie ihre Puppe voller Stichwunden zurückbekommt?», fragte Karl sachlich.

«Die Schneiderpuppen haben Überzüge aus Samt, damit

man den Stoff besser drapieren kann», gab Magda genauso sachlich zurück. «Ich habe einen zum Wechseln organisiert.»

Peter war glücklich. Seine Freunde! Dieses Kribbeln, wenn sie alle an einem Strang zogen. Es war wie früher. Nein, wie immer. Von ihm kam die Idee, Magda kümmerte sich um die praktische Ausführung, und Karl hatte das Auge für undichte Stellen. Zu dritt waren sie einfach unschlagbar.

Strahlend begann er: «*Wann kommen wir drei uns wieder entgegen?*»

Magda gab sich einen Ruck: «*Bei Sonne und Wind, oder im Regen?*»

Karl sah sie lange an. Dann seufzte er und schloss: «Wenn der Wirrwarr stille schweigt, wollen wir mal hoffen, dass nicht Bulldogge Prottengeier der Sieger ist!»

• **17** •

Die Tür zum Zuschauerraum fiel mit einem lauten Plopp ins Schloss. Wie von der Tarantel gestochen sprang der Intendant hinter seinem Regiepult auf und schrie: «Welcher gottverdammte Trottel ist das schon wieder? Es ist Probe! Raus!»

Prottengeier blieb wie angewurzelt stehen. Auch die Schauspieler auf der Bühne erstarrten und blinzelten gegen das Licht, um im dunklen Zuschauerraum den Störenfried auszumachen. Rüdiger, der ewig emsige Regieassistent, kam auf ihn zugelaufen und zischelte: «Es ist Probe.»

Prottengeier zischte genervt zurück: «Was Sie nicht sagen! Ihr Intendant will mich dringend sprechen.»

Offensichtlich konnte Rüdiger mit dieser Information nichts anfangen. Er sah den Kommissar ratlos an und wiederholte stupide: «Es ist Probe!»

•

Prottengeier wurde es zu dumm. Laut rief er nach vorne: «Sie wollten mich sprechen, Herr Knoller.»

Der verstörte Assistent versuchte noch, ihn mit fuchtelnden Armbewegungen zum Schweigen zu bringen, als Knoller zurückrief: «Herr Prottengeier! Warten Sie, ich komme», und an die Schauspieler gewandt bellte: «Kurze Pause. Aber rennt nicht weg, damit euch Rüdiger nicht wieder stundenlang suchen muss. Wir machen gleich weiter.»

Neugierig sahen sie ihm nach, als er sich durch die Reihen zwängte und zu Prottengeier eilte. Mit einer kurzen Handbewegung verscheuchte er den lästigen Rüdiger und packte Prottengeier aufgeregt am Arm.

«Gut, dass Sie da sind. Ich habe wichtige Neuigkeiten. Setzen wir uns kurz.» Damit dirigierte er den Kommissar in die letzte Reihe. Kaum saßen sie, tuschelte er aufgeregt: «Haben Sie heute die Zeitung gelesen?»

Prottengeier knurrte nur. Er hatte gerade drei Stunden Fallbesprechung mit den Kollegen hinter sich. Alle außer ihm waren dafür, den Tod der Souffleuse als Unfall zu verbuchen. Einfach ein Unfall mit Todesfolge. Sie hatten keine Spuren, keinen Hinweis, nichts. Also auch keinen Fall. Die Spurensicherung wusste nicht, wonach sie noch suchen sollte. Die Labors waren ohnehin überlastet. Und Schmidthahn war sauer, dass Pottengeier allein zu Warnak gegangen war. Stundenlang hatte er ihm in den Ohren gelegen, dass immer zwei Beamte beim Verhör dabei sein mussten. Das wusste Prottengeier auch. Doch wenn Schmidthahn nicht aufzutreiben war? Er hatte weder gefrühstückt noch Zeitung gelesen.

Aber der Intendant erwartete überhaupt keine Antwort, sondern flüsterte sichtlich gut gelaunt: «Dieser Fleischer ist genial! Einfach genial. Vergleicht den Faust mit Macbeth, dem alten Unglücksstück. Seitdem laufen die Telefone heiß. Jeder will Karten. Die ersten drei Vorstellungen sind jetzt schon ausverkauft! Sogar die Premierenverschiebung ist den Leuten egal.» Zufrieden lehnte er sich zurück. «Gott segne die Sensationsgier.»

Schon wieder Macbeth? Wieso tauchte dieses Stück nur immer wieder auf? Und er hatte noch immer nicht den Faust zu Ende gelesen. Von Macbeth ganz zu schweigen.

«Wieso Macbeth?», fragte er knurrig.

«Ein alter Theateraberglaube», raunte Knoller fröhlich. «Angeblich soll Macbeth Unglück bringen. Schon die Uraufführung zu Shakespeares Zeiten war vom Pech verfolgt. Und das ging immer so weiter. Bühnenunfälle, Premierenverschiebungen, Tod. Das Stück zieht das Unglück förmlich an. Sagt man. Das ist natürlich völliger Blödsinn, aber die Zuschauer lieben solche Geschichten. Allein heute Morgen hatten wir zehn neue Aboanmeldungen.» Vergnügt rieb er sich die Hände: «Dazu die ausverkauften Vorstellungen und sogar eine Premierenanmeldung der Theaterpäpste.»

Auf Prottengeiers fragenden Blick erklärte er: «Theater Heute. Unsere Fachzeitschrift. Sehr renommiertes Blatt. Die berichten nicht einfach so aus der Provinz. Sogar der Ministerpräsident will unbedingt kommen. Egal, wann die Premiere stattfindet. Hat er extra ausrichten lassen.» Und mit, wie Prottengeier fand, dümmlichem Lächeln fügte er hinzu: «Die Zahlen steigen, mein Lieber. Sie steigen.»

Prottengeier wandte sich zur Bühne. Wenn er noch länger in Knollers glücksverklärtes Gesicht schauen müsste, würde ihm übel werden.

Die Schauspieler lagerten kreuz und quer auf der Vorbühne und unterhielten sich leise, nicht ohne dann und wann einen forschenden Blick nach unten zu werfen. Magda kam gerade hinter den Kulissen hervor und reichte Less und Brandner irgendetwas. Dann setzte sie sich ans Portal auf den Boden und schlug ihr Textbuch auf. Sie kam ihm blass vor heute Morgen.

Schnell drehte er sich wieder zu Knoller. «Das ist ja sehr schön für Sie, aber deshalb haben Sie mich doch nicht rufen lassen.»

Knoller schüttelte enthusiastisch den Kopf und senkte seine Stimme noch mehr. «Natürlich nicht. Ich hatte Ihnen doch versprochen, die Augen offen zu halten. Das habe ich getan. Und ich habe interessante Neuigkeiten. Der Requisiteur!» Er legte eine bedeutungsvolle Pause ein. Als Prottengeier keine Anstalten machte, zu reagieren, packte er ihn am Arm und flüsterte: «Ich habe mit ihm gesprochen. Fredi sagt, dass immer zwanzig Murmeln im Kästchen liegen. Genau zwanzig. Jetzt sind es noch sechzehn. Die fehlenden vier haben sie auf der Unterbühne gefunden. Aber ...»

«Aber was?», entfuhr es Prottengeier unwirsch.

«Aber – wir haben die Szene vor Monas Unfall gar nicht geprobt. Und Fredi schwört, dass gestern Morgen noch alle zwanzig Murmeln im Kästchen lagen.» Triumphierend sah er den Kommissar an und wandte sich dann wieder zur Bühne. Augenscheinlich versuchte er, so harmlos wie möglich zu wirken.

Zwanzig Murmeln: Er hatte also Recht. Jemand hatte die Murmeln mit Absicht auf die Treppe gelegt! Vielleicht konnte er damit Schmidthahn überzeugen. Der hatte heute Morgen, zu Recht, wie er zugeben musste, die Idee eines inszenierten Unfalls mithilfe der Murmeln weit von sich gewiesen. Viel zu unzuverlässige Methode, sein Einwand. Er hatte ihn fast überzeugt, dass die Murmeln nur zufällig da gewesen waren. Jetzt sah das anders aus. Jemand hatte die Murmeln auf die Treppe gelegt.

Peter Less, er war sich sicher. Aber warum? Verdrießlich musterte er den Schauspieler.

Der stand, mit einem Theaterdolch bewaffnet, Brandner gegenüber. Die zwei schienen einen Kampf zu proben. Die Mann las immer noch in ihrem Textbuch. Als Einzige hatte sie durch keinen Blick, keine Bewegung seine Anwesenheit kommentiert. Er hatte sie vor dem Alten abfahren lassen. Wahrscheinlich war sie sauer. Diese verdammte Nacht in der Kantine! Murmeln, so etwas Idiotisches!

«Davon hat Ihr Requisiteur uns nichts gesagt», stellte der Kommissar grantig fest.

«Ich weiß auch, warum», murmelte Knoller bedeutungsschwanger. «Er hat Angst vor der Polizei. Er war wohl in Linz in irgendwelche krummen Dinger verwickelt. War auch in Haft.» Knoller hob den Zeigefinger und hielt ihn dem Kommissar bedrohlich vor die Nase. «Und er hatte Streit mit Pia Zadurek. Am Abend ihres Todes! Sie hatte ihm mit Entlassung gedroht. Also, wenn das kein Motiv ist!»

Prottengeier stockte kurz der Atem. Wieso wusste er nichts davon? Weder von einer Vorstrafe noch von dem Streit? Schmidthahn hatte alle Leute überprüft, die zur Tatzeit anwesend gewesen waren. Eine Vorstrafe hätte ihm auffallen müssen. Aber er, Prottengeier, leitete die Ermittlung. Es war sein Fehler. Und dann noch ein Streit! Niemand hatte den auch nur erwähnt. Keiner der Techniker und keiner der Schauspieler. Noch nicht einmal die Questen hatte eine Andeutung gemacht.

Sein Leben lang hatte er sich etwas darauf eingebildet, zu merken, wenn jemand log. Es war ein Instinkt, ein Wissen, das ihn einfach überkam. Und meistens behielt er Recht. Mit den Jahren hatte er angefangen, diesem Instinkt zu vertrauen. Aber diesmal hatte er versagt. Fünfzehn Leute hatten ihm etwas verschwiegen, und er hatte es nicht einmal geahnt.

Was war los mit ihm?

Less und Brandner fochten auf der Bühne. Die anderen Schauspieler waren gegangen. Nur Magda saß immer noch am Portal. Irritiert sah er den Fechtern zu. Gut aufeinander abgestimmt. Immer wieder übten sie die gleiche Folge. Mit einem

Ausfallschritt griff Less an und stieß den Dolch vor. Brandner parierte seitlich. Less wich zurück, Brandner stieß vor. Beide hielten inne und sagten halblaut einen Text, den Prottengeier nicht verstand.

Dann griff Brandner an, Less parierte von der anderen Seite, Innehalten, Text.

Gut aufeinander abgestimmt – das waren sie alle an diesem Theater. Sie ließen ihn nur sehen, was er sehen sollte. Von der Schmitz hatte er auch nur durch Zufall erfahren. Sie schützten sich alle gegenseitig.

Der Requisiteur konnte den Mord an der Zadurek nicht begangen haben. Er war immer in Begleitung von zwei Kollegen von der Technik gewesen. Aber wie viel Gewicht besaß deren Aussage? Wie viel Gewicht besaß überhaupt eine Aussage dieser Theaterleute?

Er fühlte sich seltsam hilflos. Wenn ihn jetzt auch noch sein Instinkt verließ?

«Was sagen Sie, Herr Prottengeier? Fredi hat ein einwandfreies Motiv, nicht wahr? Vielleicht hat er ja auch die Murmeln auf die Treppe gelegt?» Bei diesem Gedanken glühte Knollers Gesicht vor Freude.

Der Kommissar fühlte leichten Ekel in sich aufsteigen. Magda hatte bestimmt auch von dem Streit gewusst. Und ihm nichts gesagt. Warum auch? Nur wegen letzter Nacht brauchte er sich nicht einzubilden, sie hätte ein besonderes Verhältnis zu ihm. Der Gedanke schmerzte.

«Obwohl – an einen Mord mit Murmeln kann ich immer noch nicht so recht glauben. Das hört sich albern an. Der Murmelmord.» Jetzt kicherte dieser Idiot neben ihm auch noch.

«Woher wissen Sie das eigentlich alles? Gestern konnten Sie uns doch kaum die Namen Ihrer Leute nennen. Und heute kennen Sie sogar die Vergangenheit eines popligen Requisiteurs?»

Knoller sah in mit offenem Mund an. «Nun ja, meine Sekretärin, Frau Schwarz. Ich habe Ihnen von ihr erzählt. Und als ich ihr sagte, dass ich mich persönlich um diese Unfälle kümmern möchte, hat sie mich informiert. Patente Frau, aber das sagte ich ja schon.»

Diese allwissende Sekretärin würde er selbst befragen. Aber auch mit der hatte Schmidthahn schon gesprochen. Und dem hatte sie nichts Derartiges erzählt. Wütend presste er die Lippen aufeinander.

Entschieden verkündete der Intendant: «Auch wenn all diese Unfälle meinem Haus nicht so schaden, wie zu befürchten stand, werde ich keinesfalls einen Mörder in unseren Reihen dulden.»

Was faselte er da nur? Verbissen sah der Kommissar zur Bühne, was den Intendanten aber nicht daran hinderte, weiterzureden.

«Dieser Requisiteur war mir schon immer suspekt! Renitenter Mann. Und er hatte offenkundig ein Motiv. Nun ja, Requisiteure sind leicht zu ersetzen.»

Zufrieden sah auch er zur Bühne, auf der die beiden Schauspieler immer noch fochten. Ihre Bewegungsabläufe waren schneller, natürlicher geworden. Was eben noch ein Auswendiglernen von Schrittfolgen gewesen war, wurde langsam ein richtiger Kampf. Gerade duckte sich Less elegant, um einem Angriff von Brandner auszuweichen.

Die Murmeln waren alle morgens noch im Kästchen gewesen. Less belauscht sein Gespräch mit der Questen. Gerät in Panik, als sie von ihrem Gefühl spricht, etwas gesehen zu haben. Das Erstbeste, was ihm einfällt, um die Questen zu stoppen, ist ein Unfall. Ein Sturz. Und da denkt er an seine Murmeln. Ganz ohne Risiko. Wenn es nicht klappt, kommt eine neue Gelegenheit. Aber es hatte geklappt! Und er würde den Mord niemals beweisen können.

●

«Was sollen wir denn jetzt unternehmen, Herr Prottengeier?», quengelte der Intendant. «Wir müssen doch etwas tun.»

Abgestoßen merkte Prottengeier, dass der Intendant darauf brannte, einen Kopf rollen zu sehen. Am liebsten natürlich einen, dessen Fehlen die Theaterabläufe nicht besonders stören würde. Requisiteure ließen sich leicht ersetzen ... Wie dieser plumpe Mann wohl reagieren würde, wenn es einen seiner Hauptdarsteller träfe? Oder wäre auch das nur wunderbare Publicity?

Less konnte den Mord an der Zadurek nicht begangen haben. Und auch nicht den Unfall mit dem Eisernen verursacht haben. Also: Wen wollte er schützen? Magda! Aber was war mit dem Eisernen? Warnak? Der hatte tatsächlich ein Alibi. Kein wasserdichtes, aber ein Alibi.

Auf der Bühne wurden die Bewegungen schneller und das Klirren der Dolche lauter. Die beiden machten ernst. Brandner sah schlecht aus. Auf seiner Stirn und auf seinen Schläfen glänzten Schweißtropfen.

Angriff – Abwehr – Text. Angriff – Abwehr – Text. Angriff – ein Schrei!

Prottengeier sprang auf.

Less taumelte, fasste sich an die Schulter und ging in die Knie. Brandner wich entsetzt einen Schritt zurück. Magda sprang auf.

Knoller brüllte: «Was ist los? Was ist passiert?»

Prottengeier zwängte sich an ihm vorbei und stürmte zur Bühne. Diesmal ignorierte auch er die Treppe und war mit einem Satz bei den Schauspielern. Less umklammerte immer noch seine Schulter. Unter seinen Händen quoll Blut vor.

«Was ist los?», schrie Knoller wieder und eilte hinter dem Kommissar her. Er stürzte neben den knienden Prottengeier und wiederholte hysterisch: «Was ist denn los?» Less löste seine blutige Hand, betrachtete sie verwundert und fiel in Ohnmacht.

Schon wieder hatte er sein Handy vergessen. Er fuhr den Assistenten an: «Stehn Sie nicht rum. Einen Krankenwagen. Schnell!»

Rüdiger und der Intendant rannten zusammen zum Bühnenausgang. Wie ein wild gewordenes Mantra raste immer wieder derselbe Satz durch seinen Kopf. Nicht schon wieder. Nicht schon wieder. Nicht schon wieder.

Behutsam öffnete er die Kostümjacke, die Less trug, und untersuchte die Wunde. Neben ihm begann Magda lautlos zu weinen.

«Es sieht aus wie eine Fleischwunde. Die Schlagader ist nicht verletzt, sonst würde er mehr bluten», versuchte er sie zu beruhigen. Dabei war er alles andere als ruhig. Schon wieder ein Unfall. Less sah verdammt blass aus.

Knoller kam mit einem Techniker im Schlepptau zurück. «Lasst Micha mal ran. Er ist bei den Johannitern», keuchte er schon an der Tür. Prottengeier machte Platz, und mit geübten Handgriffen untersuchte Micha den ohnmächtigen Less. Nach einer Weile, die allen wie eine Ewigkeit vorkam, richtete er sich auf und meinte: «Halb so wild. Das ist ein ganz gerader Stich. Der stirbt nicht.»

Magda schniefte. «Aber er ist bewusstlos.»

Der Techniker stand auf und legte ihr seinen Arm um die Schultern. «War wohl eher der Schreck. Der Krankenwagen ist gleich hier, die wissen es genau. – Was habt ihr denn schon wieder getrieben?»

Das interessierte Prottengeier auch. Aber bevor jemand antworten konnte, stöhnte Less und schien wieder zu sich zu kommen. Als er sich bewegte, verzerrte sich sein Gesicht vor Schmerz, und er schlug die Augen auf. Sofort kniete sich Micha wieder neben ihn und sprach beruhigend auf ihn ein:

«Keine Panik, Peter. Du hast eine Fleischwunde. Hast dir 'ne gute Stelle ausgesucht, um dich abstechen zu lassen!»

Less grinste schwach. «Karl! Wo ist ...»

Als Brandner seinen Namen hörte, ging er neben seinem Freund in die Knie. «Peter. Ich wollte nicht ... Es ist nicht eingeschnappt, das Messer ist einfach nicht eingeschnappt.»

Less hob mühsam die Hand und legte sie auf Brandners Knie. «Schon gut, Karl. Ist ja nichts weiter passiert. Ich bin zäh, weißt du doch.»

Karl strich vorsichtig über sein Gesicht. «Ich wollte nicht ... Ich wollte dir nicht wehtun.»

Wieder versuchte der Verletzte ein mühsames Lächeln. «Es tut gar nicht so weh. Ich bin nur erschrocken. Ich kann einfach kein Blut sehen. Vor allem nicht mein eigenes.»

Die Bühnentür flog auf, und zwei Sanitäter hetzten in den Raum. Umgehend scheuchten sie die Anwesenden zur Seite und untersuchten den Schauspieler. Nachdem sie die Wunde versorgt und Puls und Blutdruck gemessen hatten, meinte der eine zu seinem Kollegen: «Nehmen wir besser die Bahre.»

Erschrocken versuchte Less sich aufzurichten. «Wieso? Ich kann ganz bestimmt gehen.»

Der Sanitäter drückte ihn sanft zu Boden. «Klar können Sie das. Aber Sie wollen doch nicht gleich wieder umkippen, oder? Wir bringen Sie ins Krankenhaus und versorgen die Wunde. Der Stich sieht gut aus, ist aber ziemlich tief. Und dann röntgen wir Sie mal. Nur um sicherzugehen, dass die Lunge wirklich nicht verletzt wurde.»

Knoller drängte sich nach vorn und fragte aufgeregt: «Wie lange wird er denn im Krankenhaus bleiben müssen? Ich meine, wegen der Proben. In einer Woche ist doch Premiere ...»

Verlegen brach er ab, als die Sanitäter ihn erstaunt musterten. «Jetzt seien Sie erst mal froh, dass ihm nichts weiter passiert ist. Das dauert auch bestimmt nicht allzu lang. Aber wenn Sie Genaueres wissen wollen, müssen Sie schon den Arzt fragen.»

Der Intendant nickte ergeben. «Ich komme natürlich mit.»

«Wir kommen auch mit», sagte Magda, die sich wieder gefangen hatte.

«Moment mal!» Alle wandten sich zu Prottengeier um, der ein wenig abseits stand. «Ich möchte Herrn Brandner und Frau Mann noch ein paar Fragen stellen.»

Magda sah ihn bittend an, aber als er ihren Blick ungerührt erwiderte, senkte sie ergeben den Kopf. Brandner nickte gequält und trat zur Seite.

Die Sanitäter hoben Less vorsichtig auf die Bahre und schickten sich an, die Bühne zu verlassen. Schnell ging Magda ihnen nach und flüsterte mit Less. Prottengeier konnte nur Satzfetzen hören, die ihn an diesen geheimnisvollen Macbeth-Vers erinnerten. Etwas mit: Sonne … Wind … entgegen …

Less lächelte und küsste sie. Auf den Mund. Prottengeier wandte sich ab. Brandner rief der sich entfernenden Prozession noch nach: «Wir kommen so schnell wie möglich!», dann klappte die Bühnentür zu, und sie waren allein.

Einen Augenblick schwiegen alle drei, wie erschlagen von der plötzlichen Stille. Dann stöhnte Brandner auf und schien förmlich in sich zusammenzusinken. Er ließ den Kopf hängen und flüsterte mit geschlossenen Augen: «Das war die schrecklichste halbe Stunde meines Lebens.» Magda ging zu ihm und strich ihm über den Rücken.

Prottengeier hatte überhaupt keine Lust, den beiden beim Austausch von Trost und Zärtlichkeiten zuzusehen. Er fragte barsch: «Was genau ist passiert, Herr Brandner?»

Der Angesprochene riss sich zusammen und antwortete feindselig: «Ich weiß es nicht! Wir haben den Kampf geprobt. Genau wie immer. Aber das Messer ist einfach nicht eingeschnappt.»

Als würde er ein giftiges Insekt überreichen, hielt er dem Kommissar den Dolch hin. Der kramte in seiner Anzugsjacke. Er wusste genau, dass er gestern noch Plastikhandschuhe eingesteckt hatte. Als er sie endlich fand, streifte er sie über und griff nach dem Messer.

«Ich verstehe einfach nicht, wieso es nicht eingeschnappt ist.» Der Schauspieler schüttelte ratlos den Kopf. «Sobald die Klinge auf Widerstand trifft, versinkt sie im Messerschaft. Das hat immer geklappt.»

Sorgfältig taxierte der Kommissar den blutverschmierten Dolch. Magda trat neben ihn und betrachtete das Messer ebenfalls. Sie stand sehr nah. Prottengeier merkte, wie sich die Härchen an seinem Unterarm aufrichteten. Es war unangenehm.

«Das ist ein Fall für unsere Kriminaltechnik. Proben Sie den Kampf immer mit Herrn Less?»

«Ja. Im Stück mache ich den Kampf mit dem Darsteller des Valentin, Volker Taddik. Aber wir mögen uns nicht gerade. Taddik ist im Fechten richtig gut. Ich nicht. Deshalb probe ich den Kampf immer mit Peter.» Brandner klang aggressiv. Was hatte er denn? Prottengeier sah ihn erstaunt an. Brandner starrte finster zurück und sah dann vorwurfsvoll Magda an, die sich immer noch dicht neben dem Kommissar über das Messer beugte.

Störte es ihn, dass sie so dicht neben ihm stand? Auf jeden Fall wirkte der Schauspieler ausgesprochen sauer. Kinderkram.

«Jemand hat offensichtlich den Einzugsmechanismus blockiert. Irgendetwas steckt im Schaft, sodass die Klinge gar nicht einschnappen kann», sagte der Kommissar betont sachlich. «Wer weiß denn, dass Sie diesen Kampf immer mit Herrn Less proben?»

Brandner antwortete nicht.

«Herr Brandner!»

Der Schauspieler sah ihn wütend an.

«Wer weiß, dass Sie den Kampf mit Herrn Less proben?», wiederholte Prottengeier.

«Alle natürlich.» Der Schauspieler trat näher an Magda heran, legte seinen Arm um ihre Schulter und zog sie unmerklich ein Stück von Prottengeier weg. «Peter und ich haben den Kampf bei fast jeder Probe geübt. Ein Bühnenkampf muss perfekt sein, um gut auszusehen.»

«Erstechen Sie ihn immer an der gleichen Stelle?»

«Ja. In der Bühnenmitte.»

«Ich wollte wissen, ob Sie ihn immer an der gleichen Körperstelle treffen?»

«Mehr oder weniger. Immer rechts am Brustkorb. So ist es choreographiert. Heute war ich ziemlich hoch.»

«Ihr Glück.»

«Was soll das denn heißen?», schnauzte ihn der Schauspieler unvermittelt an. «Glauben Sie vielleicht, ich hab das mit Absicht gemacht?»

Prottengeier fühlte, wie ihm das Blut in den Kopf schoss. Der Kerl hatte Nerven. Stach seinen Freund ab und führte sich dann noch auf wie eine Diva.

Bevor er eine scharfe Antwort geben konnte, hatte Magda Karls Arm gegriffen und schob ihn von ihrer Schulter. «Was ist denn los, Karl?», fragte sie verwundert. «Herr Prottengeier hat nur gemeint, es war Glück, dass du Peter nicht an einer anderen Stelle erwischt hast.»

Sie trat einen Schritt zurück und stand wieder neben Prottengeier. Fast hätte er jetzt den Arm um sie gelegt.

Was tat er da, um Himmelswillen? Benahm sich wie ein pubertierender Jugendlicher. Er würde noch den ganzen Fall vermasseln. Hahnenkämpfe mit den Verdächtigen. Er musste verrückt sein!

Betont freundlich sagte er: «Es gibt nur wenige Stellen im

Oberkörper, die man treffen kann, ohne lebenswichtige Organe zu verletzen. Das habe ich gemeint.»

«Es tut mir Leid. Ich bin ganz einfach fertig», entschuldigte sich der Schauspieler. Unter seinem rechten Auge zuckte ein Nerv.

Am liebsten wäre er die beiden losgeworden, um in Ruhe nachzudenken. Aber ein paar Fragen mussten noch sein.

«Herr Brandner, testen Sie den Mechanismus der Dolche, bevor Sie sie benutzen?»

Der Schauspieler schloss die Augen und schien nachzudenken. «Ich fürchte, nein», meinte er schließlich. «Sie liegen immer zusammengeklappt auf dem Requisitentisch. Wir lösen die Sicherung, das Messer springt raus. Fertig.»

Schien es ihm nur so, oder betrachtete Magda ihren Kollegen wachsam? So, als müsse sie jeden Moment eingreifen?

«Und diesmal?», fragte Prottengeier.

«Diesmal hat Magda uns die Messer gebracht. Sie waren schon offen.»

Schnell mischte sich die Schauspielerin ein: «Das stimmt. Ich war kurz hinten, und Karl und Peter hatten mich gebeten, ihnen die Waffen mitzubringen. Sie lagen offen auf dem Tisch. Ich habe sie so genommen, wie sie waren, und mit nach vorne gebracht.»

Er hatte sich nicht getäuscht. Die Schauspielerin schien erleichtert zu sein, dass sich seine Aufmerksamkeit ihr zuwandte.

«Und Sie haben sich nicht gewundert, wieso die Dolche offen dalagen?»

Spöttisch sah sie ihn an: «Sie überschätzen die Rollenvielfalt der Frauen am Theater. Wir begehen selten Morde. Als Frau wird man ermordet. Oder bringt sich selber um. Ich habe so ein Ding noch nie benutzt.»

«Die Dolche sind sowieso Schwachsinn», mischte sich

Brandner wieder ein. «Im Original ist das ein Degenkampf. Aber das war Pia zu altmodisch.»

Plötzlich schloss er die Augen und wankte. «Mir wird schlecht.» Langsam setzte er sich auf den Boden.

Magda drückte ihm den Kopf zwischen seine Beine. «Tief durchatmen. Dann wird es besser.»

Prottengeier beobachtete sie. Magda ging sehr sachlich mit Karl um. Ihr Mitgefühl hielt sich in Grenzen. Mit Less war sie jedenfalls deutlich zärtlicher.

«Eine Frage noch. Wer ist eigentlich für die Dolche zuständig?»

Sie sah ungehalten zu ihm hoch. «Muss das jetzt sein?»

«Die Messer sind Requisiten. Also der Requisiteur?»

«Ja, Fredi. Aber der legt sie doch nur hin.»

«Warum haben sie mir eigentlich nicht erzählt, dass es einen Streit zwischen dem Requisiteur und Frau Zadurek gab? Kurz vor ihrer Ermordung?»

Jetzt hob sogar Brandner den Kopf und sah ihn überrascht an. «Das ist doch völlig unwichtig», sagte er böse.

«Das zu beurteilen, sollten Sie mir überlassen!» Wieder merkte Prottengeier, wie die Wut in ihm hochstieg. «Immerhin ist eine angedrohte Entlassung ein Motiv.»

Magda stand auf und stammelte: «Aber ... Doch nicht Fredi. Sie hat das dauernd gemacht. Leuten gedroht.»

«Das mag sein», sagte Prottengeier ungerührt. «Fakt ist, dass der Requisiteur wiederholt ins Spiel kommt. Er hatte Streit mit ihr. Er ist für die Dolche zuständig. Und die Murmeln, die vielleicht zu Frau Questens Unfall beigetragen haben, waren auch unter seiner Obhut.»

«Nein. Nein, Sie täuschen sich», warf sie hilflos ein.

«Und Fakt ist ebenfalls, dass mir niemand etwas von dem Streit erzählt hat. Wenn der wirklich so harmlos war, warum haben Sie ihn mir dann verheimlicht?»

Die Schauspieler schweigen.

«Wie auch immer. Erholen Sie sich erst einmal. Wir werden uns später noch unterhalten müssen.»

Als er die Bühnentür hinter sich schloss, meinte er, Brandner lachen zu hören. Es klang nicht besonders lustig.

• 18 •

Mit gesenktem Kopf stützte er sich an den Kacheln ab. Die harten Tropfen hämmerten auf seinen verspannten Nacken. Vorsichtig zog er die Schultern hoch, ließ sie langsam kreisen und dann wieder fallen. Ein verdammtes Bügelbrett!

Mit einem Seufzer hob er den Kopf und ließ sich das warme Wasser ins Gesicht prasseln. Nach einiger Zeit merkte er, wie das Wasser den Klumpen aus Müdigkeit und Wut in seinem Magen löste.

In der kleinen Duschkabine stand der Dampf wie in einer Sauna. Er drehte den Hahn ab, öffnete die Glastür und tastete nach seinem Bademantel. Im selben Moment fiel ihm ein, dass er gar keinen mehr hatte. Letztes Jahr bei seinem Auszug vergessen. Alles, was er vergessen hatte einzupacken, hatte seine Frau sofort weggegeben. In die Altkleidersammlung oder direkt zum Müll. Als hätte sie Angst, er würde die Sachen als Vorwand nutzen, um wiederzukommen.

Und er hatte sich keinen neuen Bademantel gekauft. Merkwürdig, dass Liebe einfach so verschwand. So unauffällig wie Wasser im Abflussrohr.

Fröstelnd trocknete er sich ab, stieg wieder in seine zerknitterte Hose und zog das Hemd über. Er trat vor den Spiegel und rubbelte sich die Haare. Wenigstens fielen ihm die nicht aus. Mit den Fingern strich er sie nach hinten. Zum Friseur müsste er mal wieder, sie waren zu lang. Und an den Schläfen ziemlich grau. Aber noch da! Er war froh darüber. Obwohl ihm Schmidthahn unaufgefordert einen langen Vortrag darüber gehalten hatte, dass Haarausfall bei Männern ein Zeichen von viel Testosteron sei. Also von Potenz.

Er hätte Schmidthahn nicht so anbrüllen dürfen. Dass dieser Requisiteur eine Jugendstrafe hatte, konnte er wirklich nicht wissen. Er hatte nur gebrüllt, weil er selbst versagte hatte.

Prottengeier, das heimliche Ass der Mordkommission. Dem niemand etwas vormachen konnte. Wurde von fünfzehn Leuten belogen und merkte es noch nicht einmal! Saß im Zuschauerraum, und vor ihm lief das Gemetzel ab.

Ein Glück, dass wenigstens Less nichts passiert war. Nichts wirklich Schlimmes.

Ein Irrer, dem es gleichgültig war, wen es traf. Davon sollte er vielleicht besser ausgehen. Und seine Energie nicht auf die drei verschwenden. Die Mann hatte kein Alibi, und Less hatte sich auffällig verhalten. Das war alles, was er in der Hand hatte, und daraus konstruierte er nun einen Fall.

Völlig idiotisch.

Mit einem Handtuchzipfel rieb er den beschlagenen Spiegel trocken. Fast erschrocken sah er darin ein fremdes, müdes Gesicht mit rot unterlaufenen Augen. Das kam vom Wasser. Bestimmt.

Trotzdem wurde er dieses merkwürdige Gefühl nicht los, wenn er an die drei dachte. Karl Brandner mit seiner forcierten Feindseligkeit, seinem Jähzorn. Wie er fast schmerzhaft intensiv den alten Faust spielte, und dann einfach unter dem Eisernen stehen blieb ...

Peter Less, der Spötter, der ihm in seinem Büro plötzlich so Leid getan hatte. Wie er verloren aus dem Fenster sah. Und dann wieder feixend in Monas Versteck und völlig verstört vor ihrer Leiche stand.

Und natürlich Magda. Magda mit den merkwürdigen Gewändern, den wilden Locken, den Streitgesprächen. Ihrem zurückgeworfenen Kopf, wenn sie ihn hochmütig ansah. Und dem warmen Körper ... Wie verletzt sie manchmal aussah. Und dann wieder strahlend und lebendig.

Risse in der Hülle – der alte Warnak hatte Recht. Und Magda machte diese Risse breiter. Deshalb ärgerte er sich so über sie. Und wenn sie wirklich eine Mörderin war? Der Gedanke war unangenehm, bohrte ein Loch in seinen Magen.

Er suchte einen Irren. Warnak war der Kandidat, der sich anbot. Wenn er sich den Alten nur als Mörder vorstellen könnte. Ein Mörder, was war das überhaupt? Es gibt keine Mörder, nur Menschen, die einen Mord begehen.

In all den Jahren war er jedem Typ von Mörder begegnet. Den kaltblütigen, den verstörten, den cleveren und den dummen. Denen, die schon aufgrund ihrer Herkunft auf die schiefe Bahn geschubst wurden. Und denen, deren Motive völlig unerklärlich blieben. Und was war das Fazit? Jeder war fähig, einen Mord zu begehen.

Vielleicht konnte man nur Gott danken, niemals in eine Situation gekommen zu sein, die scheinbar keinen anderen Ausweg bot.

«Na wunderbar, Herr Hauptkommissar!», knurrte er sein Spiegelbild an und verließ das Bad.

Im Wohnzimmer drehte er die Heizung höher und setzte sich vor sein Aquarium. Wie immer versank er fast sofort in der Zeitlupe der Unterwasserwelt. Die sanften Bewegungen der Pflanzen, die über das Glas streichelten. Die Schwerelosigkeit der Fische, ihre geschmeidigen Drehungen und Schlenker. Ziellos schwamm sein Antennenwels, der Mörder, an der Scheibe entlang.

Ihm kam er ziellos vor. War er das wirklich? Vielleicht wusste er genau, wo er hinwollte? Verfolgte einen festen Plan?

Wenn hinter all diesen Unfällen ein Plan steckte, den er nur nicht erkennen konnte? Wo er hinsah, geschah etwas. Und wenn es nun umgekehrt wäre? Es geschah etwas, weil er hinsah?

Diese Unfälle ... Alle lenkten ihn in unterschiedliche Richtungen. Wenn genau das der Plan wäre? Dauernd hatte er dieses Gefühl, dass er nur das sah, was er sehen sollte. Wie bei einem Theaterstück. Einen kleinen Ausschnitt.

Natürlich! Nach dieser Messergeschichte hatte er Less als Verdächtigen sofort fallen lassen. Der Junge war ein Opfer des Irren.

Was, wenn er genau das glauben sollte?

Einmal angenommen, Magda hat den Zug gelöst. Die Zadurek stirbt. Die Questen hat sie gesehen, oben auf der Arbeitsgalerie. Less belauscht ihr Gespräch und bekommt Angst, sie könnte sich erinnern. Legt, versuchsweise, die Murmeln auf die Treppe. Aber die Aktion ist ungeschickt. Zu viel weist auf ihn hin, und er ist nicht kaltblütig genug, als sein Plan tatsächlich klappt. Er gerät in Verdacht. Also sticht Karl, der Dritte im Bunde, ihn mit einem präparierten Dolch nieder. Der Verdacht gegen Less verflüchtigt sich.

Er hatte Warnak von seinem Verdacht erzählt. Und Warnak gab natürlich alles brühwarm weiter. Und der Eiserne? Ein weiteres Indiz für einen Verrückten, dem es egal ist, wen er trifft.

Ausgelöst durch den ersten Mord: ein Spiel, um ihn zu verwirren. Und es gelang. Es war zwar improvisiert, aber das konnten die Theaterleute. Das gehörte zu ihrem Handwerk. Und es war so wirr, dass es kaum zu durchschauen war. Wie ging der Vers? Wenn der Wirrwarr stille schweigt! Das war eine Möglichkeit.

Oder Warnak selbst. Der schrullige Alte, mit seinem Hass auf die Theaterleitung. Seinen verqueren Gedanken, seiner

Lust am Spielen. Trotzdem hatte der Alte müde gewirkt. Zu müde für einen Kampf. Wie auch immer.

Der Alte war der Ansatzpunkt. Mit ihm als Versuchsballon konnte er die Entwicklung lenken. Was er dem Alten erzählte, erfuhren die drei prompt. Er musste noch einmal mit ihm reden. Allein. Und wenn Schmidthahn sich hundertmal aufregen würde. Seine Kollegen würden ihn für verrückt halten, wenn er ihnen davon erzählte. Es zu wirr finden. Wirrwarr!

Die Fische glitten an ihm vorbei, schwammen, verschwammen. Bevor er einschlief, hörte er seinen Wels mit der Stimme von Mona Questen kichern: «Das Theater ist ein Labyrinth.»

• **19** •

Müde schlurfte Prottengeier durch die roten Backsteingänge des Kommissariats. Im Sessel schlafen war nur bis vierzig erholsam. In seinem Alter brauchte er ein Bett.

Vor einer Tür blieb er stehen und studierte so aufmerksam das Namensschild, als wäre es ein Werk der Weltliteratur. Als hätte er es noch nie gesehen. Oder als könnte er es damit zum Verschwinden bringen. Es blieb.

Felix Petry, Dezernatsleiter. Ein Termin bei Felix, dem Glücklichen. Kein guter Start in den Tag.

Am Ende des Ganges waren Schritte zu hören. Widerwillig klopfte er an. Nur nicht dabei ertappt werden, wie er vor der Tür herumstand. Ein Schuljunge vorm Rektorzimmer. Die Tür wurde sofort aufgerissen, als habe Felix, der Glückliche, dahinter gelauert. Ein freundliches Grinsen und eine ausgestreckte Hand zerrten ihn in den Raum.

«Herr Prottengeier, setzen Sie sich doch.»

Resigniert ließ er sich auf den Besucherstuhl fallen.

«Scheußliches Wetter, nicht wahr? Wollen Sie einen Kaffee?» Er nickte ergeben, und mit federnden Schritten verschwand sein Chef ins Nebenzimmer.

Permanente positive Dynamik. Daneben kam er sich noch ausgelutschter vor.

Angewidert musterte er den überfüllten Schreibtisch, die gepflegten Grünpflanzen und natürlich die netten, liebevollen Kinderzeichnungen an den Wänden. «Für Papa» oder «Für den lieben Papa im Büro». Felix und sein Familienleben.

Schnell sah er auf die daneben gepinnten Arbeits- und Einsatzpläne.

«Sie trinken ihn schwarz, nicht wahr?»

Sogar das merkte sich der Kerl. Hatte er wahrscheinlich aus einem Seminar für Führungskräfte. Jeden Namen wissen, keine Scheu vor Körperkontakten. Der freundliche Handschlag ein unbedingtes Muss! Kleine Angewohnheiten der Mitarbeiter registrieren.

Deswegen war Petry Dezernatsleiter. Und nicht er.

Voller Elan stellte der Chef die Tasse vor ihm ab und schwang sich hinter seinen Schreibtisch.

«Lassen Sie uns gleich zur Sache kommen, Prottengeier. Sie wissen, dass ich mich normalerweise nie in die Arbeit meiner Leute einmische. Aber in diesem Fall würde ich gerne mit Ihnen reden.»

Ein gerader, offener Blick von Mann zu Mann. Er hätte kotzen können. Die Zeitungen waren an dem Fall interessiert, also war es auch Felix. Er merkte, wie sich sein Nacken wieder verspannte.

«Mord am Theater erregt natürlich einiges Aufsehen. Wie Sie vielleicht wissen, ist meine Frau im Freundeskreis des Theaters tätig. Es interessiert mich also auch persönlich.»

Klar, die Gattin. Die schöne Dunkelhaarige mit der ewigen Perlenkette. Zusammen mit der Gattin des Bürgermeisters, der Gattin des Direktors und all den anderen Gattinnen all der anderen, wichtigen Männer. Prottengeier gab einen undefinierbaren Laut von sich.

«Sie sind vier Männer in der Gruppe, nicht wahr? Das ist natürlich viel zu wenig. Vor allem in Anbetracht der neuesten Entwicklung ...»

Petry wusste mal wieder genau Bescheid.

«Übrigens interessiert sich auch der Bürgermeister für die neuesten Entwicklungen. Und natürlich auch die Presse.»

Klar, und Petry wollte samt Perlengattin irgendwann in die Politik. Nicht so ein kleiner Dezernatsleiter bleiben. Kripochef und dann weiter.

«Da Sie ja kaum noch im Haus sind, habe ich mich bei Ihren Mitarbeitern erkundigt.»

Schmidthahn! Das hätte er sich denken können. War wahrscheinlich freiwillig gleich zu Petry gerannt. Warum sah der Glückliche ihn nur so väterlich an? Sie waren gleichaltrig, verdammt nochmal!

«Übrigens, Prottengeier, war das wirklich nötig, Schmidthahn anzubrüllen? Sie wissen doch, dass Jugendstrafen gelöscht werden. Schmidthahn konnte überhaupt nicht feststellen, dass Fredi Kohn eine hatte.»

Natürlich war das nicht nötig gewesen, das wusste er selbst. Er musste sich entschuldigen. Aber dafür brauchte er Petry nicht.

«Ich denke, Sie sollten sich entschuldigen. Sie wissen ja, wie viel mir an einem guten Arbeitsklima liegt.»

Was sollte aus ihnen werden? Die glücklichste Mordkommission Südwestdeutschlands? Den Teufel würde er tun, sollte Schmidthahn nur weiter zu Petry rennen.

«Wie sieht es denn jetzt mit dem Requisiteur aus? Ist das endlich eine heiße Spur?»

«Fredi Kohn hat ein Alibi. Sowohl für den ersten Mord an

Pia Zadurek als auch für den zweiten an Mona Questen», antwortete Prottengeier mürrisch.

«Sie gehen also auch bei der Questen definitiv von einem Mord aus?»

«Nach der Aussage des Requisiteurs waren morgens noch alle zwanzig Murmeln im Kästchen.»

Petry lehnte sich zurück und drehte seinen Füller zwischen den Fingern. Was sollte das jetzt körpersprachlich dokumentieren? Grenzenlose Überlegenheit?

«Kommen Sie, Prottengeier. Die Murmeln kann jeder genommen haben. Der hat dann ein bisschen damit gespielt, und sie sind auf die Unterbühne gerollt. Die Idee, dass sie jemand als Mordinstrument benutzt hat, kommt mir doch sehr unwahrscheinlich vor. Das ist doch viel zu unzuverlässig. Und dazu ein bisschen albern, oder?»

Prottengeier biss die Zähne zusammen und bemühte sich, Petry möglichst ausdruckslos anzusehen.

«Interessanter ist doch, was diese Geschichte mit den Messern ergeben hat.»

«An beiden Theaterdolchen war der Einzugsmechanismus blockiert. Mit einer Art Kunststoff, der oft am Theater verwendet wird. Keine Fingerabdrücke oder sonstigen Spuren.»

«Und Sie glauben, der Requisiteur hat damit zu tun?»

Prottengeier schüttelte den Kopf. «Fast unmöglich.»

Kurzfristig vergaß Petry das Lehrbuch für die erfolgreiche Führungspersönlichkeit und setzte sich aufrecht hin. «Haben Sie denn sonst irgendwelche Spuren, Verdächtige, irgendetwas?»

Anscheinend stand er wirklich unter Druck. Ob nun von Seiten der Gattinnen oder der Parteifreunde. Sollte er nur schmoren.

Spuren hatte er jede Menge. Spuren, die sich sofort in Luft auflösten, wenn er genauer hinsah. Und Verdächtige, die jeden Tag wechselten. Es sei denn ... Aber das würde er Petry sicher nicht auf die Nase binden. Sollte der ruhig glauben, Murmeln seien albern.

«Irgendetwas müssen Sie doch haben, Prottengeier!» Nervös trommelte Petry mit den Fingern auf seiner Schreibtischplatte. Die Parteifreunde und die Presse und all die vielen schönen Ambitionen schienen sich gegen ihn zu wenden, so unglücklich sah der Glückliche aus.

«Ich habe eine Idee, eine Vermutung, wie alles zusammenhängen könnte.»

«Und? Wollen Sie die nicht einmal mit mir besprechen?»

Bedauernd schüttelte Prottengeier den Kopf. «Zu vage. Es sind nur Spekulationen.»

Enttäuscht lehnte sich Petry zurück. «Das ist das Problem mit Ihnen, Prottengeier. Sie sind ein Einzelgänger. Verschlossen. Sie behalten Ihre Ideen für sich, beziehen auch Ihre Kollegen zu wenig ein ...»

Prottengeiers Nacken schmerzte stärker. Er unterdrückte den Impuls, ihn zu massieren. Nicht vor dieser Knalltüte. «Von wem haben Sie das? Schmidthahn?»

«Das ist allgemein bekannt, Prottengeier! Schmidthahn ist Ihnen gegenüber sehr loyal. Aber denken Sie doch auch mal an Pulch und Rosen. Wie sollen die was lernen, wenn sie nicht richtig einbezogen werden?»

Ein Einzelgänger. Bestimmt wusste der Glückliche von seinem Alleingang bei Warnak.

«Vielleicht kommen Sie ja deshalb nicht weiter, Prottengeier.»

Was war das denn für ein Unsinn? Der Fall war grade mal eine Woche alt. Was hieß denn da nicht weiterkommen?

«Geht es Ihnen um meine Arbeitsweise oder um Ergebnisse für den Bürgermeister, die Presse oder sogar den Ministerpräsidenten?»

Das saß. Petry war sichtlich bemüht, den väterlichen Ton wieder zu finden. «Sie sind einer meiner besten Männer, das weiß ich. Aber ich mache mir Sorgen um Sie.»

Jetzt kam's! Erst das Lob, dann die Ohrfeige.

«Ich weiß, dass Ihre private Disposition momentan nicht gerade glücklich ist ...»

Lass bloß deine schmutzigen Finger aus meinem Privatleben.

«Und seit Sie an diesem Fall arbeiten, wirken Sie – noch unglücklicher, würde ich sagen.»

Würde ich sagen? Sagst du doch, du Schwaller!

«Noch einmal: Steht mein Verhalten zur Disposition oder meine Arbeit?», fragte Prottengeier scharf.

«Beides. Sie sind unbeherrscht, mürrisch und nicht kooperationsbereit.»

K. o. in der ersten Runde.

«Prottengeier, Sie machen es mir nicht gerade leicht. Sehen Sie, es kann sehr wohl einen Zusammenhang zwischen Ihrer privaten Situation und Ihrer Arbeit geben. Aber das ist nicht mein Ressort. Vielleicht sollten Sie einmal mit unserem Polizeipsychologen reden.»

Wenn er nicht sofort ginge, würde er den Glücklichen eigenhändig erwürgen. Mit einem Ruck stand er auf. «Ich muss. Eine Vernehmung.»

Petry fühlte sich sichtlich unwohl, als er ebenfalls aufstand. «Wen haben Sie denn bestellt?»

«Den Requisiteur.»

Erstaunt sah Petry ihn an. «Ich dachte, der sei draußen?»

Prottengeier antwortete kryptisch: «Ist er auch.»

«Na, wenn Sie meinen. Übrigens, Prottengeier, es macht mir wirklich keinen Spaß, Ihnen ans Bein zu pinkeln.»

«Dann lassen Sie es doch einfach», sagte Prottengeier und verließ das Büro.

•

• 20 •

Der Geruch von Zigaretten und abgestandenem Bier schlug ihm entgegen, als er die Tür öffnete. Die Wärme drinnen umfing ihn wie eine muffige, alte Decke und vertrieb den frostigen Januarabend. Prottengeier musterte die Gäste, die in kleinen Grüppchen an den kahlen Tischen hockten. Männer, die sich leise unterhielten oder stumpf vor sich hinstarrten. Keine Musik, keine Dekorationen, keine mutwilligen Verschönerungsversuche. Hier wurde getrunken, und das nicht zum Spaß.

Regungslos sah ihm der Wirt entgegen, als er sich an den Tischen vorbei zur Theke schlängelte. Als er nach Warnak fragte, sah ihn der massige Mann hinter dem Tresen einige Sekunden ausdruckslos an, bevor er mit einer Kopfbewegung in eine Ecke des Lokals deutete. Prottengeier folgte der Bewegung und bemerkte eine kleine Nische neben den Toiletten, aus der ein langer Tisch halb herausragte.

Als er sich wieder dem Wirt zuwandte, sah er, dass der ihn immer noch stoisch musterte. Er bestellte ein Bier, und erstaunlicherweise setzte der Wirt sich tatsächlich in Bewegung.

An die Theke gelehnt, musterte Prottengeier die stumpfen Trinker. Wer nicht sowieso schon depressiv war, wurde es hier mit Sicherheit. Wortlos stellte ihm der Wirt sein Bier auf den Tresen und verfiel sofort wieder in Totenstarre. Wortlos nahm Prottengeier es entgegen und ging unter den mäßig interessierten Blicken der Gäste zu der Nische.

Warnak saß ganz allein an dem langen Tisch und starrte in sein Rotweinglas. Prottengeier stockte. Die wirren, weißen Haare. Der fleckige Schal. Die knittrigen Hände, die seltsam nutzlos neben dem Glas abgelegt waren.

Warnak hob den Kopf und sah ihn ohne ein Fünkchen Wiedererkennen an.

Bloß kein Mitleid. Entschlossen setzte sich Prottengeier ihm gegenüber.

«Herr Warnak, wir sind noch nicht fertig miteinander.»

Unwillig wandte der alte Schauspieler den Kopf zur Seite.

«Wir haben Ihr Alibi überprüft. Mein Kollege hat mit dem Wirt und den Gästen gesprochen. Sie haben bestätigt, dass Sie sich von zehn bis vierzehn Uhr und von achtzehn bis mindestens zweiundzwanzig Uhr immer hier aufhalten.»

Der Schauspieler nickte müde mit dem Kopf.

«Trotzdem. Niemand kann beschwören, Sie zu den fraglichen Zeiten tatsächlich gesehen zu haben. Und hier gibt es eine Hintertür ...»

«Hier, rechts von mir», bestätigte Warnak mit knarrender Stimme.

Ob er wohl den ganzen Tag allein hier saß? Mit wem unterhielt er sich, außer mit den dreien? In seiner Kneipe schien es nicht gerade von Ansprechpartnern zu wimmeln. Schnell verdrängte er den Gedanken und fragte: «Sie können also jederzeit unbemerkt die Kneipe verlassen?»

Der Schauspieler nickte.

«Also ist Ihr Alibi nichts wert. Und ein Motiv haben Sie auch.»

Der Schauspieler zuckte nur mit den Achseln. Das Gespräch schien ihn nicht sonderlich zu interessieren. Aber er würde ihn schon noch zwingen, die Fäuste hochzunehmen. Bedächtig lehnte Prottengeier sich zurück.

«Sie sitzen hier Tag für Tag in dieser Kneipe. Das Theater war Ihre Familie, Ihr Leben.»

«Sie wissen doch, dass ich Kitsch nicht vertrage», brummte der Schauspieler.

Prottengeier verbiss sich ein Grinsen. Na also, es ging doch. Ungerührt fuhr er fort: «Ich habe Ihre Galerie gesehen, Herr Warnak. Ich weiß, wie viel Ihnen das Theater bedeutet. Und ich weiß, dass Sie alles verloren haben. Auf Betreiben von Frau Zadurek. Ich habe mich nur gefragt, warum Sie so lange gewartet haben, bevor Sie etwas unternommen haben. Irgendetwas muss die Situation zugespitzt haben. Und gestern ist es mir eingefallen. Der Faust.»

Der Schauspieler starrte an ihm vorbei an die Wand. Kurz sah er aus, als würde er gleich weinen. Prottengeier kam sich vor wie ein Schwein. Trotzdem machte er weiter.

«Brandner hat mir erzählt, dass der Faust normalerweise von älteren Schauspielern gespielt wird. Es wäre Ihre Rolle gewesen, nicht wahr? Wenn Sie nicht gekündigt worden wären, hätten Sie den Faust gespielt.»

Der Anflug eines Lächelns streifte die Mundwinkel des Alten.

«Es gibt hier keine Bedienung. Man muss sich die Getränke selbst abholen. Der Wirt hat meinem Kollegen erzählt, dass Sie je nach Finanzlage auch schon mal eine Stunde vor einem Getränk sitzen. Eine Stunde, in der Sie niemand sieht, niemand vermisst. Von hier bis zum Theater sind es fünf Minuten. Genug Zeit, sich wegzuschleichen und von der Galerie aus die Proben zu beobachten. Und mit jeder Probe wächst Ihr Hass. Sie sollten da unten stehen. Es ist Ihre Rolle. Wenn die Zadurek nicht wäre ...»

Endlich biss Warnak an. Ein kleiner Ruck ging durch seinen Körper, und die Augen wurden wacher.

«Dann kommt jener Abend. Sie stehen wie immer auf der Galerie. Niemand, der nicht zufällig nach oben schaut, kann Sie sehen. Plötzlich steht Pia Zadurek genau unter Ihnen. Die Feindin. Die Frau, die Sie von der Bühne vertrieben hat. Sie brauchen nur den Hebel umzulegen.»

Warnak grinste breit.

«Und Mona?», fragte er, endlich interessiert.

«Mona war die eine, die zufällig nach oben schaute. Sie hat

Sie gesehen, aber nicht wahrgenommen. Schließlich gehören Sie fast zum Inventar. Wer weiß, wie oft Sie schon von der Galerie aus Proben beobachtet haben. Nach dem Schock über den Tod der Zadurek vergisst sie es völlig. Aber dann beginnt sie sich zu erinnern. Dazu würde auch ihre Irritation passen – es war etwas da, was nicht dorthin gehörte.»

«Also lege ich ihr Murmeln auf die Treppe», nickte der Schauspieler beifällig. «Aber was ist mit dem Eisernen? Die Geschichte mit den Messern?»

«Eifersucht!»

«Eifersucht?»

«Karl Brandner spielt Ihre Rolle. Den Faust. Und leider macht er es noch nicht einmal schlecht. Wenn ihm etwas passiert wäre, wer hätte dann seine Rolle übernommen?»

Warnak fing an zu kichern und sagte: «Sehr gut. Eine Umbesetzung darf nicht zu viel Zeit in Anspruch nehmen. Vor allem nicht in der momentanen Situation des Theaters. Da nimmt man gerne jemanden, der die Rolle schon draufhat. Vor allem so ein Pragmatiker wie Knoller tut das.»

Prottengeier nickte. «Mit den Messern ist es ähnlich. Wenn wir Brandner unter Mordverdacht stellen, kann er auch nicht mehr proben.»

Der Alte hob sein Glas und prostete Prottengeier zu. «Es würde auch zu mir passen. Wie sagt Faust? *Verflucht, was uns in Träumen heuchelt, des Ruhms, der Namensdauer Trug! Verflucht, was als Besitz uns schmeichelt, als Weib und Kind, als Knecht und Pflug. Fluch sei dem Balsamsaft der Trauben! Fluch jener höchsten Liebeshuld! Fluch sei der Hoffnung! Fluch dem Glauben! Und Fluch vor allem der Geduld!*»

Den letzten Fluch schrie er so laut hinaus, dass die Gespräche in der Gaststätte kurzfristig verstummten. Dann nahm er einen langen Schluck aus seinem Glas. Als er es absetzte, wirkte er wieder so vital wie in seiner Wohnung.

●

«Sehr gut, Herr Prottengeier. Sie kommen herein, zerfetzen mein Alibi, sezieren meine inneren Beweggründe und überführen mich in fünf Minuten. Gut kombiniert, Watson. Aber Holmes kann ohne seine Dosis Kokain schlecht denken. Wie wäre es, wenn Sie uns in Ermangelung dieses Rauschmittels eine Flasche Wein besorgen würden? Wie Sie schon richtig sagten, ist hier Selbstbedienung.»

Lächelnd stand der Kommissar auf. Er würde Holmes seine Droge besorgen. Und als guter Watson zuhören. Falls das Gespräch in die richtige Richtung ging.

Der Zombie hinter der Theke verkaufte ihm eine Flasche Trollinger und stellte freiwillig noch ein weiteres schmieriges Weinglas zur Verfügung. Eilig trug er beides zu Warnak. Hoffentlich war der Alte nicht schon wieder abgesackt. Aber der Schauspieler blickte ihm ganz krekel entgegen und winkte ihn und den Wein wie ein Fluglotse zum Tisch.

«Ich muss mich bei Ihnen entschuldigen, Herr Prottengeier. Sie als Watson zu deklassieren. Selbstverständlich spielen Sie den Holmes! Typische Hauptrollensucht meinerseits. Dafür bin ich anfällig, wie Sie schon richtig bemerkten.»

«Ob Holmes oder Watson – meine Theorie gefällt Ihnen?»

«Sagen wir einmal so, sie schmeichelt mir. Ich sehe mich gerne als Mann von Entschluss- und Tatkraft. Basteln Sie schon lange daran, oder ist sie spontan entstanden?»

Prottengeier wiegte bedächtig den Kopf. «Es ist eine von mehreren Möglichkeiten. Da wäre natürlich noch der Requisiteur.»

Der Alte blinzelte ihn empört an. «Sie werden doch keinen Requisiteur für die Hauptrolle nehmen, wenn Sie einen Hans-Theodor Warnak haben können?»

«Fredi hat im Gegensatz zu Ihnen ein Alibi.»

«Und ich dachte, Sie hätten mittlerweile gelernt, was ein Alibi am Theater wert ist.» Betrübt schüttelte Warnak den

Kopf. «Sie sollen sehr betroffen, geradezu wütend gewesen sein, weil niemand Ihnen etwas von dem Streit zwischen Fredi und Pia erzählt hat. Wie viel ist da ein Alibi wert? Tja, Menschen sind unberechenbar. Wann lügen sie? Wann sagen sie die Wahrheit? Armer Kommissar.»

Prottengeier zuckte kurz zusammen. Der Alte war verdammt gut informiert. Und er wusste, wo es wehtat. Natürlich hatte er Prottengeiers Zucken bemerkt und deutete mit seinem gichtigen Zeigefinger auf ihn.

«Ich habe Sie durchschaut, Herr Kommissar. Schon beim ersten Mal. Ich könnte Ihnen noch verzeihen, dass Sie aus der Welt ein Theaterstück machen wollen. Das wollen alle. Aber Sie wollen eins daraus machen, in dem das Gute siegt! Das ist langweilig. Glauben Sie einem alten Theaterhasen. Ein Stück muss einen offenen, verstörenden Schluss haben. Das ist gute Dramaturgie.»

«Ich weiß einen Schluss, eine Lösung, die Sie bestimmt verstörend finden würden», sagte Prottengeier langsam. Er hob sein Glas und ließ den Wein kreisen. «Man muss nur die Besetzung wechseln.»

Interessiert rückte Warnak näher und schenkte nach. Prottengeier nahm einen kurzen Schluck und sagte: «Pia Zadurek wurde im Affekt getötet. Ihre Freundin Magda hat einmal zu mir gesagt, es gibt keine Mörder, nur Menschen, die einen Mord begehen ... Stellen wir uns einen solchen Menschen einmal vor, der Bequemlichkeit halber nennen wir ihn M. Unser M steht oben auf der Galerie. Er sieht die Hilflosigkeit, die Demütigungen, die Bedrohung seiner Kollegen. Er kennt das alles. Hat alles schon selbst erlebt. M ist ein emotionaler Mensch – wie die meisten Schauspieler eben. Plötzlich kann er es nicht mehr ertragen. Die Zadurek hat, ohne es zu wissen, bei ihm eine Grenze überschritten. Da zieht er den Hebel. Aber er hat Pech. Mona Questen sieht ihn. Aber M ist jemand, der öfters dort oben steht. Also nimmt Mona ihn nicht besonders wahr. Damit wäre ja alles gut. Aber dann erinnert sie sich.»

«Und M legt Murmeln auf die Treppe. Aber das hatten wir doch schon, Herr Prottengeier», unterbrach ihn Warnak sichtlich gelangweilt.

Prottengeier legte seine Hand auf den Unterarm des Alten und rutschte ein Stück näher. «Diesmal ist es anders. Diesmal hat M Freunde. Gute Freunde!»

Der Unterarm des Alten fühlte sich dürr an wie ein trockener Ast. Als wäre überhaupt kein Leben in ihm. Trotzdem packte Prottengeier ein bisschen fester zu und fuhr fort: «M und die Freunde, nennen wir sie der Einfachheit halber P und K, sind etwas Besonderes. Eine Art Familie, ein Geheimbund. Verstehen Sie? Jeder ist für den anderen verantwortlich. Sie sind einander Stütze in einer fordernden, ungerechten Welt. Natürlich hat dieser Bund auch eine sexuelle Komponente, aber die scheint mir nicht maßgeblich zu sein. Oder irre ich mich da? Wie auch immer, es ist auf jeden Fall ein enger Bund. Keiner der drei glaubt, ohne die anderen überleben zu können. Sie würden alles füreinander tun.»

Der Alte sah ihn wie hypnotisiert an. Prottengeier löste seinen Griff und lehnte sich zurück. Er hatte ihn an der Angel. Er würde diese Theaterleute knacken. Die ganze Zeit hatten sie ihn in die Defensive getrieben, ihn zum Reagieren gezwungen. Jetzt würde er den Spieß umdrehen.

«Wir haben also M, unseren Mörder, und P und K. Und natürlich Mona Questen, die etwas gesehen hat. Sie beginnt, sich zu erinnern, also muss sie weg. Als Erster greift P ein. Er legt die Murmeln auf die Treppe. Wobei ich fast sicher bin, dass er die Souffleuse nur ausschalten wollte. Aber er hat sie getötet. Da haben wir schon zwei Mörder. P gerät in Bedrängnis, die Spur zu ihm ist zu offensichtlich, da greift K ein. Er verletzt P und stärkt damit die Theorie, dass ein Irrer wahllos dem Theater schaden will.»

Warnaks Lächeln saß festgefroren in seinem Gesicht. Als er nach seinem Glas griff, zitterte seine Hand. Nach einem hastigen Schluck meinte er:

«Nette Theorie, aber sie hat Löcher.»

Bedrückt schüttelte Prottengeier den Kopf. «Nein, Herr Warnak. Sie ist vielleicht ungewöhnlich, aber Löcher hat sie nicht. Falls Sie den Unfall mit dem Eisernen meinen: P hat K doch gerettet. Oder meinen Sie die Tatsache, dass K die Polizei darin bestärkt hat, dass der erste Unfall ein Mord war? Auch dazu habe ich eine Theorie.»

In hastigen Schlucken leerte Warnak sein Glas und schenkte sofort nach.

Ungerührt fuhr Prottengeier fort: «Wir hatten doch zuerst diesen Bühnenmeister am Wickel. Wegen fahrlässiger Tötung. Klaus Töpfer. Er wäre dran gewesen. Aber sehen Sie, da entwickeln unsere Mörder einen merkwürdigen Ehrenkodex. Keiner soll für ihre Tat bestraft werden. Verrückt, wenn man bedenkt, wie schnell sie Mona Questen ermordet haben, als sie sich bedroht fühlten.»

Prottengeier schüttelte nachdenklich den Kopf. Der alte Schauspieler sah ihn schweigend an. Der Köder war gelegt. Prottengeier war sicher, dass der Alte den dreien davon erzählen würde. Und wenn seine Theorie stimmte, würden sie reagieren.

Seltsam, dass Warnak so stumm blieb. Prottengeier hatte mit sarkastischen Einwürfen gerechnet, mit scharfen Gegenargumenten. Aber der Alte sah ihn nur mit blutunterlaufenen Augen an. Langsam wurde es Zeit für eine Gegenrede. Womit ihn der Alte wohl würde überzeugen wollen? Vielleicht schaffte er es ja sogar.

Einen kurzen Moment fühlte Prottengeier eine hohle Stelle

im Magen. Am liebsten hätte er Warnak angefeuert, ihm «Mach schon!» zugerufen. Er sah Magda vor sich, wie sie eine eigensinnige Strähne ihrer nicht vorhandenen Frisur zurückstrich. Merkwürdig, immer fielen ihm zuerst ihre Haare ein. So ungeordnet, wild. Er riss sich in die Wirklichkeit zurück. Warum sagte der Alte nichts? Hatte er derartig ins Schwarze getroffen?

«Was halten Sie von meiner Geschichte, Herr Warnak?», fragte er schließlich, als er es nicht mehr aushielt.

«Welcher Geschichte?», fragte der Alte zurück. «Soweit ich das sehe, haben Sie drei verschiedene Versionen. Einmal den Requisiteur. Dann mich, und als Letztes wohl meine drei Freunde.»

Prottengeier nickte. «Drei Versionen. Aber welche davon favorisieren Sie?»

Der alte Schauspieler sah ihn eindringlich an und fragte: «Worum geht es Ihnen, Herr Prottengeier? Um den Sieg? Den Fall offiziell zu lösen? Wenn es Ihnen darum geht, empfehle ich Ihnen, bei Ihrem ersten Tatverdächtigen zu bleiben. Bei meiner Person. Dabei könnte ich Ihnen eventuell sogar helfen. Alles andere werden Sie niemals beweisen können.»

Prottengeier schluckte. Der Alte machte noch nicht einmal den Versuch, die drei zu verteidigen. Stattdessen bot er sich zum Tausch an.

«Warum mögen Sie die drei eigentlich so?», fragte Prottengeier neugierig.

«Welche drei?», fragte Warnak zurück. «Magda, Karl und Peter? Oder Ihre imaginären Mörder? Was wollen Sie von mir, Herr Kommissar? Dass ich meine Freunde beschuldige? Oder ein Geständnis?»

«Ich will die Wahrheit.»

Der Schauspieler sah ihn spöttisch an und lehnte sich zurück.

«Die Wahrheit. Ein gesuchtes Gut. Sie wollen die Wahrheit von einem Schauspieler? Ich habe jeden Abend meines Lebens auf der Bühne gestanden und die Wahrheit verkündet. So viele Wahrheiten, dass ich sie schon nicht mehr zählen kann. Wenn Sie so viele Wahrheiten kennen würden wie ich ...»

Nachdenklich schüttelte er den Kopf.

«Die Wahrheit – damit kann ich nicht dienen. Eine Wahrheit – damit schon eher.»

«Nein, Herr Warnak. Die Wahrheit steht stets und kompromisslos über allem!»

Warnak sah ihn an und stand ganz langsam auf. «Gott bewahre Ihnen Ihren Kindheitsglauben, Herr Prottengeier. Die Wahrheit ist eine Hure. Wahr ist das, was jeder glauben möchte. – Aber jetzt muss ich mich leider von Ihnen verabschieden.»

Damit hatte Prottengeier nicht gerechnet.

«Jetzt schon, Herr Warnak? Ich dachte, Sie bleiben immer bis zum Probenende hier?»

«Solange ich noch daran gedacht habe, wieder zu arbeiten, Herr Prottengeier. So lange habe ich geglaubt, einen Rhythmus zu brauchen. Nur so lange!»

«Und jetzt plötzlich denken Sie nicht mehr daran?»

Wieder lächelte der Alte ihn freundlich an: «*Des Denkens Faden ist zerrissen, mir ekelt lang vor allem Wissen!* Bis bald, Herr Prottengeier»

• **21** •

Mit spitzen Fingern zupfte sie an den Blütenblättern.

«*Er liebt mich – liebt mich nicht ...*»

Böse sah sie den Mann neben sich an. Diese verdammten

blauen Augen! Der Mann neben ihr lächelte zärtlich und sagte mit atemloser Stimme: «*Du holdes Himmelsangesicht.*»

Wütend blickte sie auf ihre zerrupfte Blume und machte ihr endgültig den Garaus. «*Liebt mich – nicht* ... Jetzt sind die Blütenblätter alle.»

Knoller sprang hinter seinem Regiepult auf und schrie auf die Bühne: «Wie oft soll ich dir noch sagen, dass du nicht ständig unterbrechen sollst, Hilde! Aber da du es schon mal getan hast, hol dir halt eine neue Blume. Aber dalli, wenn ich bitten darf!»

«Keine mehr da», maulte Hilde Schmitz in den Zuschauerraum.

Erbost schrie der Intendant: «Fredi! Wo steckt der Kerl? Wieso sind nicht genug Probenblumen da?»

«Fredi ist auf dem Kommissariat.» Magda lugte hinter dem Seitenportal vor, wo sie mit Peter auf ihren Auftritt wartete.

Der kam jetzt ebenfalls vor und erklärte: «Der Dicke hat ihn abgeholt. Dieser Adlatus von Prottengeier. Sie hätten noch Fragen an ihn. Er ist schon seit neunzehn Uhr weg.»

Wie ein Springteufel an der Spiralfeder schoss Knoller hinter seinem Pult hervor. «Kann mir jemand sagen, wie ich so arbeiten soll? Der Regieassistent krank! Der Requisiteur bei der Polizei? Der technische Leiter suspendiert?»

Mit anklagend erhobenem Zeigefinger stürzte er auf die Bühne zu. «Und mit Schauspielern, die noch nicht einmal ein paar lausige Blütenblätter imaginieren können? Das ist kein Theater, das ist eine Zumutung!»

Magda und Peter zogen sich schleunigst in die Kulissen zurück. Karl Brandner, der neben Hilde stand, versuchte möglichst unauffällig auszusehen. Nur Hilde selbst stand mit Unschuldsmiene mitten auf der Bühne und sagte genervt: «Na gut. Ich kann ja so tun, als wären noch Blätter dran.»

Knollers Gesicht färbte sich rot, während er mühsam um

Fassung rang. «Genau Hilde. Tu so, als ob! Und wenn du dich auch noch dazu durchringen könntest, so zu tun, als ob du in Faust verliebt wärst, wäre ich dir richtig dankbar. Momentan sieht es nämlich eher so aus, als wolltest du ihn erwürgen.»

Hilde biss sich auf die Lippen. Dieses Arschloch. Der hatte doch keine Ahnung. Sie wollte keine Liebesszene spielen. Schon gar nicht mit Karl Brandner, diesem Wichser. Wenn er sie küssen würde, würde sie bestimmt anfangen zu heulen. Und das vor den Kollegen. Damit die was zum Grinsen hatten. Sie würde ihn furchtbar gerne küssen. Seine Lippen … Entschlossen drehte sie sich um und versuchte Karl anzulächeln. Sie merkte selbst, dass der Versuch kläglich ausfiel. Karl sah eher ratlos aus, aber Knoller war zufrieden.

«Na siehst du. Es geht doch. Jetzt mal weiter, ihr zwei!» Und damit zog er sich wieder hinter sein Regiepult zurück.

Aber Hilde hatte schon wieder genug. Dieses unschuldige Kleinjungenlächeln. Am liebsten würde sie reinschlagen. Stattdessen fasste sie demonstrativ in die Luft neben dem misshandelten Blumentorso und zupfte mit großen Bewegungen imaginäre Blütenblätter.

«Liebt mich – liebt mich nicht – Er liebt mich.»

Ungesehen von Knoller bleckte sie grässlich die Zähne. Karl zuckte zurück. Schnell fing er sich wieder und ergriff ihre Hände: *«Ja, mein Kind. Lass dieses Blumenwort …»*

Hilde schielte ihn an. Das konnte sie ziemlich gut. Wieder zuckte Karl kurz zusammen, wiederholte aber tapfer: *«Lass dieses Blumenwort dir Götterausspruch sein. Er liebt dich. Verstehst du …»*

«Mein Gott, Karl!», unterbrach Knoller gereizt. «Fängst du jetzt auch noch an! Du sollst sie lieben! Faust ist ein stürmischer Liebhaber, kein verschreckter Schüler! Wieso geht das nicht in deinen Kopf?»

«Ich glaube das einfach nicht», wandte sich Karl aufgebracht an Knoller. «Ich glaube einfach nicht, dass er so stürmisch ist. Das ist doch ein alter Mann in der Gestalt eines Jungen. Er ist doch nicht plötzlich wirklich zwanzig, nur sein Körper ist das. Er bleibt doch, was er ist. Ein ziemlich arroganter Intellektueller.»

«So einer wie du halt», zischte ihm Hilde von der Seite zu.

Erstaunt hielt Karl inne und sah sie verwundert an. Was war denn heute los mit ihr? Hilde war immer kratzbürstig, aber heute war sie unerträglich. Vorletzte Nacht war sie so anschmiegsam gewesen. Frauen!

Hilde stierte wütend vor sich hin. Arroganter Scheißer. Noch nicht einmal angerufen hatte er. Und dann kam er heute auch noch Händchen haltend mit Magda ins Theater. Was bildete der Kerl sich eigentlich ein? Vorletzte Nacht war er so zärtlich gewesen. Männer!

Knoller schnauzte: «Keine Diskussionen, Karl. Du spielst den Faust so, wie ich es sage!»

Erregt schüttelte er den Kopf. Schauspieler!

Karl biss die Zähne zusammen. Keine Diskussionen. Das war das Totschlagargument. Klar, Schauspieler sollen nicht denken. Gut. Wenn dieses Hängebauchschwein unbedingt einen B-Movie haben wollte, sollte er ihn bekommen! Stürmisch riss er Hilde in seine Arme und seufzte: *«Ja, mein Kind. Lass dieses Blumenwort dir Götterausspruch sein.»*

Dann fing er an, seiner verdutzten Kollegin den Hals zu küssen und murmelte in perfekter Clark-Gable-Manier: *«Er liebt dich.»*

Hilde musste sich an ihn klammern, um nicht zu fallen. Wie ein Klotz hing sie an ihm. Sie spürte seinen heißen Atem, und gegen ihren Willen lief ihr ein Schauer über den Rücken. Jetzt biss dieser Dreckskerl sie auch noch zärtlich in den Hals. Ganz langsam wanderten seine heißen Küsse bis zu ihrem Busen. Dabei stöhnte er: *«Verstehst du, was das heißt? Er liebt dich!»*

Hilde riss die Augen auf. Genauso hatte er sie in ihrer Nacht geküsst. Theater, immer nur Theater! Mit einem kräftigen Ruck stieß sie ihn von sich und funkelte ihn wütend an.

«Hiiildeee!», brüllte Knoller von unten. «Was machst du denn? Endlich war mal ein bisschen Schwung in der Szene!»

Entnervt ließ er seinen Kopf auf das Regiepult sinken.

Oben auf der Bühne sank Karl in die Knie. «Es hat ihm gefallen. Ich fass es nicht.»

«Ja, es hat mir gefallen», bellte Knoller. «Passt dir das vielleicht nicht?»

Karl merkte, wie die Galle in ihm hochstieg. «Aber das war doch Hollywood-Scheiße. Ich hab die letzte Hollywood-Scheiße gespielt. Und das gefällt dir?»

«Nenn es, wie du willst, aber spiel die Szene genau so. Und hör endlich auf herumzudiskutieren.»

Karl musterte angespannt die Bodenbretter. Klischees, je dicker, desto besser. Die letzte Scheiße, die wollte Knoller. Er konnte den Faust gleich aufgeben. Wozu kämpfen? Hüllen, Abziehbilder waren doch genug. Für Knoller genau wie für Pia. Letztendlich war es vollkommen egal. Müde hob er den Kopf und sah Knoller an, der sich, schon wieder ganz vergnügt, die Hände rieb.

«Kinder, es ist schon nach zehn. Schluss für heute Abend. Karl, merk dir, was wir gefunden haben. Peter und Magda, tut mir Leid, dass ihr nicht mehr drangekommen seid. Und Hilde, du musst dich mehr anstrengen, so wird das nichts.»

Hilde wollte etwas entgegnen, hielt dann aber doch lieber den Mund. Karl stand mit hängenden Schultern neben ihr und gab keinen Mucks mehr von sich. Magda und Peter spähten aus sicherer Entfernung hinter den Kulissen hervor und nickten ergeben.

«Ach ja. Ich muss euch noch bitten, eure Requisiten selbst wegzuräumen und sie für morgen wieder herzurichten. Dafür können wir uns bei der Kripo bedanken. Geht dann einfach durch die Kantine. Ich muss noch ins Büro und mache nachher alles dicht.»

Damit verschwand er durch den Zuschauerraum. Kaum war die Tür hinter ihm zugeknallt, schmiss ihm Hilde ihre misshandelte Blume hinterher und schrie: «Verdammte Scheiße!»

Die drei anderen wandten sich ihr überrascht zu.

«Hilde, du musst dich anstrengen. Sonst wird das nichts», äffte sie Knoller nach.

Gereizt konterte Karl: «Da hat er ausnahmsweise gar nicht so Unrecht. Was war denn los? Erst spielst du, als würdest du mich am liebsten ermorden. Dann verarschst du mich auf offener Bühne, und zum Schluss wirst du auch noch gewalttätig. So kann man nicht miteinander spielen!»

Eine Sekunde lang wurde Hilde starr. Dann ging sie langsam auf Karl zu und zischte: «Ein wahres Wort. So kann man nicht miteinander spielen.» Sie holte aus und schlug ihm mit der flachen Hand ins Gesicht. «Mistkerl!» Dann rauschte sie ab.

Mit offenem Mund sah Karl ihr nach. Für einen Moment herrschte Totenstille, dann begann Magda laut zu lachen. «Das war gut. Das hätte ich ihr gar nicht zugetraut.»

«Was war denn daran gut, bitte schön?», schnauzte Karl sie an und rieb seine brennende Wange.

Peter ging zu ihm und legte ihm mitleidig einen Arm um die Schultern. «Was sich diese kleinen Frauen heutzutage so trauen. Armer Karl.»

Immer noch wütend schob Karl seinen Arm weg. «Ihr findet das tatsächlich lustig, was?»

Unter Lachtränen nickte Magda heftig und stöhnte: «Einfach wunderbar.»

«Sagen wir mal so: Es trifft nicht den Falschen», fügte Peter hinzu.

«Was hab ich ihr denn getan? Ich hab mit ihr geschlafen. Soll ich sie jetzt auf ewig lieben, oder was? Sie weiß doch, dass ich mit Magda zusammen bin. Sie kann doch nicht im Ernst glauben, dass ich wegen des bisschen Bumsens Magda verlasse.»

Mit einem Schlag verstummte Magdas Gekicher. «Warum? Warum kann sie das nicht glauben?»

«Aber Magda, ich liebe dich doch!», antwortete Karl erstaunt.

Magda sah ihn an. Langsam wurde ihm mulmig unter diesem Blick. «Außerdem hab ich im Moment ganz andere Probleme», stieß er unwirsch hervor. «Knoller macht mich wahnsinnig. Er will den Faust ganz anders als ich. Und dann kann man noch nicht einmal darüber reden!»

Watschelnd und mit vorgeschobenem Bauch wackelte Peter über die Bühne und schwadronierte mit Knoller-Stimme: «Immer müssen sie diskutieren, diese Schauspieler. Mitdenken! Die sollten ihren Kopf besser zum Perückentragen verwenden. Hier wird nicht gedacht! Und wenn, dann nur per Zufall. Aus dem Bauch raus sollen sie spielen! Aus meinem natürlich!»

«Der ist bei Knoller ja auch fett genug», stimmte Karl böse zu und begann, die Blütenblätter von der Bühne aufzusammeln.

Magda schlenderte zu dem Eisengeländer, das an der Rampe aufgebaut war, um «Marthes Garten» zu kennzeichnen. Nachdenklich sagte sie in den dunklen Zuschauerraum: «So witzig finde ich das alles eigentlich gar nicht. Wir haben doch alle schon innerlich gekündigt und tun es jeden Tag ein bisschen mehr.»

«Wie meinst du das?», wollte Peter wissen.

Mit einem Schwung setzte sich Magda auf das Geländer und baumelte mit den Beinen. «Wir sind Hampelmänner. Knoller macht mit uns dasselbe wie Pia. Er will doch gar nicht mit uns arbeiten. Er will nicht viele Phantasien, viele Lebenssichten in einen Topf werfen, damit was Neues dabei herauskommt. Wir sollen einfach nur als kleine Knoller-Klone über die Bühne springen. Kreaturen seiner allmächtigen Phantasie. Aber das hält keiner von uns durch.»

«Wisst ihr noch, wie Pia immer gesagt hat: ‹Ihr seid Gefäße, in die ich meine Ideen stopfe›? Wer will schon ein Gefäß sein?», warf Karl ein, der weiter die verstreuten Requisiten einsammelte.

«Genau! Und deshalb haben wir innerlich gekündigt», spann Magda ihren Faden weiter. «Nur noch unsere äußeren Hüllen laufen durchs Theater. Unsere Seelen haben sich verkrochen und beißen vor Wut in irgendeinen Rippenbogen.»

Karl fing an zu grinsen. «Schön gesagt, Magda. Aber ich glaube, meine Seele beißt sich grade in meinem Magen fest. Entweder bin ich ein besonders schwieriger Fall, oder ich hab einfach Hunger. Gehen wir noch was essen?»

«Fresssack!», spottete Peter. «Ich glaube Magda hat mit der inneren Kündigung verdammt Recht. Ich fühle mich dauernd übergangen. Also stelle ich die Gerechtigkeit wieder her, indem ich nur noch Dienst nach Vorschrift mache. Ich spiele einfach so, wie Knoller das will, und versuche nicht weiter drüber nachzudenken. Aber Spaß macht das keinen. Hat ein bisschen was von Vergewaltigung mit eigener Zustimmung, versteht ihr?»

Magda nickte und sprang vom Geländer. «Vielleicht ist das ja an großen Häusern anders. Der Schauspieler als kreativer Künstler, oder so.»

Mit dem Fuß stieß Karl ein Kissen beiseite, das sich auf die Bühne verirrt hatte. «Quatsch! Nirgends ist es anders. Das reden sie dir nur auf der Schauspielschule ein, damit überhaupt noch wer den Job macht. Die Welt ist ein großes, finsteres, sumpfiges Loch. Überleben ist alles.»

«Du hast wirklich Hunger», meinte Peter und knuffte seinen Freund auf den Arm. «Immer wenn du Hunger hast, wirst du depressiv.»

Karl knuffte zurück und Peter begann, um ihn herumzutänzeln. Dabei hob er immer wieder provozierend die Fäuste und versuchte spielerisch, Karl zu treffen. Mit einem schnellen Ausfall packte Karl den Angreifer, und beide rollten lachend über den Boden, bis sie nach einer Weile atemlos liegen blieben. Immer noch lachend rief Peter: «Komm, Magda. Kampfpause.»

Sie ging zu ihnen, Peter schlang die Arme fest um beide, und aneinander gekuschelt lagen die drei auf dem nackten Bühnenboden und schauten nach oben.

Über ihnen gähnte der Bühnenhimmel.

«Man kann bis in den Schnürboden sehen. Schaut mal, wie weit oben der ist», sagte Peter träge.

«Ungefähr zwanzig Meter.»

Peter lachte: «Sei nicht so prosaisch, Magda.»

«Ich bin nicht prosaisch», protestierte sie. «Ich interessiere mich einfach dafür. Habt ihr gewusst, dass wir gemessen an der Größe des Hauses einen extrem hohen Himmel haben? Ich habe immer den Eindruck, dass er lebt. Teil eines riesigen, alten Tieres ist.»

Es war sehr still im Theater. Die Luft roch warm und nach dem Staub der schweren Vorhänge. Die drei lagen in einer Insel aus Licht und sahen in den Himmel, der sich mit seinen Eisengestängen, seinen Zügen und Scheinwerfern über ihnen wölbte.

«Das Schöne ist, dass alle Bühnenhimmel gleich sind», sinnierte Magda weiter. «Wenn ich an ein neues Theater komme, unsicher und allein, brauche ich mich nur heimlich auf die Bühne zu legen und nach oben zu schauen. Dann bin ich zu Hause.»

«Kneift mal die Augen zusammen, es ist wirklich ein Tier», unterbrach sie Peter. «Das Gestänge ist ein Rippenbogen, ein gigantischer Brustkorb. Und seht mal, die Kabel. Das sind Sehnen. Hey, das ist ja gruselig.»

«Das ist wunderschön», widersprach ihm Magda. «Die Bühne ist sein Herz. Das Tier hat ein goldenes Herz. Ganz aus Licht, weil es ja ein phantastisches Tier ist. Und wir liegen mittendrin.»

«Klar!», mischte sich jetzt auch Karl ein. «Wir sind die Seele, sitzen im Herzen und beißen in Ermangelung von Rippen in den Bühnenboden.»

«Es ist wunderschön und gleichzeitig gruselig», fand Peter, ohne sich von Karls Spott beeindrucken zu lassen. «Das Theater ist so alt. Stellt euch vor, wie lange es schon lebt. Wir sprechen Texte, die manchmal schon vor Christi Geburt geschrieben und in Theatern gesprochen worden sind. Ein Dinosaurier der menschlichen Ausdrucksmöglichkeiten.»

«Willst du damit sagen, dass es schon bei den Neandertalern Deppen gab, die für ein abgenagtes Stück Bisonschulter für die anderen den Kasper gemacht haben?», fragte Karl, wofür er von Peter einen Stoß in die Seite kassierte.

Magda kicherte. «Blödmann. Aber manchmal hat das Theater wirklich etwas Dämonisches. Es lebt, das steht fest.»

«Magda, einen Vortrag über die Magie des Theaters ertrage ich wirklich nur, wenn ich was gegessen habe», antwortete Karl leicht genervt.

«Nein, heute zum Beispiel. Das war unheimlich», beharrte Magda. «Habt ihr gesehen, dass Knoller an derselben Stelle wie Pia gekniet hat, kurz bevor sie starb? Und dass er Hilde die gleiche Szene vorgespielt hat? Das hat mich richtig erschreckt.»

«Woher weißt du das?», fragte eine Stimme aus dem dunklen Zuschauerraum.

Erschrocken fuhren die drei hoch.

«Woher weißt du, dass es dieselbe Stelle war? Du warst nicht da.» Knoller verstummte und blieb stehen. «Oder warst du doch da? Auf der Galerie?»

Die vier Menschen in dem leeren Theater hielten den Atem an, die Zeit schlich auf Zehenspitzen vorbei.

Magda hörte auf der Straße draußen gedämpfte Schritte. Dass man das hier drinnen hören konnte. Schritt und Schritt und Schritt. Wenn sie nur herausbekommen könnte, ob die Schritte näher kamen oder sich entfernten. Während sie noch konzentriert nach draußen horchte, sah sie im Scheinwerferlicht in Zeitlupe Staubfünkchen tanzen.

«Du warst es. Du hast sie umgebracht, Magda.»

Es war vorbei. Endlich war es vorbei. Sie fühlte sich leicht. Wie so ein blödes Staubpartikelchen. Merkwürdig, es fühlte sich ähnlich an wie nach dem Mord. Ein interessanter Gedanke eigentlich, aber jetzt fing Peter neben ihr an zu reden.

«Moment, Chef. Moment. Das ist doch Blödsinn. Wir haben es ihr erzählt. Karl und ich. Vorgemacht. Ich hab's ihr sogar vorgespielt, stimmt's?»

«Genau», fiel Karl mit merkwürdig atemloser Stimme ein. «Das war vielleicht ein bisschen geschmacklos. Ich meine, das zu spielen, aber ...»

«Hört schon auf», unterbrach sie Knoller. «Magda, hast du sie umgebracht?»

Frei. Das war das Gefühl. Nach dem Mord hatte sie sich frei gefühlt. Sie erinnerte sich ganz deutlich. Jetzt war es wieder so. Im Gefängnis würde sie Zeit haben. Ein Frauengefängnis. Mit den Frauen könnte man Lysistrata inszenieren. Käme bestimmt etwas Interessantes dabei heraus. Albern. Sie musste grinsen. Fast fröhlich sah sie Knoller entgegen und sagte: «Ich glaube schon.»

Sie hörte Karl neben sich aufschreien. Gleichzeitig fing Peter an, auf Knoller einzureden, aber seine Sätze änderten dauernd die Lautstärke. Als würde jemand am Regler drehen. Sie verstand ihn nicht. Knoller schrie irgendetwas nach oben. Sie konnte aber nur sein rotes Gesicht sehen, seinen aufgerissenen Mund. Er sah böse aus. Jetzt kam er auch noch auf sie zugerannt. Was war denn nur los? Mit beiden Händen stützte er sich auf die Bühnenkante und sprang. Zu viel Schwung, er würde sich überschlagen. Sie wollte ihm eine Warnung zurufen, aber es ging nicht. Er rutschte aus. Sie hatte es gewusst. Er schleuderte und schlug mit dem Kopf hart gegen das Bühnengeländer. Das Eisen schrie. Wie eine Katze hörte sich das an. Und dann war es plötzlich ganz still. Wie ein Gong hatte der scharfe Ton des Eisens die Normalzeit wieder eingeläutet. Magda blinzelte ein paarmal, aber das Bild blieb.

Ein paar Schritte vor ihr lag Knoller. Reglos mit geschlossenen Augen.

Vorsichtig näherte sich Peter dem Intendanten und kniete sich neben ihn. Nachdem er ihn eine Weile taxiert hatte, meinte er: «Er lebt. Wahrscheinlich nur ohnmächtig.»

«Kein Wunder, so wie der gegen das Geländer geknallt ist», murmelte Karl.

Steif kam Magda ebenfalls einen Schritt näher: «Ist er ernsthaft verletzt?»

«Keine Ahnung.» Peter zuckte mit den Achseln. «Ich bin kein Arzt. 'ne Gehirnerschütterung hat er vielleicht. Auf jeden Fall wird er sich erinnern können.»

Die drei sahen sich an. Karl stöhnte auf und ging mit böse zusammengekniffenen Augen auf Magda zu: «Warum hast du's ihm gesagt? Warum nur?»

Magda zuckte die Achseln und sah ihn ausdruckslos an. Wie aus Angst, sie zu schlagen, wich er zurück. «Was sollen wir jetzt machen, verdammt nochmal! Kannst du mir das sagen?»

«Nichts machen wir», antwortete Magda gelassen. «Wir gehen nach Hause.»

Plötzlich fielen ihr die Härchen auf Prottengeiers Unterarmen ein. In der Nacht nach Monas Tod hatte sie die bemerkt.

«Magda, spätestens wenn Knoller wieder zu sich kommt, geht er zur Polizei. Und dann kommen sie dich holen!», fuhr Karl sie verzweifelt an.

Wieder zuckte sie mit den Achseln. «Wahrscheinlich.»

Ob Prottengeier sie abholen würde? Das wollte sie nicht. Mit einem Ruck fuhr Peter, der bis jetzt neben dem Intendanten gekniet hatte, hoch. Aufgeregt zeigte er auf das Portal.

«Ich hab's! Der Eiserne! Er liegt direkt unter dem Eisernen. Wir brauchen bloß den Knopf zu drücken!»

Magda schüttelte fassungslos den Kopf. Beschwörend ging Peter auf die beiden zu. «Ein Unfall, versteht ihr? Ein Unfall wie all die anderen. Karl drückt nur den Knopf!»

«Ich?» Karl fuhr erschrocken zurück, aber Peter setzte ihm nach und sagte flehentlich: «Dann sind wir wieder drei, verstehst du? Drei Mörder, drei Hexen.»

«Aber er lebt doch noch ...», murmelte Karl.

«Deshalb müssen wir uns beeilen. Er wird nicht ewig ohnmächtig bleiben! Los, Karl. Nur den Knopf drücken. Es ist ganz einfach!»

«Hör auf! Hört sofort auf!», unterbrach Magda die beiden mit scharfer Stimme. «Wir müssen damit aufhören. Das ist doch Wahnsinn. Wir gehen jetzt sofort nach Hause. Niemand wird umgebracht. Das ist doch wie eine Lawine, merkt ihr das nicht?»

Ernüchtert sahen die Männer sie an. Magda drehte sich langsam um und ging zur Bühnentür. Dort blieb sie stehen. Nach einem kurzen Zögern folgten ihr die Männer. Zu dritt gingen sie durch die dunklen Gänge zum Ausgang.

Als die Tür hinter ihnen zufiel, hörte keiner der drei, wie auf der Bühne die Warnlichter angingen und sich drehten. Wie sich der Eiserne mit einem Ruck aus der Verankerung löste. Und wie unter lautem Klingeln die Eisenzähne unaufhaltsam nach unten fuhren.

• **22** •

Die kalte Luft war wie eine Ohrfeige. Mit hochgezogenen Schultern und fest in den Manteltaschen vergrabenen Händen stemmten sie sich gegen die eisige Nacht. Keiner hatte es ausgesprochen, aber alle drei wussten, wohin sie gingen.

Karl hatte Bleiklumpen an den Beinen. Jeder Schritt war so schwer, als müsse er seine Füße immer wieder tief aus der Erde ziehen. In seinem Kopf dröhnte es ‹Drei Mörder, drei Hexen, drei Mörder, drei Hexen ...› Verstohlen sah er zu Peter hinüber.

Der spürte den Blick und zwang sich, den Kopf nicht zu drehen. Bloß niemanden ansehen. Er war verrückt geworden. Einfach verrückt. Er war doch überhaupt kein Mörder. Das mit Mona hatte er nicht gewollt. Aber Karl hatte er zwingen wollen. Ausgerechnet Karl. Der noch nicht mal eine Spinne töten konnte. Dabei sah er aus, als könne er jederzeit sein Essen selbst jagen und erlegen. Aber noch nicht mal eine Spinne ... Dafür liebte er ihn. Für das Sanfte. Will man immer alles zerstören, was man liebt?

Magda hielt ihr Gesicht in den Wind und atmete tief ein. Es roch nach Schnee. Schön. Hoffentlich kamen sie erst morgen früh! Sie wollte die Nacht noch für sich haben. Die Nacht war nachsichtiger als der Tag. Tagsüber geschah immer alles Unangenehme. Da wurde gestritten und gekämpft. Die Nacht hatte eine andere Realität. Milder, großzügiger. Wieder atmete sie tief ein.

•

Karl fühlte, wie jetzt all seine Glieder schwer wurden. Er hatte die beiden im Stich gelassen. Wenn er schnell gehandelt hätte, wäre alles gut. Drei Mörder, drei Hexen.

Neben ihm flüsterte Peter: «Entschuldige, Karl. Ich ... ich muss verrückt sein.»

Abwehrend schüttelte Karl den Kopf. Nein, er war feige, das war der Punkt.

Peter sah das Kopfschütteln und verkroch sich noch tiefer in seine Jacke. Klar würde Karl das nicht einfach verzeihen. Er war sauer, kein Wunder. Und der Faust würde auch abgesetzt werden. Marthe und Mephisto im Knast! Gute Werbung fürs Theater. Knast ... Lieber nicht dran denken! Für Totschlag bekam man nicht so viel, oder? Und Magda?

Die drei waren am Rand des Stadtparks angekommen. Jetzt schneite es richtig. Dicke, weiße Flocken, die im Licht der Straßenlaternen wirbelten, die Bäume überzuckerten und die Geräusche dämpften. Der Park vor ihnen lag friedlich im Mondlicht.

Wie in Trance ließ Magda sich auf eine verschneite Bank gleiten und starrte auf die Bäume und Wiesen, die unter der Schneedecke ihre Form veränderten, fremd und weich wurden.

Peter setzte sich dicht neben sie. Karl zögerte, dann ließ er sich möglichst weit von ihnen entfernt auf der äußersten Kante der Bank nieder.

«Komm näher, Karl, komm zu uns», lockte Magda mit warmer Stimme.

Der Klang schnürte ihm die Kehle zu. Jetzt hatte er den Bleiklumpen auf der Brust. «Es tut mir so Leid. Ich bin so verdammt feige.»

«Bist du nicht», stieß Peter hastig hervor.

Magda griff nach Karls Hand und drückte sie fest. «Jemanden wirklich umzubringen, das ist nicht feige oder mutig, das ist schrecklich. Ich hab nur einen Hebel umgelegt, und jemand hörte auf zu atmen. Das ist unvorstellbar! Wisst ihr, dass ich das noch immer nicht richtig glauben kann?»

Verlegen lächelte sie vor sich hin. «Aber das Schlimmste ist, dass ich jetzt mit ihr leben muss. Mit Pia. Wenn ich es nicht getan hätte, hätte ich sie vergessen. Ich stelle mir das oft vor. Ich bin irgendwo eingeladen und sage: ‹... ach, Pia Zadurek. Die hab ich auch mal gekannt. Unangenehme Frau. Ich habe schon lange nicht mehr an sie gedacht. Was macht die denn jetzt?› Wie wohltuend das sein muss, so reden zu können? Ich werde mein Leben lang an sie denken müssen. Stell dir nur mal vor, du hättest auf dieselbe Weise Knoller am Hals.»

Unwillentlich lachte Karl, obwohl ihm gar nicht danach zumute war.

Magda drückte seine Hand noch fester. «Wenn ich so richtig katholisch büße, wird's vielleicht besser. Ihr wisst ja, welche frühkindliche Prägung ich in der Beziehung mit mir rumschleppe. Vielleicht darf ich Pia doch irgendwann vergessen. Was meint ihr?»

«Verrückt genug bist du jedenfalls.» Karl drückte zärtlich ihre Hand.

Peter schniefte und lehnte seine Schulter gegen Magdas. «Du hast's gut, mit deinem Katholizismus. Was mache ich armer Protestant?»

«Viel, viel arbeiten im Gefängnis. Schuften für die Vergebung!», antwortete Karl trocken.

Peter grinste schief. «Komisch, ich denke nie an Mona. Da, wo andere ein Gewissen haben, hab ich offensichtlich ein schwarzes Loch.»

«Deswegen spielst du auch so gut Bösewichter», flachste Magda und nahm auch Peters Hand. «Aber über Mona müssen wir reden. Ich will nicht, dass du ins Gefängnis musst. Ich sage, dass ich es war. Ein Mord oder zwei ...»

•

Peter entzog ihr seine Hand und sprang von der Bank. «Mensch, Magda, kannst du mal konsequent bleiben? Erst redest du von so edlen Werten wie Buße, Erlösung, was weiß ich, aber die Wahrheit bedeutet dir nichts. Merk dir eins: Ich steh für mich selber gerade! Misch dich bloß nicht ein!»

«Ich wollte es dir nur anbieten.»

«Lass es!», schnauzte Peter.

Magda stand auf und streckte die Hände nach ihm aus. «Sei nicht sauer.»

Peter zog sie an sich. Als er sie fest in seinen Armen hielt, murmelte er sehnsüchtig in ihr Haar: «Wir waren fast unbesiegbar, was?»

Magda begann, langsam im Kreis zu gehen, und zog ihn mit sich. Mit träumerischer Stimme intonierte sie: «*Unheilsschwestern. Hand in Hand ziehn wir über Meer und Land. Rundum dreht euch so rundum.*»

Peter fing an zu kichern, und prustend machten sie zu zweit weiter: «*Dreimal dein und dreimal mein, und dreimal noch, so macht es neun.*»

Peter konnte sich nicht mehr halten und fiel mit schallendem Gelächter in den Schnee. Von der Bank her sah Karl ihnen verständnislos zu.

Plötzlich wusste Magda, was sie tun wollte. «Ich muss noch ganz schnell was erledigen», rief sie ihren erstaunten Freunden zu. Dann drehte sie sich um und lief, die Arme schwingend wie ein seltener Nachtvogel, über die weiße Wiese davon.

• 23 •

Er konnte noch so lange in seinen Kühlschrank starren, außer ein paar Eiern mit abgelaufenem Haltbarkeitsdatum starrte nichts zurück. Der Pizzaservice war auch schon seit einer halben Stunde besetzt.

Mit knurrendem Magen richtete Prottengeier sich auf. Gleich Mitternacht, da waren auch die Kneipenküchen dicht. Blieb noch der McDonald's an der Autobahn. Flüssige Nahrung, das war die Lösung! Wo hatte er nur den Sixpack von der Tankstelle hingestellt? Nach Warnaks überraschendem Abgang hatte er ihn gekauft, dann war er ins Kommissariat gefahren, Schmidthahn bei Fredi ablösen.

Eine harte Nuss, dieser Requisiteur. Dauernd musste man aufpassen, damit er sich nicht in Widersprüche verstrickte und sich immer verdächtiger machte. Der Mann log aus Angst. Schmidthahn kapierte mal wieder überhaupt nichts. Fredi war nur ein Bauernopfer. Dauernd versuchte Schmidthahn, den Requisiteur ernsthaft festzunageln. Da hatte er das Bier noch im Wagen. Aber er hatte es ganz sicher mit hoch genommen.

Schmidthahn hielt ihn wahrscheinlich für übergeschnappt. Wenn er nur nicht zu früh zu Felix dem Glücklichen rannte, um sich auszuweinen. Wo war dieses blöde Bier? Vielleicht hätte er Warnak seinen Verdacht gegen den Requisiteur besser verkaufen müssen.

Da stand es. Im Flur. Er trug es in die Küche und verstaute es im Kühlschrank.

Sich den steifen Nacken reibend, schlurfte er ins Wohnzimmer und setzte sich vor sein Aquarium. Neidisch sah er den Fischen beim Fressen zu. Er wurde sowieso zu fett. Es war mal wieder ein Waldlauf mit den Kollegen angesagt. Oder besser allein. Ins Fitness-Studio, das wär's.

«Scheiß drauf», hörte er sich sagen. In der leeren Wohnung

klang seine Stimme so fremd, dass er erschrak. Darüber ärgerte er sich. Herrschte hier etwa Schweigepflicht? Trotzig rief er den Fischen «Guten Appetit» zu.

Eine Versetzung. Nach diesem Fall würde er sich versetzen lassen. Egal wohin. Nur weg von hier. Raus aus diesem Kaff. Irgendwo ganz neu anfangen. Dazu war er noch nicht zu alt.

Die Türklingel schrillte.

Wieder erschrak er. Automatisch sah er auf seine Armbanduhr. Kurz vor zwölf. Wer konnte das sein? Schmidthahn war der Einzige, der ihm einfiel. Irgendwas war passiert. Zu ihm kam sonst niemand.

Eilige Schritte auf der Treppe. Zu leichtfüßig für Schmidthahn. Neugierig öffnete er die Wohnungstür.

Da stand sie. Ein blasses Rotkäppchen mit leuchtenden Augen, die ihn erwartungsvoll ansahen. Obwohl er nicht wie sie die Treppe hochgerannt war, atmete er schwer.

«Entschuldigen Sie, Herr Prottengeier, ich …»

Sie brach ab. Was wollte sie bei ihm? Wieso redete sie nicht weiter? Er musste sie hereinbitten. Nicht nur versteinert herumstehen. Mit einer unbeholfenen Geste deutete er in seine Wohnung. Fast dankbar lächelte sie ihn an und schlüpfte an ihm vorbei. In seinem engen Flur blieb sie stehen. Er musste etwas sagen.

«Frau Mann.»

Na wunderbar. Ein Meister der lockeren Konversation. Sogar ihren Namen konnte er aufsagen.

«Ich …» Wieder brach sie ab und fummelte an den Enden ihres roten Schals. Sie war ganz nass. Die Haare, die unter der ebenfalls roten Mütze hervorquollen, glänzten vor Feuchtigkeit. Er sollte sie auffordern, die nassen Sachen auszuziehen. Sie war wohl länger draußen herumgelaufen. Er sollte ihr ein Handtuch anbieten, damit sie sich die Haare trocknen konnte. Hatte er überhaupt noch ein sauberes Handtuch?

●

«Sie sind ganz nass.»

Originell. Er hätte sich ohrfeigen können.

«Ja, es schneit.»

Er drängte sich an ihr vorbei ins Wohnzimmer. Warum kam sie denn nicht nach?

«Kommen Sie doch herein.»

«Darf ich meinen Mantel ausziehen?»

«Natürlich. Brauchen Sie ein Handtuch? Um Ihre Haare zu trocknen, meine ich.»

Was stotterte er denn so dämlich rum? Entschlossen drängte er sich wieder an ihr vorbei zum Bad. Kein frisches Handtuch, wie er befürchtet hatte. Von vergangener Nacht lagen noch zwei zerknüllt und klamm neben der Dusche. Die übrigen steckten schmutzig im Wäschekorb. Hastig wühlte er darin herum, und zog eins nach dem anderen vor. Sie rochen. Angewidert stopfte er sie zurück und nahm eins der klammen.

Sie stand immer noch im Flur und sah ihm entgegen.

«Leider hab ich kein anderes.» Ruckartig streckte er ihr das Handtuch hin und wandte sich zur Küche.

«Wollen Sie was trinken? Ein Bier?»

«Gern.»

Natürlich stapelten sich alle seine Gläser verschmiert im Ausguss. Spülmittel hatte er doch schon letzte Woche besorgen wollen. Vorsichtig zog er ein Glas heraus und versuchte es unter fließendem Wasser zu säubern.

«Das riecht nach Ihnen.»

Erschrocken drehte er sich um und ließ das Glas fallen, das klirrend auf den anderen Gläsern zersprang. Verfluchte Scheiße!

Bei dem Geräusch zuckte sie zusammen und presste das Handtuch fest an die Brust. «Es tut mir Leid, ich hab Sie erschreckt. Ist viel kaputt?»

Ohne hinzusehen, schüttelte er den Kopf.

«Das Handtuch riecht nach Ihnen, wollte ich nur sagen.»

«Tut mir Leid», meinte er verlegen.

«Nein! Nein, ich wollte sagen ... es riecht gut.»

Hektisch wandte er sich wieder zum Spülbecken, um aus den Scherben ein heiles Glas zu angeln.

«Ich kann auch aus der Flasche trinken ...», murmelte sie unsicher in seinen Rücken.

Mit beiden Händen stützte er sich auf die Spüle und starrte auf sein schmutziges Geschirr. Er war ein erwachsener Mann, der mit einer Mordverdächtigen sprach. Warum benahm er sich nur derart idiotisch? Er verdächtigte sie! Aber er benahm sich, wie ... wie was? Langsam drehte er sich zu ihr um. Sie stand in der Küchentür, tropfte vor Nässe und hielt sich hilflos an seinem schmutzigen Handtuch fest.

«Was ist los, Frau Mann? Warum sind Sie hier?»

Ein Geständnis. Deshalb war sie aufgetaucht. Brüsk wandte er sich wieder zur Spüle.

Er hörte sie schlucken. Dann sagte sie zögernd: «Das Bier? Kann ich eins haben?»

Betont langsam ging er zum Kühlschrank. Er wollte nicht hören, was sie zu sagen hatte. Als er ihr das Bier reichte, sagte sie: «Ich hab mir vorgestellt, Sie wären sehr ordentlich.»

«Nein, bin ich nicht.»

Sie lachte. «Das ist gut. Ordentliche Menschen verursachen bei mir Schuldgefühle.»

Kein Geständnis. Erleichtert atmete er auf. Ein tiefbraunes Lächeln, mit einem kleinen Kranz grün um die Iris. Er nahm ebenfalls ein Bier und sah sich suchend um. Wo war der gottverfluchte Öffner?

«Ich kann den Feuerzeugtrick», sagte sie und kramte in ihrer Manteltasche.

Er verstand kein Wort. Triumphierend hielt sie ein Einwegfeuerzeug hoch, setzte es am Verschluss an und hebelte ihn auf.

«Guter Trick», sagte er anerkennend.

«Soll ich es Ihnen beibringen?», fragte sie eifrig. «Es ist ganz leicht. Obwohl ich ziemlich lange gebraucht habe, um es zu kapieren. Aber das ist bei den meisten einfachen Sachen so. Je einfacher etwas ist, desto schwieriger lernt man ...» Verlegen brach sie ab. «Ich rede Blödsinn, was?»

Er nickte. «Ziehen Sie doch ihre nassen Sachen aus. Sie erkälten sich.»

Ohne ihn anzusehen, schälte sie sich aus Mantel, Schal und Mütze, legte alles auf den Stuhl und rubbelte sich die Haare. Mit ihren engen Jeans und dem abgeschabten roten Pullover sah sie wie ein kleines Mädchen aus. Ein sehr nasses Mädchen. Als sie unter dem Handtuch hervorkam, sah er schnell beiseite. Sie sollte nicht glauben, dass er sie beobachtete.

«Sollen wir ins Wohnzimmer gehen?», fragte er beiläufig.

«Ich mag Küchen. Wenn es Ihnen recht ist, würde ich lieber hier bleiben.»

Es war ihm nicht recht. Er nickte und blieb wie angewurzelt neben dem Kühlschrank stehen, während sie sich zu ihren nassen Sachen auf den Stuhl quetschte.

«Soll ich?» Sie streckte ihre Hand aus.

Unwillkürlich wich er zurück. «Was?»

«Ihr Bier aufmachen?»

Das Bier. Er ging auf sie zu und hielt ihr die Flasche hin. Ihr Mund sah aus, als ließe er sich wunderbar küssen. Großzügige Lippen, die sich sanft nach oben schwangen, wenn sie lächelte.

«Was wollen Sie?», fragte er, schroffer als beabsichtigt.

Anstelle einer Antwort nahm sie einen langen Schluck aus der Flasche. Sie trank mit geschlossenen Augen. Dann wandte sie sich ihm zu. Dieses Zuwenden war, als würden Scheinwerfer angehen, die Welt ausblenden und einen Spot auf ihr Gegenüber richten. Sie hatte kleine Fältchen um die Augen. Zarte Linien, die strahlenförmig angeordnet waren. Kein kleines Mädchen. Eine erwachsene Frau. Vielleicht eine Mörderin. Er musste sich zusammenreißen.

«Also, Frau Mann ...»

Ihr Blick veränderte sich. Wurde herausfordernd. «Ich weiß nicht genau, warum ich gekommen bin. Ich wollte Sie sehen. Ich habe nicht mehr viel Zeit.»

«Wie meinen Sie das? Nicht mehr viel Zeit?»

Sie wich seinem Blick aus. «Bald schweigt der Wirrwarr.»

Was sollte das denn schon wieder?

«Wirrwarr?»

«Erinnern Sie sich? Wenn der Wirrwarr stille schweigt, wer der Sieger ist, sich zeigt ...»

Natürlich erinnerte er sich. «Wirrwarr bedeutet Unordnung, Chaos, Desorganisation, Verwirrung, Schlamperei, Verwicklung.»

Erstaunt sah sie ihn an.

«Ich hab es nachgelesen», sagte er.

Sie stützte ihr Gesicht in die Hände und betrachtete ihn spöttisch. «Und das mögen Sie nicht, was?»

Nein. Das mochte er nicht. Und ihren Ton mochte er auch nicht. Sie hielt ihn wohl für einen Spießer, eine pedantische Krämerseele. Steif lehnte er sich zurück.

Sie streckte die Hand nach ihm aus. «Bitte nicht, Herr Prottengeier. Nicht weggehen.»

Ihre Hand sah aus, als wollte sie ihn berühren. Sie lümmelte halb über dem Tisch. Genau, lümmelte. Wie ein Teenager. Dabei war sie eine erwachsene Frau. Abwehrend verschränkte er seine Arme.

«Noch einmal, Frau Mann. Warum sind Sie hier?»

Sie zog ihre Hand zurück und setzte sich wieder aufrecht

hin. Wenigstens das. Lässig überkreuzte sie die Beine. Lange Beine, wie er widerwillig feststellte.

«Ich habe mit Ihnen schon einmal auf den nächsten Morgen gewartet. Damals konnten Sie nicht schlafen. Diesmal kann ich es nicht.»

Er hatte sie im Arm gehalten. Seine verschränkten Hände zuckten, als wollten sie es wieder tun. Er verspannte seine Armmuskeln und presste sie fester an seinen Oberkörper.

Prüfend sah sie ihn an. Schließlich sagte sie ruhig: «Es war keine gute Idee. Ich gehe wohl besser.»

Er biss sich auf die Lippen vor Wut. Er war ein Idiot. Ein Riesenidiot!

Mit einem Ruck stand sie auf und schlüpfte schaudernd in ihren nassen Mantel. Gleich wäre sie verschwunden. Sein Mund war trocken.

«Wer wird denn jetzt Sieger? Wenn der Wirrwarr schweigt?»

So etwas Schwachsinniges konnte auch nur er fragen. Blasen im Kopf waren die einzige Entschuldigung.

Erstaunlicherweise lachte sie nicht. Sie sah ihn ernst an. «Sie sind der Sieger, keine Sorge.»

Wieso Sorge? Sein Telefon klingelte. Froh über den Vorwand eilte er zum Apparat. Eine ruhige Stimme gab knappe Erklärungen. Als Prottengeier in den Hörer schrie: «Nein! Warten Sie, Herr Warnak! Ich bin gleich da!», war nur noch das Freizeichen zu hören.

«Was ist mit Theo?», fragte Magda aufgeregt vom Türrahmen. Mit einer Geste brachte er sie zum Schweigen und wählte hastig eine Nummer.

«Schmidthahn, hier Prottengeier. Im Theater ist etwas passiert. Knoller ist tot. Genaues weiß ich nicht. Warnak hat mich angerufen. Schnappen Sie sich ein paar Männer und kommen Sie nach. Ich bin schon unterwegs.»

• 24 •

Keuchend rannten sie durch die Altstadt. Vorbei an den putzigen Fachwerkhäusern mit ihren nachweihnachtlichen Tannengirlanden. Durch dunkle Arkaden und über kopfsteingepflasterte Plätze. Prottengeiers Lungen schmerzten vom kalten Wind, als endlich das Theater vor ihnen auftauchte. Die beleuchteten Schaukästen mit den Szenenfotos schimmerten einladend in dem ansonsten düster daliegendem Bau.

Keuchend umrundeten sie das Gebäude und liefen zum Bühneneingang. Prottengeier rüttelte an der Tür, die keinen Zentimeter nachgab. Er stellte sich auf die Zehenspitzen und versuchte, durch die Glasscheibe der Pförtnerloge zu spähen. Magda tippte ihm aufgeregt auf die Schulter, rief, nach Atem ringend: «Durch die Kantine!», und stürmte weiter.

Mit einem Satz sprang er die Treppe hinunter und spurtete ihr nach. Noch vor ihr erreichte er die Kantinentür und riss sie mit einem Ruck auf. Sie hasteten durch dunkle Gänge. Die schalldichte Eisentür, die zur Bühne führte, verriet nicht, was dahinter lag. Prottengeier atmete durch und gab Magda ein Zeichen, still zu sein. Dann öffnete er vorsichtig die Tür.

Zuckendes Licht empfing sie. Hell, dunkel, hell, dunkel. Die Warnblinkanlage des Eisernen ließ die Bühne gespenstisch rot aufleuchten, um sie gleich wieder in Dunkelheit zu hüllen. Blinzelnd versuchte Prottengeier, seine Augen an das wechselnde Licht zu gewöhnen. Neben sich hörte er Magda, die ihren Atem zu beruhigen versuchte. Sonst war alles still.

Dann sah er es.

Prottengeier packte hart Magdas Arm und raunte: «Stehen bleiben!» Sie nickte stumm. Langsam ging er auf den heruntergefahrenen Eisernen zu. Auf das, was ihn offensichtlich gestoppt hatte und die Warnblinkanlage weiter aufleuchten ließ.

Dieser Haufen, der so unerbittlich zwischen der eisernen

Wand und dem Bühnenboden klemmte, war ein Mensch. Sein Magen hob sich. Er hatte einen bitteren Geschmack im Mund.

Eine der urzeitlich anmutenden Eisendornen hatte sich durch die Brust gebohrt und nagelte die Leiche auf dem Bühnenboden fest. Der Eisenmoloch hatte es nicht geschafft, den Körper gänzlich in den Bühnenboden zu stampfen, und hing nun kläglich fest. In dem roten Licht sah das verspritzte Blut fast schwarz aus.

Es war Knoller. Er drehte sich zu Magda um, die angestrengt zu ihm herüberstarrte, um etwas zu erkennen. Ohne nachzudenken, zog er seine Jacke aus und legte sie über den zerquetschten Körper. Sie sollte das nicht sehen. Wieder machte er ihr ein Zeichen, sich ruhig zu verhalten.

Er musste hier irgendwo sein. Beklommen rief er: «Herr Warnak, wo sind Sie?»

Über ihm ging ein Scheinwerfer an. Der Alte stand auf der obersten Arbeitsgalerie. Klein und merkwürdig entrückt sah er aus, wie er da in seinem Spot stand und freundlich nach unten winkte.

«Herr Prottengeier. Schön, dass Sie so schnell kommen konnten. Und auch allein, wie ich hoffe?»

Einige Schritte weiter zog Magda scharf die Luft ein.

«Leider kann ich Sie von hier oben schlecht sehen, Herr Prottengeier, aber Hauptsache, Sie sehen mich. Ein Schauspieler muss immer das Licht suchen!»

Prottengeier löste sich vom Eisernen und sagte behutsam: «Kommen Sie herunter, Herr Warnak. Dann können wir uns unterhalten.»

Aus den Augenwinkeln sah er, dass Magda unbeweglich neben der Bühnentür stand. Mit einer Hand versuchte er, ihr Zeichen zu geben.

«Was machen Sie da, Herr Prottengeier? Sie sind doch allein?»

Alarmiert schwang der Schauspieler ein Bein über die Sicherheitsbrüstung

«Natürlich bin ich allein. Bleiben Sie oben, Herr Warnak. Ich komme zu Ihnen!»

«Nein, bleiben Sie, wo Sie sind! Ich komme gleich hinunter, aber zuerst muss ich ein Geständnis ablegen.»

Endlich schien Magda aus ihrer Starre zu erwachen. Aber statt ins Treppenhaus zu laufen, wie er gehofft hatte, und von dort aus den Aufstieg zur Arbeitsgalerie zu beginnen, tastete sie sich zum Inspizientenpult.

Die Feuerleiter!, durchzuckte es Prottengeier. Sie wird doch nicht die Feuerleiter nehmen. Wieder versuchte er, sie mit einer Hand unauffällig zur Tür zu winken. Sie reagierte nicht. Diese blöde Kuh kletterte tatsächlich auf der Feuerleiter nach oben. Sie würde sich den Hals brechen! Und der Alte würde springen!

«Was ist da an der Tür?», tönte die misstrauische Stimme von oben. Schnell blickte Prottengeier wieder nach oben.

Warnak war jetzt ganz über das Schutzgeländer geklettert und balancierte, sich rückwärts am Handlauf haltend, auf einem schmalen Vorsprung zwanzig Meter über der Bühne. Was tat der Alte da? Er musste etwas sagen, ihn aufhalten. Ihn am Springen hindern, bis Magda oben war. Seine Zunge schien am Gaumen festzukleben.

«Sie wollten ein Geständnis ablegen, Herr Warnak?»

Magda war irgendwo im Dunkel verschwunden. Ihm fiel ein, dass die Feuerleiter zwar steil nach oben führte, aber zum Schutz vor Absturz alle paar Meter Eisenringe eingelassen waren. Mit der Leiter war sie schneller.

Von oben kam ein Kichern. «Ich bin Ihre Hauptfigur, Ihr Mörder! Diesmal habe ich Ihnen sogar meine Fingerabdrücke auf dem Knopf gelassen.»

«Warum, Herr Warnak?»

Er musste ihn unbedingt ablenken, bis Magda bei ihm war. Red schon, du alter Schwätzer.

«Knoller kam mir auf die Schliche. Er ist zwar nicht besonders scharfsinnig, aber ich habe mich verplappert. Sein Pech. Um Mona tut es mir Leid. Ich wollte sie nicht umbringen. Das alberne Hühnchen sollte nur ruhig gestellt werden. Aber so ist das nun einmal. *Ja, mach nur einen Plan, sei nur ein großes Licht!* Um mit Brecht zu sprechen.»

«Und Pia Zadurek?», fragte Prottengeier schnell. Wo blieb nur Magda?

«Pia Zadurek! Der Ausgangspunkt. Der Keim des Bösen.» Warnak kicherte. «Das war eine gute Tat. Ich habe das Theater von ihr befreit. Sie zerstörte die Schauspieler und damit die Seele des Theaters. Das Theater selbst hat sie zerschmettert. Ausgleichende Gerechtigkeit, Herr Kommissar!»

Der Alte war verrückt. Vollkommen übergeschnappt. Wo blieb bloß Magda?

«Herr Warnak, Sie haben sich so viel Mühe gegeben, den Mord an der Zadurek zu verschleiern. Warum dieses plötzliche Geständnis?»

Am Rand von Warnaks Scheinwerferpegel tauchte ein Schatten auf.

Der Alte seufzte: «Ich bin des Wirrwarrs müde ...»

Der Schatten kam näher. Zwei Arme umschlangen den Alten. Der schrie auf. Sofort flüsterte Magda beruhigend auf ihn ein. Prottengeier atmete auf. Warnak schloss die Augen.

Was flüsterte sie nur? Prottengeier konnte die Gesichter sehen, aber kein Wort verstehen. Der Alte lächelte und flüsterte etwas zurück. Geräusche auf dem Gang. Rennende Menschen. Schmidthahn! Wenn der jetzt mit einer Polizistenhorde hier hereinstürmte ... Die Tür wurde aufgerissen. Jemand schrie: «Licht!»

Prottengeier hörte sich «Nein!» brüllen.

•

Wie in Zeitlupe packte Warnak die Hände, die ihn umklammerten, und riss sich los. Prottengeier schloss die Augen.

Gleichzeitig mit dem dumpfen Ton des Aufpralls flammte mit der Heftigkeit eines Faustschlags das Arbeitslicht auf.

Oben auf der Arbeitsgalerie stand Magda und hielt in leeren Armen das Nichts.

Prottengeier rannte los. Stieß die Kollegen beiseite, die wie hypnotisiert nur auf einen Punkt der Bühne starrten. Riss die Bühnentür auf und stürmte die Treppe hoch.

Ewigkeiten vergingen, bis er die Tür zur Arbeitsgalerie aufstieß. Sie lag zusammengekauert an der Wand. Als er sich über sie beugte, sah er ihr Gesicht. Schweißüberströmt und mit weit aufgerissenen Augen. Ihr Atem ging schnell und stoßweise, als wäre sie gerannt. Schnell kniete er sich neben sie.

«Ich ... die Höhe. Ich kann die Höhe nicht ertragen», murmelte sie. Ihre Zähne schlugen bei jedem Wort hart aufeinander. Behutsam hob er sie auf. Wild klammerte sie sich an ihn und verbarg ihr schweißnasses Gesicht an seiner Schulter. Ganz vorsichtig trug er den zitternden Körper nach unten.

• **25** •

Mit weißem Gesicht saß sie auf der Küchenbank. Es tat gut, das polierte Holz des Tisches anzusehen. Die Maserungen, den matten Glanz.

«Magda, sag was. Rede mit uns!»

Lästiges Geräusch. Gerade hatte sie entdeckt, dass sie das Beruhigungsmittel spüren konnte, das mit trägen Bewegungen durch ihren Blutkreislauf schwamm.

«Der Polizeiarzt hat Recht, wir hätten sie ins Krankenhaus bringen sollen. Sie hat einen Schock.»

Warum flüsterte Peter? Sie konnte ihn ja doch hören. Dachten die zwei etwa, sie sei taub? Den Kopf zu drehen war mühsam. Sprechen auch. «Kein Krankenhaus.»

Jetzt beugte Karl sich zu ihr. Nicht so nah. So nah war unangenehm. Wenigstens flüsterte er nicht, als er sagte: «Du musst nicht. Du bleibst zu Hause. Aber du musst mit uns reden. Rede irgendetwas. Bitte.»

Er tat ihr Leid. Er sah so traurig aus.

«Der Brief», flüsterte sie. Sie wollte gar nicht flüstern, aber laut sprechen war so anstrengend. Das Beruhigungsmittel schwamm schneller. Sie musste unbedingt den Brief lesen.

«Was für ein Brief?», fragte Karl.

«Der Brief im Briefkasten», erklärte sie langsam. Er sollte ihn holen gehen. Schnell.

«Was für ein Brief, Magda?» Er wollte einfach nicht verstehen.

«Von Theo.»

Endlich stand er auf. «In unserem Briefkasten ist ein Brief von Theo?» Sie nickte gequält. Hastig ging er aus der Küche. Gleich würde sie ihn lesen können.

«Ich habe dir einen Brief geschrieben. Lies ihn, wenn du nach Haus kommst. Dann verbrenn ihn.» Dann war da nur noch dieses merkwürdige Geräusch gewesen. Laut, aber gleichzeitig gedämpft, als würde etwas in den Schnee fallen. Aber eigentlich müsste ein Bühnenboden doch poltern. Das ganze Holz ...

Entsetzt fuhr sie zusammen. Peter war näher gerückt. Alle kamen so nah. Dann bekam sie keine Luft. Die Frage. Sie hatte ihn fragen wollen. Es war wichtig. Jetzt fiel es ihr wieder ein.

«Warum ... Warum sollte Karl ... Knoller umbringen? Drei Mörder?»

Peter sah an ihr vorbei zur Wand. So blass. Vielleicht ging es ihm auch nicht gut. Durch den Nebel der Beruhigungsmittel hindurch spürte sie einen Stich, als sie seine Lippen zucken sah. Nicht weinen.

«Ich habe immer Angst, dass ihr mich verlasst.» Er sprach ganz leise.

Sie nickte. Zu nah. Er saß immer noch zu nah.

Karl kam zurück und hielt ihr den Brief hin. «Er ist von Theo. Er muss ihn erst vor kurzem eingeworfen haben. Als Peter und ich nach Hause kamen, war er noch nicht da.»

Der Umschlag war zu fest zugeklebt. Sie musste ihn zerreißen. Zwei eng beschriebene Blätter, in seiner Altherrenschrift.

Als sie ihn gelesen hatte, ließ sie ihn achtlos auf den Tisch fallen und stand mit bleiernen Gliedern auf. Verstört sah Peter sie an. Ihr Haar schimmerte weiß im Lampenlicht. Mit beiden Händen hielt sie sich an der Tischkante fest und starrte vor sich hin.

Schließlich begann sie zögernd und mit stockender Stimme zu reden: «Ich wusste immer, dass er ... das tun würde. Irgendwann. Er konnte ... nicht mehr spielen. Immer hatte ich Angst.» Sie schloss die Augen.

Sofort war Karl bei ihr. «Komm, Magda. Ich bring dich ins Bett.» Willenlos ließ sie sich hinausführen.

Der Brief lag weiß und bedrohlich auf dem Tisch. Peter schloss die Augen, um ihn nicht mehr sehen zu müssen. Briefe von Toten! Das konnte doch nicht wirklich ihm passieren. Theo tot. Knoller tot. Er war sich sicher, dass er noch gelebt hatte, als sie das Theater verließen. Vielleicht war die Kopfverletzung doch schlimmer gewesen. Unterlassene Hilfeleistung. Darauf kam es jetzt auch nicht mehr an.

Karl ließ sich ihm gegenüber auf den Stuhl plumpsen.

«Sie liegt mit offenen Augen im Bett und schaut zur Decke. Wann wirkt bloß dieses blöde Mittel?» Erschöpft rieb er sich die Augen. «Was steht in dem Brief?»

•

Peter zuckte mit den Achseln. «Ich weiß gar nicht, ob ich das so unbedingt wissen will.»

Karl fixierte die Briefbögen. «Es wird uns nicht erspart bleiben. Was genau haben die Bullen denn gesagt, als sie Magda brachten?»

«Hab ich doch schon erzählt. Dass sie einen Schock hat und dass es im Theater einen Unfall gegeben hat. Ich habe nachgebohrt. Theo und Knoller hat's erwischt. Mehr weiß ich nicht.»

Karl griff nach den Blättern. «Also los. Bringen wir's hinter uns. Soll ich?»

Peter lehnte sich zurück und schloss die Augen. «Okay!»

Mit tonloser Stimme las Karl:

«Meine liebste Magda,

ich sitze hier in Knollers Büro, um dir noch schnell zu schreiben. Knoller wird es nicht mehr stören, ich habe ihn umgebracht. Erschrick nicht, Magda, aber, um im Jargon zu bleiben, er ‹wusste zu viel›. Ich hatte heute Abend ein Gespräch mit unserem Kommissar. Leider ist er ein kluger Mann und euch dicht auf den Fersen. Ich kam ins Theater, um euch zu warnen, und musste eure Szene mit Knoller miterleben. Da wusste ich, dass es an mir war, den Wirrwarr zum Schweigen zu bringen. Ich weiß, du magst Einmischungen nicht, aber gestehe es einem alten Kollegen zu, dass er weiß, was er tut. Und den Luxus eines Gewissens habe ich mir, im Gegensatz zu euch, schon vor vielen Jahren abgeschminkt. Obwohl, wenn ich euch so betrachte ... Vielleicht stimmt es, was seit den Anfängen unseres Berufes über uns erzählt wird. Dass Schauspieler amoralisch sind? Oder liegt es daran, dass für uns alles DENKBAR ist? Interessant, aber ich schweife ab. Das ist vermutlich Feigheit. Der letzte Aufschub, bevor es gilt ‹zu diesem Schritt sich heiter zu entschließen und wär es mit Gefahr, ins Nichts dahinzufließen›. Aber jetzt zu des Pudels Kern! Wenn ich diesen Brief bei euch eingeworfen habe, werde ich unseren

Kommissar ins Theater bitten. Zum Showdown. Es wird eine wunderbare Inszenierung sein. Auf der Bühne leuchtet gespenstisch die Warnblinkanlage des Eisernen. Unter seinem Höllenmaul ragt Knollers zerquetschte Leiche hervor. Er war so freundlich, sein Blut dekorativ über die ganze Bühne zu verspritzen. Ich stelle mir vor, dass unser Freund hereinkommt, sich über die Leiche beugt, und dann kommt mein Auftritt. Hoch über ihm leuchtet ein Spot auf. Und da steht er. Der Mörder. Wahrscheinlich werde ich den Text improvisieren müssen. Du weißt ja um meine Schwierigkeiten der letzten Jahre mit dem Lernen. Verfluchtes Alter! Es verspricht viel und hält nichts. Wenn du endlich alt genug bist, den Lear, den Prospero, den Faust zu verstehen, bist du zu alt, dir ihre Texte zu merken.

Jedenfalls werde ich drei Morde gestehen. Und dann werde ich wohl springen müssen. Auch wenn ich mich etwas fürchte, springe ich gern. Wir beide wissen, dass ich nie mehr auf einer Bühne spielen werde. Es ist vorbei. Aber ich kann wenigstens auf der Bühne sterben. Ein alter Schauspielertraum! Kitschig, aber durchaus verführerisch. Und ich kann das Angenehme mit dem Nützlichen verbinden. Durch meinen Tod seid ihr frei. Also hoffe ich, dass ihr mein Geschenk annehmt. Bitte, Magda, mach es nicht im Nachhinein durch irgendein dummes Geständnis sinnlos.

Vernichte den Brief, wenn du ihn gelesen hast – diesen Satz wollte ich übrigens schon immer einmal schreiben, er klingt so nach Mantel-und-Degen-Stück, nicht wahr? Und wünsch mir toi, toi, toi. Ich liebe euch.»

Karl ließ den Brief sinken. Eine Weile schwiegen beide.

«Was machen wir jetzt?»

«Wir verbrennen den Brief», sagte Karl sehr ruhig.

●

• 26 •

Im strahlend erleuchteten Foyer wimmelte es von Menschen. Sie waren überall, auf den Treppen, in den Gängen. Sie klumpten vor den Garderoben und drängten sich um die Bar. Das Haus war erfüllt von gedämpften Rufen, mit denen Bekannte sich begrüßten, dem Rascheln der Programmhefte und diskreten Erörterungen, ob noch genug Zeit für die Toilette sei.

Prottengeier, der das Foyer nur dunkel und leer kannte, sah sich interessiert um. Erleichtert stellte er fest, dass die Mehrzahl der Männer im Anzug war. Die wenigen jugendlichen oder spätjugendlichen Jeansträger fielen kaum ins Gewicht. Gut, dass er sich die Blumen verkniffen hatte. Mit Blumen in der Hand würde er sich vollkommen dämlich vorkommen. Fehl am Platz.

Die meisten Theaterbesucher schienen sich hier ganz zu Hause zu fühlen. Zielstrebig schlenderten sie durch die Gänge, unterhielten sich angeregt und hatten alle denselben Ausdruck von Neugier und gespannter Erwartung im Gesicht. Unauffällig versuchte er seinen Krawattenknoten zu lockern. Als er eine Lücke an der Bar bemerkte, schlängelte er sich schnell durch. An einem Glas würde er sich wenigstens festhalten können.

Alle tranken Sekt, den er verabscheute. Er bestellte sich ein Glas. Sich den Sitten der Eingeborenen anpassen. Er grinste. Ein anderes Land, das war das Theater für ihn tatsächlich gewesen. Ein alter Tempel mit eigenen Riten und Gesetzen. Interessiert lauschte er den Gesprächsfetzen.

«Du musst die Karten haben ... Habe ich mir schon vor Wochen besorgt ... Schreckliche Geschichte ... Sieh mal, Fleischer ...»

Der Journalist stand lässig inmitten einer Gruppe und dozierte. Prottengeier sah zu ihm hinüber.

«Das Spielerische ist ja ein überaus fruchtbares Korrektiv ... zum Intellekt des alten Geheimrats ... positive Selbstbespiegelung ...»

Worüber Fleischer wohl sprach? Jetzt fiel sein Blick auf Prottengeier, und er verstummte. Nervös nahm der Journalist seine Brille ab und begann sie mit fahrigen Bewegungen zu putzen. Höflich wandte Prottengeier sich ab. Den wenigsten war es angenehm, wenn man zu viel über sie wusste.

Das da vorne musste der kommissarische Intendant sein. Ein großer, gewichtiger Mann in einer Traube aus anderen wichtigen Männern.

Er zuckte zusammen. Felix Petry plus Gattin. Natürlich, die saß doch in irgend so einem Theatergremium. Damit hätte er rechnen müssen. Vergeblich versuchte er, sich hinter dem Rücken seines Nebenmannes zu verkriechen. Doch Felix der Glückliche hatte ihn schon entdeckt und steuerte auf ihn zu.

«Prottengeier! Schön, Sie zu sehen. Sie sind wohl auch neugierig, was? Schmidthahn hat mir erzählt, dass Sie einige Proben verfolgt haben. Da wissen Sie ja mal wieder mehr als wir anderen.»

Ausdruckslos sah Prottengeier ihn an. Petry wusste offensichtlich nicht weiter und räusperte sich. «Na, Hauptsache der Fall ist abgeschlossen. Zwar tragisch, aber trotzdem ein sauberer Abschluss.»

Sauberer Abschluss. Prottengeier fühlte die alte Gereiztheit in sich aufsteigen. Warnak war tot. Und dieses Geständnis ...

«Wir sind alle froh, dass im Theater wieder reibungslos gearbeitet werden kann. Und der Interimsintendant ...», hier senkte Petry bedeutungsvoll die Stimme, «... also, meine Frau sagt, damit haben wir einen guten Griff getan.»

Vages Mitleid mit Knoller stieg in Prottengeier auf. Sie waren alle recht schnell ersetzt worden, die Toten.

«Lieber Prottengeier, ich muss weiter. Genießen Sie das

Stück. Das haben wir alle ja nicht zuletzt Ihnen zu verdanken, dass heute Abend die Premiere endlich stattfinden kann.» Damit schlängelte sich der Glückliche davon.

Prottengeier sah ihm nach. Was hatten sie ihm zu verdanken? Dass Warnak tot war? Dass er weder den Tod der Souffleuse noch den des Intendanten hatte verhindern können? Wenn er den Alten nicht so bedrängt hätte, wenn er geduldiger gewesen wäre, wenn Schmidthahn nicht wie ein Walross ins Theater getrampelt wäre, wenn, wenn, wenn.

Versehentlich trank er einen Schluck Sekt. Er schüttelte sich. Widerliches Gebräu, er hatte es geahnt. Halbtrocken, dafür lauwarm.

In einem hatte Petry Recht, der Fall war abgeschlossen. Warnaks Geständnis. Wie hatte der Alte gesagt? «Eine Wahrheit.» Er hatte ihm eine Wahrheit angeboten und ihn gezwungen, sie zu akzeptieren. Alle zwangen ihn, sie zu akzeptieren. Als er versucht hatte, bei Petry Zweifel anzumelden, hatte der ihm Urlaub angeboten. Verächtlich zog er die Mundwinkel nach unten. Er brauchte keinen Urlaub. Schmidthahn, der sich für Warnaks Sprung verantwortlich fühlte, war unansprechbar. Der brauchte Urlaub!

Es gongte dreimal. Hastig wurden Gläser geleert und Platznummern auf den Eintrittskarten studiert. Sein Herz begann schneller zu schlagen. Jetzt würde er sie wieder sehen. Nach Warnaks Tod war sie nur noch einmal auf dem Kommissariat gewesen. Wortkarg. In einem ihrer seltsamen Gewänder. Schreiendes Gelb, kein Schwarz, aber er wusste, dass sie um den Alten trauerte. Wie sie, trotz ihrer Höhenangst, ohne zu zögern, die Feuerleiter hochgeklettert war. Er hatte sie nicht gefragt, wie es ihr ging. Er konnte das nicht, mit all den Leuten im Zimmer.

Er hätte doch Blumen mitbringen sollen.

Abrupt stellte er sein kaum angerührtes Glas ab und ließ

sich in den Zuschauerraum treiben. Zum ersten Mal sah er ihn festlich beleuchtet und mit aufgeregten Menschen gefüllt. Schade, sein alter Platz war schon von einer dicken Frau besetzt. Siebte Reihe, außen. Sieben war doch eine Glückszahl?

Vielleicht wollte sie ihn gar nicht sehen. Er könnte es ihr nicht übel nehmen. Roter Plüsch und Kristallleuchter. War ihm gar nicht aufgefallen. Unter Geplauder erloschen die Lichter. Der rote Vorhang schwang langsam und majestätisch zur Seite.

Vorspiel auf dem Theater, das hatte er ganz vergessen. Er erkannte den dicken Jochen als Theaterdirektor. Für wen war der wohl eingesprungen? Er erinnerte sich genau, dass der Dicke gesagt hatte, er würde beim Faust nicht mitspielen. Den Dichter und die lustige Person hatte er nur in der Kantine gesehen.

«*In bunten Bildern wenig Klarheit, viel Irrtum und ein Fünkchen Wahrheit – so wird der beste Trank gebraut, der alle Welt erquickt und auferbaut!*» Er zwang sich zuzuhören. In bunten Bildern wenig Klarheit ...

Der Himmel erstand. Schauspieler schwebten auf die Bühne. So sehr er sich auch bemühte, er konnte nicht erkennen, wie es bewerkstelligt wurde. Sie sahen wirklich aus, als würden sie über der Erde schweben. Guter Trick. Ob der noch von Knoller war?

In Rauch und rotem Licht Mephisto. Bucklig, ein böser Wurm. Dieser Less war phantastisch. Das hatte er nicht gewusst. Das ganze Theater hielt den Atem an. Die Wette um eine Seele. Prottengeier war stolz auf ihn. Brandner mit grauer Perücke. Die Szene hatte er schon gesehen. Trotzdem erkannte er Brandner fast nicht wieder. Jetzt musste aber bald Magda kommen. Gespannt setzte er sich aufrechter hin.

Der Mann neben ihm warf ihm missbilligende Blicke zu.

●

Wahrscheinlich rutschte er schon die ganze Zeit nervös auf seinem Platz hin und her, ohne es zu merken.

Hilde Schmitz. Nettes Mädchen. Ein bisschen zu groß, aber das waren sie jetzt alle, die jungen Frauen. Vermutlich war er einfach zu klein mit seinem Meter fünfundachtzig. Eine aussterbende Generation.

Das Haus der Nachbarin. Jetzt musste sie kommen. Er reckte den Hals. Der neben ihm schüttelte schon den Kopf. Sollte er doch! Sie kam. Es war nicht Magda.

Irgendeine fremde Schauspielerin stand auf der Bühne und sagte ihren Text. Dieselben Bewegungen, dieselben Handgriffe. Aber nicht Magda! Verwirrt starrte er auf die Bühne. Wieso spielte sie nicht? Wo war sie? Was war los? Enttäuscht ließ er sich zurückfallen. Wieder blitzte es erbost zu ihm herüber. Gleich würde er dem Idioten mal den Kopf zurechtrücken.

Vielleicht war sie krank. Das musste es sein. Sie war krank, ernsthaft krank, und er wusste von nichts. Natürlich wusste er von nichts. Weil er ein Idiot war. Ein ungeselliger, unachtsamer, feiger, alter Trottel. Wann war denn endlich Pause? Er würde in die Kantine gehen und nach ihr fragen. Und dann würde er sie besuchen. Mit Blumen. Noch heute!

Vorsichtig stand er auf. Sofort wurden die hinter ihm Sitzenden unruhig. Sein Nachbar war jetzt richtig böse. Ist ja gut. Bin ja schon weg. Im Foyer atmete er durch. Die Einlassdamen sahen ihm erstaunt nach, als er zielstrebig zu der kleinen Verbindungstür ging, die Zuschauer- und Künstlerbereich voneinander trennte. Erst als er in der Kantine stand, fiel ihm ein, dass er besser doch bis zur Pause hätte warten sollen.

In der Kantine herrschte gespannte Aufmerksamkeit. Die Gespräche wurden nur halblaut geführt, und jeder schien mit einem Ohr am Lautsprecher zu hängen, mit dem die Vorstellung hierher übertragen wurde. Die Schauspieler, die gerade nicht auf der Bühne waren, hatten sich um den Mitteltisch versammelt. Die älteren mit betont stoischer Miene, die jüngeren hibbelig und nervös. Prottengeier kannte keinen von ihnen.

Was sollte er überhaupt fragen? Auf einmal kam ihm das Ganze ziemlich widersinnig vor.

Die alte Hexe, die eben den Faust auf der Bühne verjüngt hatte, legte vor ihm ihren dritten Busen ab und nahm sich die Haare vom Kopf. «Die Kantine ist nur für Betriebszugehörige. Wir haben Premiere!»

Beschwichtigend flüsterte er: «Entschuldigung. Ich suche Magda Mann. Können Sie mir sagen, warum sie heute nicht spielt?»

Die Hexe sah an ihm vorbei und knarzte eine Spur freundlicher: «Fragen Sie mal den Teufel. Da, den mit der Zigarette.»

Erleichtert erblickte er Less, der an der Theke lehnte und mit gierigen Zügen rauchte.

«Herr Less, entschuldigen Sie ...»

«Ist Magda bei Ihnen?», unterbrach ihn der Schauspieler ungeduldig.

Prottengeier erstarrte. Was redete Less da? Verständnislos schüttelte er den Kopf.

Nach einem weiteren gierigen Zug meinte der Schauspieler: «Ich hab das sowieso nicht geglaubt, aber Karl ist wie besessen von der Idee, dass sie bei Ihnen ist.»

Leicht atemlos fragte Prottengeier: «Wissen Sie denn nicht, wo sie ist?»

Angriffslustig starrte Less ihn an. «Nein, wissen wir nicht. Sie ist schon seit einem Monat verschwunden. Hat dem Theater schriftlich gekündigt und husch!»

«Haben Sie denn nicht nach ihr gesucht?» Selbst Prottengeier hörte den vorwurfsvollen Unterton in seiner Stimme.

«Mal halblang, Herr Kommissar», antwortete der Schauspieler prompt. «Erstens haben wir überall angerufen, und zweitens geht Sie das nichts an.» Damit wandte er sich ab.

Prottengeier legte ihm die Hand auf die Schulter und riss ihn zu sich herum. «Moment, Herr Less.» Erschrocken brach er ab. Was tat er da?

Kühl sah Less auf die Hand, die immer noch seine Schulter umklammerte. Schnell zog Prottengeier sie zurück und fragte: «Haben Sie denn eine Vermisstenanzeige aufgegeben?»

Irgendetwas schien den Schauspieler besänftigt zu haben. Fast mitleidig sah er den Kommissar an und sagte vertraulich: «Sie hat angerufen. Kurz vor der Premiere. Sie kommt nicht mehr zurück.» Traurig schüttelte er den Kopf. «Sie will auch nicht sagen, wo sie ist. Dabei sind noch all ihre Sachen in der Wohnung.»

Durch den Lautsprecher schnarrte der Inspizient: «Herr Less, auf die Bühne, bitte. Herr Less, bitte zu Valentins Tod.» Less drückte seine Zigarette aus.

«Aber warum?», fragte Prottengeier. «Herr Less, können wir uns nach der Vorstellung kurz treffen?»

«Nein, Herr Prottengeier. Der Bund der Unheilsschwestern ist zerschlagen, die drei Hexen treffen sich nicht mehr. Und ausgerechnet Sie, Herr Kommissar, will ich bestimmt nicht wieder sehen.» Mit diesen Worten eilte er zu seinem Auftritt.

Schlafwandlerisch verließ Prottengeier die Kantine. Im Foyer bereiteten sich die Einlass- und Thekendamen auf die Pause vor. Prottengeier zog sich seinen Mantel an und trat auf die Straße.

Für Ende Februar war die Nacht erstaunlich mild. Als läge schon eine Ahnung vom kommenden Frühjahr in der Luft. Prottengeier schloss kurz die Augen und hielt sein Gesicht in den angenehmen Wind. Die Straßen waren leer und einladend still. Er schlenderte los.

Sie war also verschwunden, einfach weggegangen. Aus dem

Bund der Unheilsschwestern. Nun schwieg der Wirrwarr. War er der Sieger? Wie sie es vorausgesagt hatte? Gab es überhaupt einen Sieger? Er jedenfalls fühlte sich nicht so.

Wieso war Brandner überzeugt davon, dass sie sich bei ihm versteckte? Bei diesem Gedanken wurde ihm warm. Er würde sie finden, so viel stand fest. Noch einmal drehte er sich zu dem hell erleuchteten Theater um.

Sieben Tage war er hier ein und aus gegangen. Hatte die Menschen dort kennen gelernt. An ihrem Leben teilgenommen. Fremd waren sie ihm geblieben, mit ihren Sehnsüchten, ihren heftigen Gefühlen, ihrer Lebendigkeit, ihrer unbedingten Liebe zu ihrem Beruf. Sie hatten ihn bis zum Schluss angelogen, ihm etwas vorgespielt. Und ihn am Ende gezwungen, ihr Spiel zu akzeptieren.

Sieben Tage. Es war ihm länger vorgekommen.

Ganz oben ging in einem Fenster ein Licht an und gleich wieder aus. Es sah aus, als würde das Theater ihm zublinzeln. Aufmunternd oder boshaft? Vorsichtshalber blinzelte er zurück.

• Danksagung •

Im Gegensatz zum Theatertrubel ist Schreiben ein einsames Geschäft. Gott sei Dank gibt es Freunde, Helfer, Informanten, die ohne Gegenleistung ihre Zeit opfern und begriffsstutzigen Autorinnen mit viel Geduld und Mühe auf die Sprünge helfen. Ihnen gilt mein Dank.

Allen voran möchte ich Hauptkommissar Siggi Hoch für seine Informationen, Anregungen und kritischen Bemerkungen danken. Ohne ihn wäre Hauptkommissar Prottengeier nicht Hauptkommissar Prottengeier geworden.

Und ohne die geduldigen technischen Erklärungen von Bühnenmeister Wolfgang Rittner hätte ich alle meine Morde mit den üblichen ausgetauschten Theaterpistolen begehen müssen.

Ein besonderer Dank gilt meinem Agenten Bastian Schlück, den ich gern in Gold aufwiegen würde, wenn ich es mir leisten könnte.

Und dann sind da auch noch alle meine Testleser, meine Mutter, meine Schwestern, Schauspielkolleginnen und -kollegen. Die Sisters in Crime, Familie Hailer, der ich nicht nur medizinische Tipps zu verdanken habe, und und und.

Ein großer Dank auch an Silke Schlawin, meine blitzgescheite Lektorin, und vor allem an meinen besten Freund, Kollegen, Geliebten und Ehemann Rainer. Er bewahrt mich vor sprachlichem und gedanklichem Unsinn, trägt mich auf Händen und tritt mir bei Bedarf auch in den Hintern. Ohne seinen Ansporn hätte ich mich niemals vor ein leeres Blatt Papier gesetzt.